आत्मकथा और उपन्यास

[विशेष सन्दर्भ : बाणभट्ट की आत्मकथा]

आत्मकथा और उपन्यास

[विशेष सन्दर्भ : बाणभट्ट की आत्मकथा]

ज्ञानेन्द्र कुमार सन्तोष

राधाकृष्ण प्रकाशन

ISBN : 978-81-8361-557-0

आत्मकथा और उपन्यास

पहला संस्करण : 2013

This book is printed on **Print on Demand** Technology : 2026

मूल्य : ₹595

प्रकाशक

राधाकृष्ण प्रकाशन प्राइवेट लिमिटेड
जी-17, जगतपुरी, दिल्ली-110 051

शाखाएँ : अशोक राजपथ, साइंस कॉलेज के सामने, पटना-800 006
पहली मंजिल, दरबारी बिल्डिंग, महात्मा गांधी मार्ग, प्रयागराज-211 001
1, अनमोल सोराबजी संतुक लेन, धोबी तलाव, मरीन लाइंस, मुम्बई-400 002
वेबसाइट : www.radhakrishnaprakashan.com
ई-मेल : info@radhakrishnaprakashan.com

AATMAKATHA AUR UPANYAS
by Gyanendra Kumar Santosh

पिताजी के लिए

शुभाशीष

मेरे प्रिय शिष्य ज्ञानेन्द्र कुमार सन्तोष ने पी-एच.डी. के लिए 'आत्मकथा और उपन्यास : बाणभट्ट की आत्मकथा के विशेष सन्दर्भ में' शोध प्रबन्ध लिखकर मेरी चिराकांक्षित अभिलाषा पूरी कर दी। परीक्षकों की प्रशंसात्मक संस्तुतियों से भी इस बात की पुष्टि होती है कि प्रस्तुत शोध प्रयास उच्च स्तर का है और बहुत कुछ मौलिक भी।

निश्चय ही हिन्दी में उपन्यासों पर अनेक शोध प्रबन्ध लिखे गए हैं और कुछ काम आत्मकथा पर भी हुआ है किन्तु उपन्यास और आत्मकथा के सम्बन्ध पर सैद्धान्तिक और व्यावहारिक दृष्टि से विचार करनेवाला यह पहला प्रयास है। दरअसल हिन्दी उपन्यास का आरम्भ ही भारतेन्दु हरिश्चन्द्र के अपूर्ण उपन्यास 'एक कहानी : कुछ आप बीती कुछ जग बीती' से हुआ और दो भागों में प्रकाशित 'शेखर : एक जीवनी' जैसा वृहद् उपन्यास भी बहुत कुछ उसी आत्मकथावाली परम्परा का चरम उत्कर्ष है। आचार्य हजारीप्रसाद द्विवेदी की प्रथम औपन्यासिक कृति 'बाणभट्ट की आत्मकथा' उसी परम्परा का एक उज्ज्वल नक्षत्र है।

डॉ. ज्ञानेन्द्र कुमार सन्तोष ने प्रस्तुत विषय से सम्बन्धित अंग्रेजी के विविध आलोचनात्मक ग्रन्थों से आवश्यक सहायता लेकर अपने शोधग्रन्थ को अधिक समृद्ध करने का प्रशंसनीय प्रयास किया है और इसके लिए वे साधुवाद के अधिकारी हैं।

मैं उनके उज्ज्वल भविष्य की कामना करता हूँ।

—नामवर सिंह

भूमिका

शोध का मुख्य उद्देश्य आत्मकथा और उपन्यास के सम्बन्ध की परीक्षा करना है। अन्तर्वस्तु और रूपविधान की दृष्टि से आत्मकथा और उपन्यास एक-दूसरे के काफी करीब हैं। अतः शोध में अन्तर्वस्तु और रूपविधान दोनों स्तरों पर इस सम्बन्ध को पहचानने की कोशिश की गई है। रचना में अर्थ की अनन्त सम्भावनाओं को खोजने के लिए विधाओं का परस्पर सम्बन्ध और अन्तःव्याप्ति की अवधारणा अर्थ की एक नवीन सम्भावना प्रस्तुत कर सकती है।

साहित्य का काल्पनिक और आत्मकथा की कोटियों में विभाजन करना बड़ा जोखिम का काम है। वस्तुतः आत्मकथा और आत्मकथात्मक उपन्यास में अन्तर करना कठिन है। लेखक उसको काल्पनिक (उपन्यास) मानने का आग्रह करते हैं तो पाठक और आलोचक उसे आत्मकथा के रूप में पढ़ना चाहते हैं। अब जबकि विधागत विकास की जटिल अवस्था प्राप्त हो चुकी है तब आत्मकथा और उपन्यास में सतही समानताओं और विभिन्नताओं के बिन्दुओं से हटकर इन विधाओं के बीच के गहरे मौलिक अन्तरों और परस्पर समानताओं को समझना आवश्यक है। आधुनिक समय में आत्मकथा साहित्य की सर्वाधिक विवादित विधा बन गई है। आज जबकि आत्मकथाएँ बहुत ज्यादा लिखी जा रही हैं वहीं दूसरी तरफ इस बात की सहमति कम होती जा रही है कि आत्मकथा के अन्तर्गत क्या सम्मिलित किया जाए। समय के साथ आत्मकथा की परिधि बढ़ती जा रही है। सम्भवतः "अभी कोई भी साहित्यिक विधा ऐसी नहीं है जो या तो आत्मकथा के अध्ययन में शामिल न हो या फिर जिसका आत्मकथात्मक विश्लेषण न किया जा सकता हो।"[1] आत्मकथा की सीमा को विस्तारित करनेवाले इन प्रयासों ने आलोचनात्मक विचारों को दो वर्गों में विभाजित कर दिया है। आलोचकों का एक वर्ग यह मानता है कि

आत्मकथा स्पष्टतः जीवनीपरक है जिसको मूलतः ऐतिहासिक और तथ्यात्मक होना है न कि कल्पनापरक और कथात्मक। दूसरी तरफ वे आलोचक हैं जो मानते हैं कि यह आत्मकथाकार का अधिकार है कि वह आत्मसाक्षात्कार और आत्मप्रकाशन के लिए कौन-सी विधा को उपयुक्त और जरूरी समझता है।

इन परस्पर भिन्न मतों के अन्तराल में आत्मकथा, जीवनी और उपन्यास के सहसम्बन्ध की पहचान एक समस्या है। अतः इन विधाओं के तुलनात्मक अध्ययन से ही इनकी निजी विशेषताओं को पकड़ा जा सकता है।

जीवनी को सामान्यतया इतिहास की एक शाखा मान लिया जाता है। पर आज के समय में यह सामान्य स्वीकृत तथ्य है कि जीवनी लेखन व इतिहास लेखन साहित्य की दो भिन्न विधाएँ हैं। हम यह देखेंगे कि जीवनीकार अन्ततः अपने नायक की केवल कथा कह सकता है और कहानी कहने में लेखक अप्रत्यक्षतः अपने जीवन का कथा-सार भी बता देता है। अतः जीवनी ऐतिहासिक नायक और लेखक के आत्म की तथ्यपूर्ण कहानी ही है। अर्थात् जीवनी में भी कल्पना या उपन्यास की सम्भावना निहित है।

सामान्यतः यह माना जाता है कि आत्मकथा और उपन्यास के बीच मूल अन्तर यथार्थ और कल्पना की आनुपातिक विभिन्नता है। पर गहराई से देखने पर स्पष्ट हो जाता है कि आत्मकथा की तरह उपन्यास भी यथार्थ की ओर उन्मुख रहा है। अधिकांश आलोचक मानते हैं कि आत्मकथा में कल्पना का प्रवेश आत्मकथाकार और पाठक के बीच विद्यमान विश्वास का उल्लंघन है। दूसरी तरफ यह भी मत है कि "लिखी गई हर चीज फिक्शन है, यहाँ तक कि अकाल्पनिक चीजें भी।"[2] कुछ लेखक महसूस करते हैं कि "कभी-कभी सच भी उपन्यास की भाँति इतना अधिक असाधारण और अजनबी होता है कि यदि उसे औपन्यासिक न बनाया जाए तो लोग विश्वास ही नहीं करेंगे।"[3] सीलोटोई ने सुझाव दिया है कि कोई भी चाहे तो एक ही जीवन की कथा को भिन्न-भिन्न रूपों में जिन्दगी भर लिख सकता है। दूसरी तरफ परम्परा-प्रिय रूढ़िवादी आलोचक यह मानते हैं कि आत्मकथाएँ जीवन के इतिहास के वास्तविक तथ्यों पर आधारित होती हैं। इस अधूरी और अपर्याप्त समझ के साथ यह मान लिया जाता है कि आत्मकथा का सौन्दर्यशास्त्र विकसित हो गया है। कहने का मतलब यह नहीं है कि 'आत्मकथा' और 'सत्य' परस्पर

विरुद्ध हैं और आत्मकथा केवल कहानी है। कोई आत्मकथा और दूसरे कथा रूपों को एक कह सकता है केवल तब जब वह जान-बूझकर इस तथ्य की अनदेखी करे और आत्मकथाकार को आत्मकथा के पाठ से बाहर कर दे। पर समस्या यह है कि हम लोग यह तो बिना झिझक मान लेते हैं कि उपन्यास में आत्मकथात्मक तत्त्व उपस्थित रहता है और कोई भी पाठक जो लेखक के जीवन में रुचि रखता है उसे इन अंशों को पहचानने में आनन्द आता है। वहीं आत्मकथा में कल्पना या औपन्यासिकता की चर्चा मात्रा हमें विचलित कर देती है। हम मानते हैं कि आत्मकथा का मूल चरित्र उसका उपन्यास न होना है। हम आत्मकथा से सत्य की उम्मीद करते हैं और अधिकांशतः आत्मकथा की इस घोषणा को बिना जाँचे सन्तुष्ट हो जाते हैं कि यह प्रामाणिक तथ्य पर आधारित है। भले ही हम उस तथ्य की सत्यता जान सकें अथवा नहीं। और वैसे भी हम अधिकतर समय तथ्य की सत्यता जानने की स्थिति में नहीं होते हैं। वैसी स्थिति में जब हमें यह पहचानने के लिए बाध्य किया जाता है कि कोई आत्मकथा मात्र उपन्यास है तो हम महसूस करते हैं कि जीवनगत सत्य की घोषणा के वादे के साथ लेखक ने विश्वासघात किया है। हम अपने अध्ययन में देखेंगे कि आत्मकथा से आलोचकों और पाठकों की माँग और आत्मकथा द्वारा उसकी पूर्ति में गहरा असन्तुलन है। यह असन्तुलन यह संकेत करता है कि आत्मकथा से हमारी माँग ही असन्तुलित है, जिसकी पूर्ति आत्मकथा कर ही नहीं सकती। इसी कारण कई आत्मकथाकारों ने महसूस किया है कि "अपने मूलभूत स्वरूप में विशुद्ध आत्मकथा जैसी कुछ नहीं है।"[4]

स्पष्टतः आत्मकथात्मक विमर्श में एक तरह से अराजकता है। अतः आत्मकथा के सौन्दर्यशास्त्र और साहित्यशास्त्र पर नए विमर्श की जरूरत है। प्रस्तुत शोध इसी दिशा में एक प्रयास है।

शोध का आधार यह है कि हिन्दी में आत्मकथा और उपन्यास का आरम्भ साथ-साथ हुआ है। उदाहरण के लिए भारतेन्दु हरिश्चन्द्र ने 'एक कहानी कुछ आपबीती कुछ जगबीती' शीर्षक से लिखना आरम्भ किया था। यह रचना पूरी न हो सकी, लेकिन जो अंश 'कविवचन सुधा' में प्रकाशित हुआ था और अब 'भारतेन्दु ग्रन्थावली' में उपलब्ध है, उसे देखकर लगता है कि आत्मकथा शैली में लिखा हुआ एक उपन्यास है। इस प्रकार उसे आत्मकथा भी कह सकते हैं और उपन्यास भी।

इस परम्परा में आगे चलकर प्रेमचन्द ने अन्तिम दिनों में 'मंगलसूत्र' नामक उपन्यास लिखना शुरू किया था जो पूरा न हो सका लेकिन आधे-अधूरे रूप में जितना उपलब्ध है वह भी आत्मकथात्मक उपन्यास प्रतीत होता है। इसी क्रम में अज्ञेय का 'शेखर : एक जीवनी' उपन्यास है। अज्ञेय भी इसको पूरा नहीं कर सके। इस उपन्यास के चरित नायक शेखर का जीवन अधूरा है और इसे पूर्ण करने का अज्ञेय का संकल्प भी अधूरा रह गया।

फिर 'बाणभट्ट की आत्मकथा' में भी वही आत्मकथात्मक शैली है। यह भी लेखक के अनुसार अधूरा है। 'बाणभट्ट की आत्मकथा' में द्विवेदीजी ने 'उपसंहार' में आत्मकथा का एक नया अर्थ किया है। उनके अनुसार ''आत्मकथा का अर्थ 'ऑटोबायोग्राफी' नहीं है। दूसरे शब्दों में यह किसी व्यक्ति का आत्मचरित नहीं है। द्विवेदीजी के अनुसार वस्तुतः यह 'आत्मा की कथा' है, ऐसी आत्मा जो 'परलोक से लेकर किन्नर लोक' तक व्याप्त है।'' इस प्रकार द्विवेदीजी ने आत्मकथा को एक नया अर्थ प्रदान किया है जो व्यापक होने के साथ ही विचारणीय भी है।

इसके अतिरिक्त आत्मकथा और उपन्यास के अन्तःसम्बन्ध के और भी अनेक आयाम हैं जिनका विश्लेषण आवश्यक है। गहराई से अध्ययन के लिए एक कृति पर विशेष ध्यान दिया गया है। यह ऐसी कृति है जिसकी गणना हिन्दी के श्रेष्ठ उपन्यासों में होती है। इसलिए इसके संरचनात्मक विश्लेषण से आत्मकथा और उपन्यास के अन्तःसम्बन्ध के अन्वेषण की विपुल सम्भावना है।

इस शोध-प्रबन्ध की रूपरेखा इस प्रकार है–

शोध-प्रबन्ध के पहले अध्याय में हिन्दी में गद्यबन्ध आत्मकथा और उपन्यास की ऐतिहासिक पीठिका पर विचार किया गया है। यह महत्त्वपूर्ण है कि हिन्दी में गद्यबन्ध आत्मकथा और उपन्यास का आरम्भ साथ-साथ हुआ है। इसका प्रवर्त्तन भारतेन्दु हरिश्चन्द्र ने किया है। अतः भारतेन्दु से लेकर समकालीन समय तक के उपन्यासों और आत्मकथाओं का संक्षिप्त परिचय यहाँ प्रस्तुत किया गया है। इस सन्दर्भ में आधुनिक अर्थ में आत्मकथा और उपन्यास के उद्‌भव के कारणों पर संक्षिप्त चर्चा भी की गई है।

दूसरे अध्याय में 'कथा' और 'आख्यायिका' की काव्यशास्त्रीय परम्परा पर शोध-कार्य हुआ है। हिन्दी में गद्यबन्ध उपन्यास और

आत्मकथा का उद्‌भव आधुनिक युग में हुआ है। पर गद्यबन्ध 'कथा' की परम्परा भारत में बहुत प्राचीन है। 'कथा साहित्य' के विकास के बाद इनके लक्षणों के निरूपण के लिए संस्कृत काव्यशास्त्र में शास्त्रीय चिन्तन भी हुआ है। 'आत्मकथा' और 'उपन्यास' के सम्बन्धों की छानबीन के लिए संस्कृत में रचित 'कथा' साहित्य और उसके काव्यशास्त्रीय चिन्तन का अध्ययन जरूरी है। संस्कृत के अलावा लोकभाषाओं में भी समृद्ध कथा साहित्य की रचना हुई है। अतः समग्रता से शोध के लिए इनका भी अध्ययन किया गया है। पर हम पूरे कथा-साहित्य का अध्ययन न करके केवल 'कथा' और 'आख्यायिका' से सम्बन्धित विमर्श ही करेंगे।

तीसरे अध्याय में आत्मचरित, जीवनचरित और उपन्यास का तुलनात्मक अध्ययन किया गया है। इस अध्ययन में इन विधाओं की निजी विशेषताओं को पकड़ने की कोशिश की गई है। इसके साथ ही इसमें विधाओं की परस्पर अन्तःव्याप्ति और परस्पर सम्बन्ध को गहराई से देखने का प्रयास है। इसके लिए सैद्धान्तिक दृष्टि के साथ-साथ व्यावहारिक उदाहरणों का भी प्रयोग किया गया है।

चौथे अध्याय में आत्मकथा में यथार्थ और कल्पना की सम्भावना पर विचार किया गया है। हम देख चुके हैं कि आलोचकों के मध्य आत्मकथात्मक विमर्श यथार्थ और कल्पना के परस्पर विरुद्ध बिन्दुओं पर केन्द्रित है। इस विमर्श में भी सैद्धान्तिक के साथ-साथ व्यावहारिक दृष्टि का प्रयोग किया गया है। यहाँ प्रमुख विचारकों के मतों के साथ-साथ प्रमुख आत्मकथाओं का भी विश्लेषण किया गया है।

पाँचवें अध्याय में उपन्यास में यथार्थ और कल्पना की समस्या पर ध्यान दिया गया है। उपन्यास को कल्पनाप्रसूत रचना माना जाता है। पर हम जानते हैं कि अधिकांश उपन्यास अपनी यथार्थवादिता के कारण ही चर्चित रहे हैं। इसके अलावा उपन्यास भी आत्मदर्शन के प्रकाशन का माध्यम हो सकता है। इसी सन्दर्भ को ध्यान में रखकर उपन्यास विधा का विवेचन किया गया है।

छठे अध्याय में 'बाणभट्ट की आत्मकथा' का विश्लेषण किया गया है। इस रचना को जीवनी, उपन्यास और आत्मकथा के प्रतिमानों से देखने का प्रयास किया गया है क्योंकि इसमें चरित, कथा और आत्मदर्शन का कलात्मक समन्वय हुआ है।

सातवें अध्याय में 'बाणभट्ट की आत्मकथा' की उपलब्धियों और

उसके अभिनव प्रयोगों को पकड़ने की कोशिश की गई है। यह रचना अपनी अन्तर्वस्तु और शिल्प प्रयोग में नवीनता के कारण कथा साहित्य में एक नवोन्मेष है। 'बाणभट्ट की आत्मकथा' उपन्यास विधा में भारतीय उपन्यास की अवधारणा और उदाहरण दोनों है।

अतः इस अध्याय में यूरोपीय और भारतीय उपन्यास परम्परा का सांस्कृतिक परिप्रेक्ष्य में अध्ययन किया गया है।

आठवाँ अध्याय उपसंहार है।

प्रस्तुत शोध भारतीय भाषाओं के सबसे महत्त्वपूर्ण समकालीन आलोचक प्रोफेसर नामवर सिंह के निर्देशन में हुआ है। मेरी स्मृति में आज भी उन दिनों के सजीव और पारदर्शी बिम्ब तैरते हैं, जब मैं एम. फिल. पूरा करने के बाद 'सर' से मिलने गया था। उन्होंने बेहद सहज ढंग से पूछा था कि "पी-एच.डी. करोगे या नहीं?" मेरे "हाँ" कहने पर तत्काल उन्होंने पूछा कि "कुछ सोचा है?" मैंने कहा कि "आचार्य रामचन्द्र शुक्ल की साहित्य और साहित्यिक की अवधारणा।" कुछ देर सोचने के बाद उन्होंने कहा कि "एम. फिल., और पी-एच. डी. एक ही व्यक्ति पर ठीक नहीं है... ।" तब मैंने उनसे मौलिक सम्भावनायुक्त विषय की उम्मीद में कहा कि, "तब आप ही कुछ निर्णय कर दें।" उन्होंने कहा कि "आत्मकथा और उपन्यास : बाणभट्ट की आत्मकथा के विशेष सन्दर्भ में।" अब इसी विषय पर मुझे पी-एच.डी. करनी है– यह तय हो चुका था। स्पष्ट था कि यह मौलिक शोध विषय उनके मन में बहुत पहले से रहा होगा।

सच कहूँ तो जब बाहर निकला तो मन उदास हो गया था। सोच रहा था कि पी-एच.डी. किसी स्वर्णिम युग पर न सही, कम से कम एक रचनाकार पर तो पूर्ण होती, पर यहाँ युग की कौन कहे, बस एक उपन्यास पर ही अपने को केन्द्रित करना था।

पर आगे जे.आर.एफ. को नियमित करने के लिए पी-एच.डी. की रूपरेखा भी लिखकर देनी थी। तब मैंने अपनी समस्या 'सर' के सामने रखी। तब उन्होंने गम्भीर स्वर में कहा कि "कुछ पढ़ लो"। मैं वापस आया और उत्साह में बाणभट्ट की कृति 'कादम्बरी' और 'हर्षचरित' को पढ़ना शुरू किया। उन दिनों लगभग प्रतिदिन उनके पास जाता रहा एक दर्शक की भाँति क्योंकि उन दिनों वे संवाद के लिए प्रस्तुत नहीं थे। वे अध्ययनरत थे...आत्मकथा और उपन्यास से सम्बन्धित सभी सम्भावित उपलब्ध श्रेष्ठ पुस्तकों को सम्मुख रखे हुए...धीर-गम्भीर-

एकाग्रचित्त-नवोन्मेषशालिनी अनुसन्धान दृष्टि के साथ वे संस्कृत-हिन्दी-अंग्रेजी और अंगेजी में अनूदित दूसरी विदेशी भाषाओं की पुस्तकों के साथ एकाकार थे। शायद ही दिल्ली का कोई बड़ा पुस्तकालय हो जहाँ उन दिनों वे नहीं गए थे या सम्पर्क नहीं किया हो...केवल शिष्य के 'सिनॉपसिस' पर चर्चा के लिए।

नवोन्वेषण के प्रति इस समर्पण भाव और कठोर ज्ञान साधना के पश्चात् एक रात खाना खाने से पहले उन्होंने कहा कि, "तुम्हारे 'सिनॉपसिस' पर बात करनी है।" बातें केवल 10-15 मिनट में समाप्त हो गईं। मैंने पहली बार जाना कि दस मिनट के मौलिक कथन के लिए आवश्यक शब्द-साधना क्या होती है...यह भी जान गया था कि आलोचना की वाचिक परम्परा की बुनियाद किस समर्पित, गहन, विस्तृत और मौलिक अन्तःप्रज्ञा सम्पन्न तत्त्वान्वेषी दृष्टि पर विकसित हुई है।

अब मेरी रूपरेखा तैयार हो गई थी, जबकि 'सर' के पास जाने से पहले एक वरिष्ठ आलोचक से चेतावनी मिल चुकी थी कि "वे साहित्य के सबसे बड़े आदमी हैं, कठिन विषय निर्धारित करेंगे...पर समय नहीं देंगे...फँस जाओगे।" निःसन्देह अब मैं विराट और लघु के पाट में फँस गया था।

आश्चर्यजनक लगेगा पर यह सच है कि निरन्तर सानिध्य में रहने के बावजूद 'सर' ने उसके बाद मुझसे 'पी-एच.डी.' पर कभी दोबारा चर्चा नहीं की...मैंने भी कुछ पूछा नहीं–कभी नहीं। आगे मैं अपने शोध-प्रबन्ध पर 3-4 वर्षों तक सोचता रहा और सामग्री चयन भी करता रहा पर एक पृष्ठ भी लिख नहीं सका था। कारण स्पष्ट था–एक तरफ जहाँ विषय की दृष्टि से हिन्दी में यह पहला काम था वहीं विषय से सम्बन्धित सामग्री हिन्दी में लगभग नगण्य थी, और जो थी भी वह मेरे शोध लक्ष्य के प्रतिकूल थी। दूसरी तरफ 'सर' की प्रतिष्ठा के अनुरूप लेखन का अतिरिक्त दबाव भी था।

मुझे याद है कि यू.पी.एस.सी. में मेरी असफलता, जे.आर.एफ. की समाप्ति और पी-एच.डी. जमा करने की अन्तिम तारीख के बीच कोई ज्यादा अन्तराल नहीं था...तीनों तारीखें लगभग साथ-साथ गुजरी थीं। वास्तविकता थी कि दो-तीन सप्ताह के अनवरत श्रम के बावजूद तिथि समाप्त होने के बाद व्यवहार-कुशलता से ही पी-एच.डी. जमा कर सका था। इस कारण शोध-प्रबन्ध को प्रकाशित करने से पहले आवश्यक

संशोधन करना चाहता था। पर 'सर' का आदेश यथावत प्रस्तुति का था। अतः प्रस्तुत पुस्तक शोध-प्रबन्ध की मूल प्रस्तुति ही है।

आज मैं महसूस करता हूँ कि मेरे पास अपेक्षित क्षमता नहीं थी, अन्यथा गुरु जी के सानिध्य में कोई प्रतिभाशाली व्यक्ति ज्यादा महत्त्वपूर्ण रचनात्मक उपलब्धि पा सकता था। पर इतना विश्वास जरूर है कि यह पुस्तक हिन्दी में आत्मकथा के सौन्दर्यशास्त्र और साहित्यशास्त्र पर विमर्श की नई सम्भावनाओं को सामने लाएगी। पर कोई पुस्तक अन्तिम भी नहीं हो सकती, हर एक पुस्तक का काम इतना ही है कि आगे आनेवालों के लिए अगली सीढ़ियों पर जाने का माध्यम बने। यह पुस्तक इतना काम तो करेगी, आशा है।

मैं राजकमल प्रकाशन के संचालक श्री अशोक महेश्वरी जी का आभारी हूँ, जिन्होंने एक नए लेखक को हिन्दी के सबसे बड़े प्रकाशन संस्थान से जुड़ने का अवसर दिया।

अन्त में गहरे भाव से स्वीकार कर रहा हूँ कि अभी मैं अपने सभी शिक्षकों, वर्तमान और बिछुड़े सम्बन्धों को महसूस कर रहा हूँ–जिनके बिना कुछ भी सम्भव नहीं था।

दिल्ली **डॉ. ज्ञानेन्द्र कुमार सन्तोष**
26-03-2012

सन्दर्भ-सूची

1. दि फॉर्म्स ऑफ ऑटोबायोग्राफी : विलियम सी., स्पेंगमान, पृ. 9, येल यूनिवर्सिटी प्रेस, लन्दन, 1980।
2. रॉ मैटेरियल : एलन सीलोटीई, पृ. 16, डब्ल्यू., एच. ल. लन्दन, 1972
3. वही, पृ. 21
4. ऑटोबायोग्राफिकल एक्ट्स दि चेंजिंग सिचुएशन ऑफ ए लिट्ररी जेनर : ब्रूस, पृ. 15, जॉन हॉफकिंस यूनिवर्सिटी प्रेस, 1976

अनुक्रम

हिन्दी में गद्यबन्ध आत्मकथा और उपन्यास की ऐतिहासिक पीठिका	19
कथा और आख्यायिका की काव्यशास्त्रीय परम्परा	45
आत्मचरित, जीवनचरित और उपन्यास : रूपविधागत तुलनात्मक विश्लेषण	67
आत्मकथा में यथार्थ और कल्पना	84
उपन्यास में यथार्थ और कल्पना	104
बाणभट्ट की आत्मकथा : चरित, कथा और आत्म-दर्शन	121
बाणभट्ट की आत्मकथा : उपन्यास विधा में एक नवोन्मेष	135
उपसंहार	155
सहायक ग्रन्थ सूची	165

हिन्दी में गद्यबन्ध आत्मकथा और उपन्यास की ऐतिहासिक पीठिका

अन्तर्वस्तु और रूपविधान की दृष्टि से आत्मकथा और उपन्यास में घनिष्ठ सम्बन्ध है। यह महत्त्वपूर्ण है कि हिन्दी में गद्यबन्ध आत्मकथा और उपन्यास का आरम्भ साथ-साथ हुआ है। इसका प्रवर्त्तन भारतेन्दु हरिश्चन्द्र ने किया। उदाहरण के लिए भारतेन्दु हरिश्चन्द्र ने 'एक कहानी कुछ आप बीती कुछ जगबीती' शीर्षक से लिखना आरम्भ किया था। यह रचना पूर्ण न हो सकी, लेकिन जो अंश 'कविवचन सुधा' में प्रकाशित हुआ था और अब भारतेन्दु ग्रन्थावली में उपलब्ध है, उसे देखकर लगता है कि यह आत्मकथा शैली में लिखा हुआ एक उपन्यास है। इस प्रकार इसे आत्मकथा भी कह सकते हैं और उपन्यास भी।

इस परम्परा में आगे चलकर प्रेमचन्द ने अन्तिम दिनों में 'मंगलसूत्र' नामक उपन्यास लिखना शुरू किया जो पूरा न हो सका। लेकिन आधे-अधूरे रूप में जितना उपलब्ध है, वह भी आत्मकथात्मक उपन्यास प्रतीत होता है।

इसी क्रम में अज्ञेय का 'शेखर : एक जीवनी' उपन्यास है। अज्ञेय भी इसको पूरा नहीं कर सके। इस उपन्यास के चरित नायक शेखर का जीवन अधूरा है और इसे पूर्ण करने का अज्ञेय का संकल्प भी अधूरा रह गया। फिर हजारीप्रसाद द्विवेदी के 'बाणभट्ट की आत्मकथा' में भी वही आत्मकथात्मक शैली है। यह भी लेखक के अनुसार अधूरा है।

संस्कृत साहित्य में आत्मकथा और उपन्यास की परम्परा उपलब्ध है। संस्कृत साहित्य में भी 'कथा' और 'आख्यायिका' का आरम्भ साथ-साथ हुआ है। इस शुरुआत का श्रेय बाणभट्ट को है। 'मिथ' का गढ़ना कथा है जिसका उत्कर्ष बाणभट्ट रचित 'कादम्बरी' में दिखाई देता है। बाणभट्ट की ही रचना 'हर्षचरित' की 'कादम्बरी' से तुलना करने पर यह स्पष्ट होता है कि हर्षचरित रोमांस और काव्यात्मक कल्पनाशीलता के बावजूद यथार्थ की नींव पर अवस्थित है। इसके आरम्भ में लेखक ने कुछ आत्मकथात्मक सामग्री भी उपलब्ध कराई है। समूचे संस्कृत साहित्य में

'हर्षचरित' एकमात्र उपलब्ध आख्यायिका है। कहना न होगा कि हिन्दी में भारतेन्दु, प्रेमचन्द, अज्ञेय और द्विवेदीजी द्वारा अपनाई गई आत्मकथात्मक शैली की शुरुआत बहुत पहले बाणभट्ट द्वारा की गई थी।

संस्कृत साहित्य में ही दंडी के प्रसिद्ध उपन्यास (या) 'दशकुमारचरित' में उत्तम पुरुष का प्रयोग मिलता है और इसका कथानक भी अपेक्षाकृत यथार्थपरक वातावरण में चलता है, पर इसमें 'आत्म' की बजाय दस युवा राजकुमारों के साहसिक अभियानों की कहानियाँ हैं। बाणभट्ट के बाद दंडी दूसरे महत्त्वपूर्ण आत्मकथात्मक लेखक हैं। दंडी ने अपने गैर-पारम्परिक उपन्यास 'दशकुमारचरित' के अलावा भी एक उपन्यास 'अवन्ति सुन्दरि कथा' नाम से लिखा था। यह कथा दंडी और उसके पूर्वजों से सम्बन्धित एक विवरण से शुरू होती है। संस्कृत साहित्य में दंडी के बाद आत्मकथात्मक अभिव्यक्ति के रचनात्मक उदाहरण नहीं मिलते।

प्राचीन भारत में आत्मकथा के अभाव के कारण पर विचार करते हुए भीखू पारेख ने लिखा है कि, "हिन्दू दर्शन में व्यक्तित्व की स्वतन्त्रता अथवा अद्वितीयता का कोई महत्त्व नहीं है। आत्मा ही वास्तविक है और सभी मनुष्यों में समान है– इसलिए हिन्दू दार्शनिकों का तर्क है कि सारे मनुष्य अन्ततः एक हैं।"[1] साथ ही "हिन्दुओं के सामाजिक ढाँचे में भी वैयक्तिकता की बहुत कम कीमत है। सामाजिक तौर पर प्रचलित वर्णाश्रम धर्म के मुताबिक जिन्दगी के चार पृथक चरणों में प्रत्येक व्यक्ति के कर्त्तव्य पहले से ही निर्धारित हैं। जन्म से ही मनुष्य एक विशेष जाति के अनुरूप गढ़ा जाता है और फिर वह मुख्यतः प्रदत्त भूमिकाओं के निर्वाह तथा प्रदत्त कर्त्तव्यों के पालन करनेवाले व्यक्ति के रूप में अपने को देखता है। उसकी चयनधर्मिता के अवकाश बहुत निर्ममता से काट-छाँट दिए जाते हैं। जिन्दगी के महत्त्वपूर्ण निर्णयों में भी उसका वश नहीं चलता...यहाँ तक कि वैवाहिक जीवनसाथी का चुनाव भी उसके लिए प्रायः किया जाता है। यों वैयक्तिकता की जगह बहुवाचकता और व्यक्ति की जगह समूहगत भिन्नता हिन्दू समाज की केन्द्रीय पहचान है।"[2] व्यक्तित्व की स्वतन्त्रता की अनुपस्थिति में "व्यक्ति की जिन्दगी किसी भी दूसरे व्यक्ति की जिन्दगी से भिन्न नहीं होती। फिर वह इतनी विशिष्ट और दिलचस्प नहीं रह जाती कि आत्मकथा की विषयवस्तु कर निर्माण कर सके। इसलिए इसकी कोई स्वाभाविक वजह नहीं बनती कि किसी व्यक्ति में आत्मकथा को लिखने-छपवाने और किसी और में उसे पढ़ने-सराहने का कोई उत्साह हो।"[3]

इस प्रकार सार्थक आत्मकथात्मक अभिव्यक्ति से वंचित शताब्दियों के लम्बे, सूने अन्तराल के बाद बनारसीदास जैन की लिखी एक पूरी की पूरी आत्मकथा 'अर्द्धकथानक' 1641 ई. में प्रगट होती है। यह हिन्दी की सबसे पहली आत्मकथा के रूप में समादृत है। पर यह उल्लेखनीय है कि यह पद्य में है। हिन्दी में गद्यबन्ध आत्मकथा और

उपन्यास का आरम्भ आधुनिक युग में आकर हुआ। 'अर्द्धकथानक' द्वारा शुरू आत्मकथा की परम्परा को अपना ठोस रूप लेने में दो-सौ वर्षों का समय लगा है। आत्मकथा का विकसित गद्यबन्ध रूप हमें 1850 के बाद ही दिखाई देता है। उसी समय गद्यबन्ध उपन्यास का नया स्वरूप भी विकसित हुआ।

आधुनिक युग में आत्मकथा और उपन्यास के उदय का सबसे महत्त्वपूर्ण कारण है—व्यक्ति की प्रतिष्ठा। आधुनिक कानून के शासन ने व्यक्ति को जाति, धर्म, लिंग और क्षेत्र की समूहगत पहचान से अलग कर एक मानव इकाई के रूप में मान्यता दी। व्यक्तिवाद की स्वीकृति से 'स्व' और 'अहम्' की अभिव्यक्ति के लिए सम्भावनाएँ बढ़ गईं। इस नई सम्भावना की अभिव्यक्ति उपन्यास और आत्मकथा के रूप में हुई। आधुनिक दृष्टि ने 'अहम्' और 'इद्म', 'स्व' और 'पर', 'अन्तः' और 'बाह्य' तथा 'जड़' और 'चेतन' के सम्बन्धों को अनेक रूपों में अभिव्यक्त किया है। आत्म का अर्थ निजी है और साथ ही सार्वभौम आत्मा भी। इस अर्थ में आत्मकथा विश्व की आत्मा की कथा हो सकती है और उपन्यास रचनाकार का आत्मचरित भी हो सकता है। इसकी व्याख्या हम आगे करेंगे। अब हम हिन्दी में गद्यबन्ध आत्मकथा और उपन्यास की ऐतिहासिक पीठिका का संक्षेप में अध्ययन करेंगे।

स्पष्टतः गद्य-विधा के रूप में आत्मकथा की प्रतिष्ठा आधुनिक काल में हुई। सत्यानन्द अग्निहोत्री कृत 'मुझमें देव-जीवन का विकास' (1910) तथा स्वामी दयानन्द कृत 'जीवन चरित्र' (1917) इस विधा की आरम्भिक कृतियाँ हैं। छायावाद युग में प्रकाशित आत्मकथा साहित्य में भाई परमानन्द, राष्ट्रपिता महात्मा गांधी तथा नेताजी सुभाषचन्द्र बोस द्वारा क्रमशः लिखी गई 'आपबीती' (1921), 'आत्मकथा' (1923) तथा 'तरुण के स्वप्न' (1935) शीर्षक कृतियाँ उल्लेखनीय हैं। भाई परमानन्द कृत 'आपबीती' को छोड़कर शेष दोनों रचनाएँ अनूदित हैं।

छायावाद के बाद आत्मकथा लेखन की प्रवृत्ति में वृद्धि हुई है। आधुनिक काल के पहले तीन कालखंडों की तुलना में इस कालखंड में साहित्यकारों की आत्मकथाएँ अधिक संख्या में प्रकाशित हुईं। कवियों, कथाकारों, आलोचकों आदि सभी ने अपनी-अपनी आत्मकथाएँ लिखीं। श्यामसुन्दर दास ने 'मेरी आत्मकहानी' (1941) में अपने जन्म से लेकर सन् 1940 तक की घटनाओं का लेखा-जोखा प्रस्तुत किया है। "इस आत्मकथा का अधिकांश भाग नागरी प्रचारिणी सभा के वर्णनों से आपूरण है। यह स्वाभाविक भी था क्योंकि लेखक के अपने जीवनकाल से सभा का तथा उसका अपना जीवन अविच्छिन्न हो गया था।"[4] हरिभाऊ उपाध्याय की आत्मकथा 'साधना के पथ पर' (1946) में लेखक ने सन् 1892 से 1945 तक के जीवनानुभवों को लिपिबद्ध किया है। "यह कृति अनेक स्थलों पर उपदेशात्मक हो गई है लेकिन ऐसा सोद्देश्य हुआ है क्योंकि लेखक ने भूमिका में यह स्पष्ट कर दिया है कि हो सकता

है ये अनुभव पाठकों के लिए उपयोगी हों।''[5] राहुल सांकृत्यायन की आत्मकथा पाँच खंडों में 'मेरी जीवन यात्रा' शीर्षक से प्रकाशित हुई। इनमें से पहले दो खंड उनके जीवन-काल में क्रमशः 1946 तथा 1947 में प्रकाशित हुए तथा शेष तीन खंडों का प्रकाशन उनकी मृत्यु के बाद सन् 1967 में हुआ। ''इन विभिन्न खंडों में राहुल के जीवन के 63 वर्षों का प्रामाणिक ब्यौरा प्राप्त होता है। मुहावरेदार भाषा में लिखी गई इस कृति में उनकी यायावरी, विद्याव्यसनी एवं विद्रोही वृत्ति साकार हो उठी है।''[6] वियोगी हरि न केवल लोकप्रिय साहित्यकार हैं अपितु महात्मा गांधी के सिद्धान्तों के अनुयायी एवं प्रचारक भी हैं। परिणामतः उनकी आत्मकथा 'मेरा जीवन प्रवाह' (1948) में उनका समाजसेवी रूप अधिक प्रमुख हो उठा है। साम्यवादी विचारधारा में आस्था रखनेवाले प्रसिद्ध कथाकार यशपाल की आत्मकथा 'सिंहावलोकन' तीन खंडों में प्रकाशित हुई। ये खंड क्रमशः 1951, 1952 तथा 1955 में प्रकाशित हुए। ''यशपाल साहित्य-स्रष्टा होने के साथ-साथ भारतीय स्वतन्त्रता संग्राम के सेनानी भी रहे हैं। फलतः उनकी इस कृति में व्यक्तिगत जीवन के साथ-साथ क्रान्तिकारी दल के कार्यों का लेखा-जोखा भी प्राप्त होता है।''[7] स्वामी सत्यदेव परिव्राजक की आत्मकथा 'स्वतन्त्रता की खोज में' (1951) ''एक ऐसे निर्धन तथा नेत्रहीन व्यक्ति की कथा है जिसने साधनहीन होने पर भी मानवीय स्वतन्त्रता के प्रचार-प्रसार के निमित्त नाना प्रकार के कष्ट झेलते हुए देश-विदेश में यात्राएँ कीं तथा विचार-स्वातन्त्र्य का बिगुल बजाए रखा।''[8] संस्मरणात्मक शैली में रचित शान्तिप्रिय द्विवेदी की आत्मकथा 'परिव्राजक की प्रजा' (1952) ''उनके करुणाप्लान्वित जीवन के विविध पक्षों को उजागर करती है।''[9] लोकगीतों के यशस्वी संग्रहकार देवेन्द्र सत्यार्थी की आत्मकथा के दो भाग 'चाँद सूरज के वीरन' (1952) तथा 'नील यक्षिणी' (1985) शीर्षकों से प्रकाशित हुए हैं। तीन खंडों में विभक्त 'चाँद सूरज के वीरन' में लेखक ने ''अपने बचपन, शिक्षा सम्बन्धी यात्राओं तथा साहित्यिक जीवन के प्रस्फुटन तक के अंश को ही निबद्ध किया है।''[10] पढ़ाई के अधूरे छूट जाने के साथ ही लेखक ने आत्मकथा समाप्त कर दी है। 'नील यक्षिणी' में लेखक ने अपने जीवन के सन् 1927 से 1984 तक के कालखंड को समेटा है। शिल्प की दृष्टि से ''यह आत्मकथा हिन्दी में एक अभिनव प्रयोग है। यह इस अर्थ में कि सर्वथा तटस्थ वर्णन करने के निमित्त लेखक ने अनेक स्थलों पर पात्रों के वास्तविक नाम बदल दिए हैं। यहाँ तक कि उसने अपने लिए भी कहीं यायावर, कहीं अमृतयान और कहीं पाषाणयात्री नामों का प्रयोग किया है।''[11] गंगाप्रसाद उपाध्याय की आत्मकथा 'जीवनचक्र' (1954) में उन्होंने अपने आर्य समाज सम्बन्धी कार्यों को प्रमुखता प्रदान की है।

चतुरसेन शास्त्री की दो आत्मकथाएँ–'यादों की परछाइयाँ' (1956) तथा 'मेरी आत्मकहानी' (1963) प्राप्त होती हैं 'यादों की परछाइयाँ' में लेखक के निजी जीवन

के क्रमिक ब्यौरे का अभाव है जबकि मरणोपरान्त प्रकाशित 'मेरी आत्मकहानी' में पहले दो अध्यायों को छोड़कर शेष भाग अप्रामाणिकता का प्रश्न चिह्न लगाए हुए हैं। इसका कारण यह है कि "पहले दो अध्याय तो लेखक ने स्वयं लिखे हैं तथा शेष अंश लेखक द्वारा छोड़े गए नोट्स के आधार पर उसके अनुज चन्द्रसेन ने लिखा है। चूँकि इस बात का कहीं कोई संकेत नहीं है कि शेष अंश में से कितना चतुरसेन का है तथा कितना चन्द्रसेन का, फलतः इस कृति को आत्मकथा की परिधि में रखना न्यायसंगत प्रतीत नहीं होता।"[12]

हिन्दी के प्रबल पक्षधर तथा समर्थ नाटककार सेठ गोविन्ददास ने अपनी जीवन-कथा 'आत्म निरीक्षण' (1957) शीर्षक से लिखी है। "इस आत्मकथा की खूबी यह है कि लेखक ने महात्मा गांधी तथा जवाहरलाल नेहरू तक के विचारों तक की आलोचना करने में झिझक नहीं दिखाई है। इस आत्मकथा से भारतीय स्वाधीनता आन्दोलन का इतिहास भी निबद्ध हो गया है। इसका कारण लेखक का साहित्यकार होने के साथ-साथ स्वतन्त्रता संग्राम का सक्रिय सेनानी होना भी है।"[13]

देवराज उपाध्याय की आत्मकथा दो भागों में 'बचपन के दो दिन' (1958) तथा 'यौवन के द्वार पर' (1970) प्रकाशित हुई है। "इस कृति की मुख्य विशेषता मनोवैज्ञानिक विश्लेषण है। मनोवैज्ञानिक विश्लेषण के आधार पर लेखक ने अपने जीवन की विभिन्न प्रवृत्तियों के मूल चिह्न शैशव में खोजे हैं।"[14]

पांडेय बेचन शर्मा 'उग्र' ने 'अपनी खबर' (1960) में "अपने जीवन के प्रारम्भिक इक्कीस वर्षों की घटनाओं को वाणी दी है। उग्र की लेखन शैली की विशेषता खोजपूर्ण शैली में दो टूक बात कहना है और ये विशेषताएँ उनकी आत्मकथा में भी परिलक्षित होती हैं।"[16] सन्तराम बी.ए. ने 'मेरे जीवन के अनुभव' (1963) में "अपने सामाजिक तथा साहित्यिक कार्यों का लेखा-जोखा प्रस्तुत किया है। इस कृति से यह भी पता चलता है कि लेखक ने अंग्रेजी, मराठी तथा बंगला भाषाओं से हिन्दी में अनुवाद का कार्य भी किया है।"[17] डॉ. भुवनेश्वर प्रसाद मिश्र माधव ने अपने जीवन के प्रमुख मोड़ों को 'जीवन के चार अध्याय' (1967) में निबद्ध किया है। "यह कृति लेखक के अपने सम्पर्क में आए व्यक्तियों के जीवन्त संस्मरण भी पिरोए हुए है।"[18]

हिन्दी के लोकप्रिय कवि हरिवंशराय बच्चन की आत्मकथा 'क्या भूलूँ क्या याद करूँ' (1969), 'नीड़ का निर्माण फिर' (1970), 'बसेरे से दूर' (1977) तथा 'दशद्वार से सोपान तक' (1985) शीर्षकों से चार खंडों में प्रकाशित हुई है। "इन चारों खडों के अध्ययन से पाठक को लेखक की रचना-प्रक्रिया, भौतिक तथा मानसिक संघर्ष की तथ्यात्मक किन्तु कलात्मक जानकारी प्राप्त होती है।"[19]

वृन्दावनलाल वर्मा की 'अपनी कहानी' (1972) "उनके जीवन-संघर्ष, साहसी

स्वभाव, शिकारी-प्रवृत्ति, साहित्य-जगत में प्रवेश, लेखन-प्रेरणा आदि को रूपायित करती है।''[20] रामावतार अरुण की 'अरुणायन' (1974) में ''उनके जीवन तथा लेखन का विवरणात्मक इतिहास है।''[21] कृष्णचन्द्र की आत्मकथा 'आधे सफर की पूरी कहानी' (1979) ''न तो तिथिक्रम से लिखी गई है और न उसे आत्मपरिचय का साधन बनाया गया है। इसमें तो लेखक ने अपने जीवन को देश के जीवन के साथ गूँथकर प्रस्तुत किया है।''[22] कवि-कथाकार रामदरश मिश्र की आत्मकथा 'जहाँ मैं खड़ा हूँ' 1984 में ''लेखक ने अपने जन्म से लेकर सोलह वर्ष तक के जीवन का वर्णन किया है। इस आत्मकथा की खूबी यह है कि इसमें पूर्वी उत्तरप्रदेश के ऊबड़-खाबड़ गाँवों की जिन्दगी ज्यों-की-त्यों साकार हो उठी है।''[23] हंसराज रहबर की आत्मकथा 'मेरे सात जन्म' (1986) ''में वैचारिक प्रखरता तथा परिवेश के साथ टकराहट को देखा जा सकता है। लेखक ने अपने जीवन के बहाने अपने समय के पंजाब के धार्मिक, आर्थिक, सामाजिक तथा राजनीतिक परिवेश को भी पर्याप्त विस्तार के साथ अंकित कर दिया है।''[24]

इस कालखंड में राजनीतिक-सामाजिक क्षेत्र में काम करनेवाले अनेक व्यक्तियों की आत्मकथाएँ भी प्रकाशित हुईं। इनमें राजेन्द्र प्रसाद, भवानीदयाल संन्यासी, गणेशप्रसाद वर्णी, अजितप्रसाद जैन, अलगूराय शास्त्री, जानकीदेवी बजाज, नरदेव शास्त्री, बलदेवराज धवन, पृथ्वीसिंह आजाद, आबिद अली, चतुर्भुज शर्मा, सुखदेवराज, मोरारजी देसाई तथा बलराज मधोक के नाम विशेष रूप से उल्लेखनीय हैं। इनमें सर्वश्रेष्ठ कृति डॉ. राजेन्द्र प्रसाद कृत 'आत्मकथा' (1947) है। ''इस आत्मकथा के प्रारम्भिक भाग में लेखक का पारिवारिक जीवन मुखरित हुआ है तो उत्तरार्ध में राजनीतिक जीवन को वाणी मिली है। उत्तरी भारत के सामाजिक रीति-रिवाज, धार्मिक व्रत, मांगलिक उत्सव, स्वच्छन्द ग्रामीण जीवन आदि की जैसी मनोरम झाँकी इस कृति में मिलती है वैसी अन्यत्र दुर्लभ है।''[26] यह आत्मकथा राजेन्द्र बाबू के त्यागपूर्ण जीवन के साथ-साथ भारतीय स्वतन्त्रता संग्राम की कहानी भी कहती है।

भवानीदयाल सन्यासी ने 'प्रवासी की आत्मकथा' (1947) में दक्षिण अफ्रीका के प्रवासी भारतीयों की कष्ट-कथा का वर्णन किया है तो गणेशप्रसाद वर्णी ने 'मेरी जीवन गाथा' (1949) में ''लेखन काल तक के अपने जीवन की घटनाओं के वर्णन के साथ-साथ धर्म-प्रचार हेतु किए गए अपने पर्यटनों का भी उल्लेख किया है। विचारों की प्रधानता के कारण कई बार कथासूत्र शिथिल हो गया है। वैसे इस कृति का मूल उद्देश्य धार्मिक विचारों का प्रचार-प्रसार है।''[27] अजितप्रसाद जैन ने 'अज्ञात जीवन' (1951) में पारिवारिक घटनाओं की तुलना में सामाजिक दृष्टि से महत्त्वपूर्ण घटनाओं को ही वरीयता दी है। लेखक ने न तो कहीं व्यर्थ की दीनता व्यक्त की है और न मिथ्या अहंकार।

अलगूराय शास्त्री कृत 'मेरा जीवन' (1951) में साधारण स्थिति से ऊपर उठकर राष्ट्र-निर्माण में भागीदार होने की आपबीती है तो गंगाप्रसाद ने 'मेरी आत्मकथा' (1954) में प्रशासकीय पदों पर रहते हुए भी निर्भीकतापूर्वक आर्यसमाज के प्रचार-प्रसार के लिए किए गए अपने कार्यों का विवरण दिया है।

जानकी देवी बजाज कृत 'मेरी जीवन-यात्रा' (1956) इस अर्थ में विशिष्ट है कि वे पहली महिला हैं जिनकी आत्मकथा हिन्दी में प्रकाशित हुई है। इसमें लेखिका ने "अपने बचपन से लेकर पति की मृत्यु तक के जीवन की घटनाओं को निबद्ध किया है। इस आत्मकथा के सम्बन्ध में यह जानना भी जरूरी है कि लेखिका ने इसे अपने हाथ से न लिखकर रिषभदास रांका को बोलकर लिखाया है। फिर यह आत्मकथा स्वयं उनके पति, महात्मा गांधी एवं अन्य अनेक व्यक्तियों के हाथों सजी-सँवरी है। लेखिका को भारतीय स्वतन्त्रता संग्राम के दौरान अनेक शीर्षस्थ नेताओं के सम्पर्क में आने का अवसर प्रदान हुआ था। फलतः यह कृति भारतीय स्वाधीनता आन्दोलन के अनेक अछूते पहलुओं को सँजोए हुए है।"[28]

नरदेव शास्त्री कृत 'आपबीती जगबीती' (1957) की खूबी यह है कि लेखक ने दक्षिण भारतीय होने के बावजूद हिन्दी में आत्मकथा लिखी है। आर्यसमाजी कार्यकर्त्ता होने के नाते यह कृति भारतीय जीवन पर आर्य समाज के विभिन्न प्रभावों को यथास्थान रेखांकित करती चली गई है। पृथ्वीसिंह आजाद की आत्मकथा 'क्रान्ति-पथ का पथिक' (1964) में भारत की आजादी के लिए क्रान्तिकारियों द्वारा किए गए कार्यों का विशेष रूप से उल्लेख किया है। अपने जीवन की घटनाओं का रोचक वृत्त प्रस्तुत करते समय लेखक ने जेल-जीवन, कालेपानी की सजा, गुप्तवास, रूस तथा काबुल प्रवास विषयक जो विवरण दिए हैं, वे लोमहर्षक बन पड़े हैं। "लेकिन इसे पढ़ते समय न तो कहीं किसी की निन्दा करके अपनी बात को सही सिद्ध करने का दंभ है और न ही किसी प्रकार की कटुता ही आने पाई है।"[29] आबिद अली द्वारा हिन्दुस्तानी में लिखी गई आत्मकथा 'मजदूर से मिनिस्टर' (1968) में "निजी जीवनवृत्त प्रस्तुत करने के साथ-साथ श्रम की महत्ता को प्रतिष्ठित एवं रेखांकित किया है।" चतुर्भुज शर्मा ने 'विद्रोही की आत्मकथा' (1970) तथा सुखदेवराज ने 'जब ज्योति जगी' (1971) में निजी जीवन को भारतीय स्वाधीनता आन्दोलन के परिप्रेक्ष्य में प्रस्तुत किया है। "सुखदेवराज की आत्मकथा क्रान्तिकारियों के जीवन तथा गतिविधियों पर प्रकाश डालते हुए उनकी शक्ति तथा सीमाओं का अच्छा परिचय देती है। इसमें आत्मेतर पात्रों के चरित्र भी पर्याप्त मुखरित हुए हैं।"[30] मोरारजी देसाई की आत्मकथा तीन भागों में प्रकाशित हुई है। इनमें से दो 'मेरा जीवन वृत्तान्त' भाग-1 (1972) तथा भाग-2 (1974) हिन्दी तथा अंग्रेजी में एक साथ प्रकाशित हुए तथा तीसरा भाग केवल अंग्रेजी में छपा है। चूँकि इस पर न तो अनुवादक का नाम ही है और न

एतद्विषयक कोई संकेत है, फलतः इसे हिन्दी की मौलिक कृति मानना ही ठीक लगता है। इस आत्मकथा में लेखक ने निजी जीवन की कथा भारतीय उपमहाद्वीप की राजनीतिक हलचल के परिपार्श्व में प्रस्तुत की है।

भारतीय राजनीतिक के चर्चित व्यक्तित्व बलराज मधोक की चार खंडों में प्रकाशित आत्मकथा के पहले खंड 'जिन्दगी का सफर' (1986) में ''उनके जन्म से लेकर तीस वर्षों तक की कथा है। एक निश्चित धार्मिक तथा राजनीतिक प्रतिबद्धता के बावजूद यह कृति भारतीय राजनीति को नागपाश की तरह बाँधे साम्प्रदायिकता के सन्दर्भ को एक व्यापक परिप्रेक्ष्य में प्रस्तुत करती है।''[31]

हिन्दी के आत्मकथा साहित्य को पत्रकारों, अध्यापकों, वकीलों, फिल्मी कलाकारों, पुलिस कर्मचारियों आदि ने भी समृद्ध किया है। पत्रकारों में मूलचन्द अग्रवाल तथा इन्द्र विद्यावाचस्पति ने अपनी आत्मकथाएँ लिखीं। पत्रकारों के समान शिक्षकों द्वारा लिखी गई आत्मकथाओं में दो का विशेष महत्त्व है। इनमें से एक कालिदास कपूर की 'मुदर्रिस की आत्मकथा' (1953) तथा दूसरी प्रिंसिपल दीवानचंद की 'मानसिक चित्रावली' (1960) है। कालिदास कपूर ने अपनी आत्मकथा में गाँवों तथा कस्बों के प्राथमिक तथा माध्यमिक विद्यालयों की स्थिति तथा समस्याओं पर प्रकाश डालने के साथ-साथ उनके समाधान भी सुझाए हैं। प्रिंसिपल दीवानचंद ने अपनी आत्मकथा में शैक्षिक जगत में किए गए उन सुधारों को विशेष रूप से रेखांकित किया है जो उन्होंने दयानन्द कॉलेज कानपुर के प्राचार्य पद पर रहते हुए किए थे।

वकीलों द्वारा लिखी गई आत्मकथाओं में गणेश मावलंकर कृत 'मेरा वकालती जीवन' (1964) उल्लेखनीय है। इसमें लेखक ने उन मुकदमों का सूक्ष्म विवरण प्रस्तुत किया है जिनमें वह गांधीवाद के दो मूल सिद्धान्तों–सत्य और अहिंसा–का पालन करते हुए मुकदमे जीतने में सफल रहा।

फिल्मी जीवन से सम्बन्धित आत्मकथाओं में बलराज साहनी की आत्मकथा 'मेरी फिल्मी आत्मकथा' (1974) विशेष स्थान की अधिकारिणी है। इसमें लेखक ने फिल्मी जीवन में अपने प्रवेश की कथा, अभिनय-कुशलता के लिए अपेक्षित गुणों आदि का विस्तार से विवेचन किया है। विजया नरवणे की आत्मकथा 'सैनिक परिवेश और मैं' (1972) सैनिक जीवन से जुड़े कटु-मधुर अनुभवों को निबद्ध किए हुए है तो विश्वनाथ लाहिरी द्वारा लिखित 'एक पुलिस अधिकारी की आत्मकथा' (1984) में इस बात को रेखांकित किया गया है कि ईमानदार तथा कर्मठ पुलिस अधिकारी को कितना कुछ झेलना और करना पड़ता है। ''इसमें ब्रिटिश कालीन पुलिस के रीति-रिवाजों का वर्णन भी है तथा इस प्रकार की जानकारी भी है कि ईस्ट इंडिया कम्पनी के समय पुलिस अधिकारी को वेतन के अतिरिक्त कमीशन भी दिया जाता था और इसीलिए वे कमिश्नर कहलाते थे।''[32]

समग्रतः हिन्दी का आत्मकथा साहित्य पर्याप्त वैविध्यपूर्ण है। साहित्यकारों, राजनीतिज्ञों, पत्रकारों, शिक्षकों, वकीलों, समाजसेवकों, फिल्मी कलाकारों आदि ने अपनी-अपनी आत्मकथाएँ लिखकर भारतीय समाज के विविध रूपों का अत्यन्त सजीव एवं प्रामाणिक चित्र उभारा है। प्रायः सभी आत्मकथाकारों ने पारिवारिक जीवन की अपेक्षा अपने कार्यक्षेत्र सम्बन्धी प्रकरणों को ही प्रमुखता प्रदान की है। लेकिन पारिवारिक प्रकरणों का सर्वथा अभाव भी नहीं है। समूचे आत्मकथा साहित्य के पारिवारिक परिदृश्य को समवेत रूप से देखने पर यह पता लगता है कि वे विविधरूपी हैं–इनमें परिवार के व्रत, उत्सव, अंधविश्वास, परम्पराएँ, जीवनमूल्य आदि सभी को स्थान मिला है। शिल्प की दृष्टि से इनमें पत्र, डायरी, संस्मरण आदि सबका सम्मिलित रूप मिलता है। ये प्रेरणा की अक्षय स्रोत हैं तथा पढ़ने में उपन्यास का सा आनन्द देती हैं।

हाल के कुछ वर्षों में दलित तथा महिला आत्मकथाएँ भी प्रकाशित हुई हैं। दलित आत्मकथाओं का महत्त्व साहित्यिक भी है और सामाजिक भी। इनमें दलित जीवन एवं दलित समाज से जुड़ी समस्या को प्रमुखता दी गई है। यही बात महिला आत्मकथाकारों के बारे में भी सही है। शताब्दियों तक मौन रहने के बाद महिला रचनाकारों ने आत्मकथा में अपने को पहचानने की कोशिश की है।

दलित आत्मकथा में मोहनदास नैमिशराय की आत्मकथा 'अपने-अपने पिंजड़े' महत्त्वपूर्ण है। ओमप्रकाश वाल्मीकि कृत 'जूठन' (1999) में लेखक ने स्वाभाविक ही अपने उस आत्म की तलाश करने की कोशिश की है जिसे भारत का वर्ण तंत्र सदियों से कुचलने का प्रयास करता रहा है, कभी परोक्ष रूप से, कभी प्रत्यक्षतः। इसलिए इस आत्मकथा की पंक्तियों में पीड़ा भी है, असहायता भी है, आक्रोश भी है और अपने आपको आदमी का दर्जा दिए जाने की सहज मानवीय इच्छा भी।

इसी तरह सूरजपाल चौहान की आत्मकथा 'तिरस्कृत' (2002) में अछूत जीवन का मार्मिक वर्णन है। दलित महिला कौसल्या वैसंत्री की आत्मकथा 'दोहरा अभिशाप' (1999) दलित स्त्री के व्यक्तिगत और सामाजिक संघर्षों को उभारती है। यही बात महिला आत्मकथाकारों के बारे में भी सही है। कुसुम अंसल, कृष्णा अग्निहोत्री, कौशल्या वैसंत्री तथा पद्मा सचदेव की आत्मकथाएँ हाल के वर्षों में आई हैं। इन आत्मकथाओं में जहाँ एक ओर स्त्री और समाज, परिवार और परिवेश का द्वन्द्व दिखाई देता है, वहीं स्त्री का समाज के प्रति, समाज का स्त्री के प्रति, नजरिए का भी पता चलता है और स्त्री लेखन की दिशा का भी पता चलता है।

आत्मकथा की तरह उपन्यास का भी आधुनिक युग में ठोस विकास हुआ है। संस्कृत की कथा परम्परा को आधुनिक युग में नए रूप में विकसित होने का अवसर मिला। आधुनिक हिन्दी उपन्यासों का प्रारम्भ जीवन के उपदेशमूलक यथार्थ चित्रण

द्वारा होता है। पर प्रारम्भिक उपन्यासों में अतिरंजनापूर्ण काल्पनिक जीवन के अयथार्थ रोमांस भी कम नहीं मिलते।

'परीक्षा-गुरु' (1882) जो हिन्दी का पहला उपन्यास स्वीकृत कर लिया गया है, मध्यवर्गीय जीवन से ही सम्बद्ध है। इसके पूर्व लिखे गए नारी शिक्षा विषयक ग्रन्थों को भी कुछ लोगों ने उपन्यास के खाते में डाल दिया है। 'देवरानी जेठानी की कहानी' (1870), 'वामाशिक्षक' (1872), 'भाग्यवती' (1877) ऐसी ही पुस्तकें हैं। इसके विपरीत भारतेन्दु हरिश्चन्द्र की 'एक कहानी कुछ आप बीती कुछ जग बीती' में औपन्यासिकता की सम्भावनाएँ प्रचुर मात्रा में हैं।

बालकृष्ण भट्ट ने दो उपन्यास लिखे–'नूतन ब्रह्मचारी' (1887) और 'सौ अजान और एक सुजान' (1892)। ''दोनों ही शिक्षोपयोगी कथाएँ हैं। दोनों में ही सत्संग की महिमा गाई गई है। इन प्रारम्भिक उपन्यासों को देखने से पता लगता है कि रईस वर्ग अपनी ऐय्याशी और अकर्मण्यता में किस प्रकार ढह रहा था। उसके स्थान पर कर्मण्य, क्रियाशील और नवीनयुगीन चेतना से सम्पृक्त पढ़ा-लिखा वर्ग उभर रहा था।''[33]

महता लज्जाराम शर्मा के उपन्यास 'धूर्त रसिकलाल' (1899) में 'कुसंग में पड़कर एक बिगड़े हुए सेठ के सुधार की कहानी है', उनके दूसरे उपन्यास 'स्वतन्त्र रमा परतन्त्र लक्ष्मी' (1899) में ''पाश्चात्य और भारतीय संस्कृति की टकराहट सुनाई देती है। पुनर्जागरण काल तथा बाद में भी भारतीय संस्कृति पर बल दिए जाने के फलस्वरूप इस तरह के उपन्यास आए।''[34]

इस सिलसिले में राधाकृष्णदास का 'निस्सहाय हिन्दू' (1889) भी स्मरणीय है। इसमें गोवध समस्या और हिन्दुओं की निस्सहायता तथा मुसलमानों की कट्टरता चित्रित है। अयोध्यासिंह उपाध्याय हरिऔध के उपन्यास 'ठेठ हिन्दी का ठाट' (1899) और 'अधखिला फूल' (1907) में हिन्दू समाज में व्याप्त कुरीतियों और आदर्शों को चित्रित किया गया है। ठाकुर जगमोहन सिंह का उपन्यास 'श्यामस्वरूप' (1885) विवाह की परम्परामूलक धारणा का विरोध करते हुए प्रेम को वरीयता देता है। बृजनन्दन सहाय का 'सौन्दर्योपासक' (1912) ''इस कालावधि में लिखा गया अकेला रोमेंटिक उपन्यास है।''[35] उसकी सौन्दर्योपासना में विवाह की समस्या नहीं है बल्कि उस चित्तवृत्ति की समस्या है जिसे प्रेम कहते हैं।

सन् 1891 ई. में 'चन्द्रकान्ता' के प्रकाशन के साथ देवकीनन्दन खत्री तिलस्म का जो करिश्मा लेकर आए, उससे हिन्दी उपन्यास के क्षेत्र में धूम मच गई। बहुत से लोगों ने 'चन्द्रकान्ता' पढ़ने के लिए ही हिन्दी सीखी। उपदेश से परे शुद्ध मनोरंजन की चमत्कारपूर्ण सामग्री का पाठकों ने अपूर्व स्वागत किया।

खत्री के उपन्यासों की लोकप्रियता देखकर गोपालराम गहमरी नए किस्म के उपन्यास–जासूसी उपन्यास–लेकर हिन्दी के क्षेत्र में अवतरित हुए। यद्यपि जासूसी

उपन्यासों में तिलस्मी उपन्यासों की तरह बेपर उड़ने की गुंजाइश नहीं है फिर भी इन्हें तिलस्मी-ऐयारी से सर्वथा अलग नहीं किया जा सकता। गहमरी के जासूसी उपन्यास ''घटनाप्रधान और काल्पनिक हैं। घटनाओं की विलक्षणता उनका प्रमुख आधार है। पर वैलक्षण्य की अतिशयता यथार्थ का अहसास नहीं पैदा करती।''[36]

इस कालावधि के उपन्यासकारों में किशोरीलाल गोस्वामी केन्द्रवर्ती उपन्यासकार माने जाएँगे। संख्या और परिमाण में उनके उपन्यास सर्वाधिक हैं। अपने समय में प्रचलित सभी तरह के उपन्यासों की उन्होंने रचना की–सामाजिक, ऐयारी-तिलस्मी तथा जासूसी। सन् 1901 से उन्होंने 'उपन्यास-मासिक पुस्तक' निकालना आरम्भ किया था। इस पत्रिका में केवल उन्हीं के उपन्यास प्रकाशित होते थे। उनके द्वारा रचित प्रमुख उपन्यास–'प्रणयिनी परिणय', 'त्रिवेणी', 'हृदयहारिणी' आदि हैं।

इस तरह हिन्दी उपन्यास के शुरुआती तीन दशक रोमांस और सुधारवादी यथार्थ की चेतना से युक्त मिलते हैं। रोमांस का उद्देश्य मनोरंजन था तो सुधार का उद्देश्य अपने रीति-रिवाज, आचार-विचार और संस्कारों का संरक्षण। ''रोमांस मध्ययुगीन प्रवृत्ति से बोझिल था तो सुधारवादी यथार्थ रूढ़िवादी संस्कारों से।''[37] भारतेन्दु युग के बाद द्विवेदी युग कथा-साहित्य की दृष्टि से अपेक्षाकृत समृद्ध है। द्विवेदी युग के सामाजिक उपन्यासकारों में लज्जाराम शर्मा, किशोरीलाल गोस्वामी, अयोध्यासिंह उपाध्याय, ब्रजनन्दन सहाय, राजा राधिका रमणप्रसाद सिंह उल्लेखनीय हैं। लज्जाराम शर्मा के 'आदर्श दम्पति' (1904), 'आदर्श हिन्दू' (1914) उपन्यासों का विशेष महत्त्व है। किशोरीलाल गोस्वामी के 'लीलावती व आदर्श सती' (1901), 'चपला व नव्य समाज' (1903-04), और 'अँगूठी का नगीना' (1918) उपन्यासों को विशेष ख्याति प्राप्त हुई थी। द्विवेदीयुगीन सामाजिक उपन्यासों में सुधारवादी जीवन-दृष्टि ही प्रधान है। आलोच्ययुगीन उपन्यासों की महत्त्वपूर्ण परम्परा, जिसने आगे चलकर प्रेमचन्द की उपन्यास रचना के लिए पृष्ठभूमि प्रस्तुत की, सामाजिक उपन्यासों की है। सामाजिक उपन्यासों का लक्ष्य समाज-सुधार था। प्रेमचन्द भी इसी उद्देश्य से प्रेरित थे। उनके 'प्रेमा' (1907), 'रूठी रानी' (1907) और 'सेवासदन' (1908) उपन्यास आलोच्य युग में प्रकाशित हुए। इन तीनों में समाज-सुधार की प्रवृत्ति प्रधान है। ''प्रेमचन्द का महत्त्व इस दृष्टि से है कि उन्होंने प्रेम-चुहल, राग-रंग और रहस्य केलि के चटकीले रंगों के स्थान पर सुरुचिपूर्ण प्रसंगों की उद्भावना पर बल दिया। उन्होंने घटना के स्थान पर चरित को उभारने की चेष्टा की, जीवन की वास्तविक समस्याओं को केन्द्र में रखा और क्रमशः कथा-प्रसंगों को मध्य वर्ग के तत्कालीन जीवन-प्रवाह के साथ जोड़ दिया।''[38] हिन्दी उपन्यास-साहित्य के सन्दर्भ में आलोच्य युग को 'प्रेमचन्द-युग' की संज्ञा लगभग निर्विवाद रूप में मिल चुकी है, क्योंकि 'सेवासदन' (1918) का प्रकाशन न केवल प्रेमचन्द के साहित्यिक जीवन की, वरन् हिन्दी उपन्यास की भी एक

महत्त्वपूर्ण घटना थी। 'सेवासदन' पूर्ववर्ती कथा साहित्य का अभूतपूर्व विकास था। इसके पहले कथा-साहित्य में या तो अजीबोगरीब घटनाओं के द्वारा कुतूहल और चमत्कार की सृष्टि रहती थी अथवा आर्यसमाज और तत्समान अन्य सामाजिक आन्दोलनों से प्रभावित समाज-सुधारों का प्रचार ही उसकी उपलब्धि रह गई थी, जीवन की सही अभिव्यक्ति का साधन वह नहीं बन पाया था। प्रेमचन्द ने 1918 ई. के पूर्व उर्दू में कई उपन्यासों की रचना की थी जिनमें से 'प्रेमा अर्थात् दो सखियों का विवाह' ('हमखुर्मा व हमसवाब' का रूपान्तरण) 1907 ई. में हिन्दी में प्रकाशित हो चुका था। उनके अन्य आरम्भिक उपन्यास 'असरारे मआबिद उर्फ देवस्थान रहस्य', 'किसना', 'रूठी रानी', 'जलवए ईसार' आदि थे। इनमें प्रेमचन्द ने भी उपन्यास को मनोरंजन से ऊपर उठाकर जीवन के सीधे सम्पर्क में लाने का प्रयत्न किया था। "उन्होंने आर्यसमाज से प्रेरणा अवश्य ग्रहण की थी, पर उनकी अपनी विशिष्ट जीवन-दृष्टि भी निर्मित हो चुकी थी जो इन उपन्यासों में अभिव्यक्ति पाना चाह रही थी। किन्तु हिन्दी में 'उपन्यास' की कोई परम्परा न होने के कारण प्रेमचन्द को उसका समुचित ढाँचा (फॉर्म) नहीं मिल रहा था। सम्भवतः अपने लिए सही भाषा की तलाश भी वे नहीं कर पाए थे। परिणामतः इस काल में लिखित उनके सभी उपन्यास एक प्रतिभाशाली लेखक के 'बचकाने प्रयास' जैसे लगते हैं।"[39] " 'सेवासदन' उनकी पहली प्रौढ़ कृति है जहाँ से उनके नए औपन्यासिक जीवन का ही नहीं, हिन्दी उपन्यास के नए युग का भी प्रादुर्भाव हुआ।"[40]

'सेवासदन' के बाद प्रेमचन्द के 'प्रेमाश्रम' (1922), 'रंगभूमि' (1925), 'कायाकल्प' (1926), 'निर्मला' (1927), 'गबन' (1931), 'कर्मभूमि' (1933) और 'गोदान' (1935) शीर्षक सात मौलिक उपन्यास प्रकाशित हुए। इस बीच उन्होंने अपने दो पुराने उर्दू-उपन्यासों को भी हिन्दी में रूपान्तरित और परिष्कृत करके प्रकाशित किया। 'जलवए ईसार' का रूपान्तर 'वरदान' 1921 ई. में प्रकाशित हुआ तथा 'हमखुर्मा व हमसवाब' के पूर्व-प्रकाशित हिन्दी-रूपान्तर 'प्रेमा अर्थात् दो सखियों का विवाह' को परिष्कृत कर उन्होंने 'प्रतिज्ञा' (1929) शीर्षक से सर्वथा नए रूप में प्रकाशित कराया। एक उल्लेखनीय तथ्य यह है कि आरम्भ में प्रेमचन्द अपने उपन्यास पहले उर्दू में लिखते थे और फिर स्वयं उनका हिन्दी रूपान्तर करते थे। 'सेवासदन', 'प्रेमाश्रम' और 'रंगभूमि' क्रमशः 'बाजारे-हुस्न', 'गोशए आफिमन' और 'चोंगानेहस्ती' नाम से उर्दू में लिखे गए थे, किन्तु प्रकाशित पहले ये हिन्दी में ही हुए। वैसे मूल रूप से हिन्दी लिखित उनका पहला उपन्यास 'कायाकल्प' है, इसके बाद उन्होंने सभी उपन्यासों की रचना हिन्दी में ही की, उर्दू से अनुवाद की समस्या अब नहीं रह गई थी।

हिन्दी उपन्यास को प्रेमचन्द की देन अनेकमुखी है। प्रथमतः उन्होंने हिन्दी कथा-साहित्य को 'मनोरंजन' के स्तर से उठाकर जीवन के साथ सार्थक रूप में जोड़ने

का काम किया। चारों ओर फैले हुए जीवन और अनेक सामयिक समस्याओं–पराधीनता, जमींदारों, पूँजीपतियों और सरकारी कर्मचारियों द्वारा किसानों का शोषण, निर्धनता, अशिक्षा, अंधविश्वास, दहेज की कुप्रथा, घर और समाज में नारी की स्थिति, वेश्याओं की जिन्दगी, विधवा-विवाह, साम्प्रदायिक वैमनस्य, अस्पृश्यता, मध्यम वर्ग की कुंठाएँ आदि ने उन्हें उपन्यास लेखन के लिए प्रेरित किया था। प्रेमचन्द ने एक-एक कर बड़ी बेसब्री से इन समस्याओं और जीवन के विभिन्न पहलुओं को अपने उपन्यासों में स्थान दिया। 'सेवासदन' में उनका ध्यान मुख्यतः विवाह से जुड़ी समस्याओं–तिलक, दहेज की प्रथा, कुलीनता का प्रश्न, विवाह के बाद घर में पत्नी का स्थान आदि और समाज में वेश्याओं की स्थिति पर रहा। 'निर्मला' में दहेज-प्रथा और वृद्ध-विवाह से होनेवाले पारिवारिक विघटन तथा विनाश का चित्रण है। कृषक-जीवन की समस्याओं के चित्रण का प्रथम प्रयास 'प्रेमाश्रम' में लक्षित हुआ और उसे पूर्णता प्राप्त हुई 'गोदान' में। वैसे प्रेमचन्द ने सामान्य रूप से अपने प्रायः सभी उपन्यासों में और विशेष रूप से 'रंगभूमि' और 'कर्मभूमि' में ग्रामीणों की स्थिति का चित्रण किया है, पर 'गोदान' को तो ग्रामीण जीवन और कृषि संस्कृति का महाकाव्य कहा जा सकता है। ग्रामीण जीवन का इतना सच्चा, व्यापक और प्रभावशाली चित्रण हिन्दी के किसी अन्य उपन्यास में नहीं हुआ है, सम्भवतः वह संसार के साहित्य में बेजोड़ है।

महात्मा गांधी से प्रभावित होने के कारण नहीं, अपनी मानवतावादी दृष्टि के कारण भी देश की साम्प्रदायिक समस्या प्रेमचन्द की चिन्ता का मुख्य विषय थी। इस समस्या को 'सेवासदन' और विशेष रूप से 'कायाकल्प' में प्रस्तुत किया गया है। 'सेवासदन', 'रंगभूमि', 'प्रतिज्ञा', 'कर्मभूमि' और 'गोदान' में अन्तर्जातीय विवाह का प्रश्न को उठाया गया है। उच्चवर्गीय और मध्यवर्गीय समाज में नारी की स्थिति तथा अपने अधिकारों के प्रति उसकी क्रमशः उभरती गई जागरूकता तो प्रायः उनके सभी उपन्यासों में चित्रित है। विधवा-विवाह का प्रश्न 'प्रतिज्ञा' में उठाया गया है। मध्य वर्ग की कुंठाओं का सबसे अच्छा चित्रण 'गबन' और 'निर्मला' में है, यद्यपि 'सेवासदन' और 'कर्मभूमि' में भी इसकी झलक देखी जा सकती है। बड़े पैमाने पर फैलनेवाले उद्योग-धन्धों के फलस्वरूप ग्रामीण जीवन और पुराने मूल्यों में विघटन तथा पूँजीवाद के बढ़ते हुए प्रभाव का चित्रण 'रंगभूमि' में देखा जा सकता है।

इसका अर्थ यह नहीं है कि उन्होंने किस्सागोई से बिल्कुल ही नाता तोड़ लिया था, बल्कि यह कहना ज्यादा ठीक होगा कि वे अन्त तक किस्सागोई से जुड़े रहे। यही कारण है कि उनके उपन्यासों को इतनी लोकप्रियता प्राप्त हुई। "उन्नीसवीं शताब्दी के अन्तिम दशक में देवकीनन्दन खत्री ने कौतूहलोत्पादक चौंकानेवाली नई-नई घटनाओं की सृष्टि करके कथा में रोचकता पेश की थी, जबकि प्रेमचन्द ने सहज-सामान्य

मानवीय व्यापारों को मनोवैज्ञानिक स्थितियों से जोड़कर उनमें एक सहज-तीव्र मानवीय रुचि पैदा कर दी।"[41] उनका वैशिष्ट्य इस बात में निहित है कि उन्होंने सामयिक समस्याओं को अपने उपन्यासों का आधार बनाने के बावजूद जीवन की सहज-सामान्य धारा को उचित महत्त्व दिया। "उनके उपन्यासों में समस्याओं और उनके आदर्शवादी समाधानों का महत्त्व उत्तरोत्तर कम होता गया और जीवनधारा की ताजगी तथा यथार्थता क्रमशः प्रमुख तथा व्यापक होती गई।"[42] अपने अन्तिम उपन्यास 'गोदान' में भी वे आदर्शों से मुक्त नहीं हो सके, पर 'गोदान' में सामान्य जीवनधारा की अत्यन्त सशक्त अभिव्यक्ति हुई है। प्रेमचन्द की विशेषता यह है कि सामान्य जिन्दगी के ये ब्यौरे मनोवैज्ञानिक स्थितियों में संकलित हैं, जिनकी पृष्ठभूमि में जीवन का गहरा और व्यापक अनुभव तथा तीव्र संवेदना विद्यमान है। प्रेमचन्द यद्यपि राष्ट्रप्रेमी और देशभक्त लेखक थे, पर अपने उपन्यासों में वे राष्ट्रीय भावना को सशक्त अभिव्यक्ति न दे सके। "जगह-जगह ऐसा लगता है कि वे इस ओर बढ़ना तो चाहते हैं, पर उनकी व्यावहारिक बुद्धि जैसे रास्ता रोक देती है। वे सामाजिक सुधारों तथा प्राकृतिक विपत्तियों में सहायता-कार्य करनेवाली 'सेवा-समितियों' के गठन और उनकी गतिविधियों का तो वर्णन करते हैं पर सत्याग्रह-आन्दोलन या स्वतन्त्रता-प्राप्ति के निमित्त किए गए आन्दोलन के चित्रण से बचते हैं। यह बात 'प्रेमाश्रम', 'रंगभूमि' 'गबन', और 'कर्मभूमि' सबमें देखी जा सकती है।" इसी प्रकार कतिपय सामाजिक समस्याओं को सही सन्दर्भ में उठाने पर भी वे उन्हें उचित तर्कसंगत परिणति नहीं दे पाए हैं। सम्भवतः सामाजिक आलोचना के भय से प्रेमचन्द समाज-सुधार की दिशा में क्रान्तिकारी कदम उठाने से रह गए थे।

शिल्प और भाषा की दृष्टि से भी प्रेमचन्द ने हिन्दी उपन्यास को विशिष्ट स्तर प्रदान किया, "यों सुघटित और चारों ओर से दुरुस्त कथानक गढ़ने का कौशल देवकीनन्दन खत्री भी दिखा चुके थे, पर चित्रणीय विषय के अनुरूप शिल्प के अन्वेषण का प्रयोग हिन्दी-उपन्यास में पहली बार प्रेमचन्द ने ही किया।"[43] उनकी विशेषता यह है कि उनके द्वारा प्रस्तुत किए गए दृश्य अत्यन्त सजीव-गतिमान और नाटकीय हैं। उनके उपन्यासों की भाषा की खूबी यह है कि शब्दों के चुनाव तथा वाक्य-योजना की दृष्टि से उसे 'सरल' और 'बोलचाल की भाषा' कहा जा सकता है। "पर भाषा की इस सरलता को निर्जीवता, एकरसता और अकाव्यात्मकता का पर्याय नहीं समझा जाना चाहिए। प्रेमचन्द के उपन्यासों में विशेषतः 'गोदान' में भाषा का वैविध्य जितने स्तरों पर दिखाई पड़ता है, वह हिन्दी के उपन्यास साहित्य में अब तक दुर्लभ है। इतनी 'सरल' भाषा को एक-साथ इतने स्तरों पर काम में लाना प्रेमचन्द जैसे उपन्यासकारों द्वारा ही सम्भव था।"[44] वस्तुतः प्रेमचन्द ने ही हिन्दी उपन्यास को अभिव्यक्ति का सशक्त माध्यम प्रदान किया।

प्रेमचन्द के समकालीन उपन्यासकारों की संख्या दो-ढाई सौ के लगभग है, किन्तु सबका उल्लेख न यहाँ सम्भव है न आवश्यक। अधिकतर उपन्यासकारों ने प्रेमचन्द के मार्ग का अनुसरण किया। कालक्रम की दृष्टि से देखें तो विवेच्यकाल में सबसे पहले शिवपूजन सहाय ने हिन्दी-उपन्यास को प्रेमचन्द से भिन्न मार्ग पर ले जाने का प्रयास किया, ''उनका 'देहाती दुनिया' (1926) शीर्षक उपन्यास प्रचलित रूढ़ि को तोड़ने की दिशा में एक साहसिक कदम था, किन्तु शायद यह कदम समय से पहले उठा लिया गया।''[45] इसीलिए इस उपन्यास का समुचित मूल्यांकन 1950 ई. के लगभग आँचलिक उपन्यासों का आविर्भाव होने पर हुआ।

प्रेमचन्द-युग के सबसे अक्खड़ और इसलिए सबसे विवादास्पद उपन्यासकार हुए बेचन शर्मा 'उग्र', जिन्होंने 'चन्द हसीनों के खुतूत' (1927), 'दिल्ली का दलाल' (1927), 'बुधुआ की बेटी' (1928), 'शराबी' (1930) आदि उपन्यासों में ''समाज की बुराइयों को, उसकी छुपी सच्चाई को बिना किसी लाग-लपेट के बड़े ही साहस के साथ, किन्तु सपाटबयानी के रूप में प्रस्तुत किया। उग्र के सभी उपन्यास सुधारवादी दृष्टिकोण से लिखे गए हैं, इसलिए भी वे श्रेष्ठ कला-रूप में परिणत नहीं हो पाए हैं। दूसरी ओर उनकी सपाटबयानी अधकचरे और कम उम्र पाठकों की रुचि को विकृत करने के खतरे से भी युक्त है, जिनसे उनका सुधारवादी उद्‌देश्य भी पूरा नहीं हो पाता। वैसे यह उल्लेखनीय है कि 'चन्द हसीनों के खुतूत' पत्रात्मक प्रविधि में लिखा गया हिन्दी का पहला उपन्यास है।''[46]

प्रेमचन्द के समकालीनों में जयशंकर प्रसाद इसलिए उल्लेखनीय हैं कि वे न केवल कविता और नाटक के क्षेत्र में वरन् 'कंकाल' (1929) और 'तितली' (1934) की रचना द्वारा उपन्यासकार के रूप में भी चर्चा के विषय बने। इनमें से 'कंकाल' ही विशेष उल्लेखनीय है। 'कंकाल' की विशिष्टता यह है कि इसमें प्रसाद ने समाज की त्याज्य, अवैध और अज्ञात-कुलशील सन्तानों की कथा कही है। पर यह ''कहानी 'घटनाओं', 'संयोगों' और 'चमत्कारों' पर आधृत होने के कारण कृत्रिम और अविश्वसनीय हो जाती है। उपन्यासकार के रूप में प्रसाद की असफलता का एक अन्य कारण है कि उनकी भाषा, बिलकुल ही उपन्यासोचित नहीं है। भाषा को अलंकृत करने–उसे लक्षणा शक्ति और अलंकारों से सजाने–का मोह उनमें इतना अधिक है कि वह विषय से सर्वथा अलग पड़ जाती है। इस प्रकार प्रसाद प्रतिभा-सम्पन्न लेखक होते हुए भी हिन्दी उपन्यास को कोई नया आयाम नहीं दे सके।''[47]

हिन्दी-उपन्यास को प्रेमचन्द-युग में ही नई दिशा देने का सफल प्रयास किया जैनेन्द्र ने। विवेच्य काल में उनके तीन उपन्यास प्रकाशित हुए–'परख' (1929), 'सुनीता' (1935) और 'त्यागपत्र' (1937)। हिन्दी उपन्यास ''को उनसे जो पाना था, वह इन्हीं कृतियों में मिल गया। 'परख' में समकालीन सामाजिक उपन्यासों की

परम्परा से अलग लीक पर चलने का प्रयास किया गया है। लेखक ने व्यापक सामाजिक जीवन को अपने उपन्यासों का विषय न बनाकर व्यक्ति-मानस की शंकाओं, उलझनों और गुत्थियों का चित्रण किया है। उनके उपन्यासों की कहानी अधिकतर एक परिवार की कहानी होती है और वे 'शहर की गली और कोठरी की सभ्यता' में ही सिमटकर व्यक्ति-पात्रों की मानसिक गहराइयों में प्रवेश करने की कोशिश करते हैं। जैनेन्द्र की अगर कोई त्रुटि है तो यह कि वे अपने पात्रों को पहेली बनाकर छोड़ देते हैं और पाठक उस मनोवैज्ञानिक पहेली को सुलझाने के असफल प्रयत्न में उलझा रह जाता है।''[48] जो हो, उन्होंने हिन्दी उपन्यास को असन्दिग्ध रूप से नई दिशा प्रदान की और उपन्यास को सामाजिक यथार्थ ही नहीं, मनोवैज्ञानिक यथार्थ के क्षेत्र में भी प्रवेश करने की राह सुझाई। इस प्रकार उन्हें मनोवैज्ञानिक उपन्यासों की परम्परा का पुरस्कर्त्ता माना जा सकता है।

इस काल के अन्य प्रमुख उपन्यासकारों में भगवतीचरण वर्मा, राधिकारमणप्रसाद सिंह, सियारामशरण गुप्त, भगवतीप्रसाद वाजपेयी, वृन्दावनलाल वर्मा, राहुल सांकृत्यायन, निराला आदि उल्लेखनीय हैं। भगवतीचरण वर्मा ने 'चित्रलेखा' (1934) की रचना कर पाठकों के बीच पर्याप्त लोकप्रियता प्राप्त की थी, पर ''उपन्यास में जीवन की धड़कन न होने के कारण इसका कोई स्थायी मूल्य न हो सका।''[49] राधिकारमणप्रसाद सिंह ने 'राम रहीम' (1937) में कतिपय ''सामाजिक पहलुओं का उद्घाटन किया, पर उनका लगभग सारा ध्यान भाषा को 'चुलबुलाहट' से युक्त बनाने में ही लगा रहा।''[50] भगवतीप्रसाद वाजपेयी के उपन्यासों–'प्रेमपथ', 'मीठी चुटकी', 'अनाथ पत्नी', 'त्यागमयी', 'लालिमा' आदि में मध्यवर्गीय पारिवारिक-सामाजिक जीवन का मनोविश्लेषणपरक चित्रण मिलता है। वृन्दावनलाल वर्मा कृत 'संगम', 'लगन', 'प्रत्यागत' और 'कुंडलीचक्र' सामाजिक उपन्यास हैं तथा 'गढ़कुंडार' और 'विराटा की पद्मनी' की रचना ऐतिहासिक पृष्ठभूमि में हुई है। जहाँ लेखक का अभीष्ट ''विभिन्न सामाजिक समस्याओं के सन्दर्भ में जीवन का आदर्शात्मक यथार्थ निरूपण प्रतीत होता है, वहाँ शुद्ध ऐतिहासिक उपन्यासों की रचना-परम्परा को आरम्भ करने का श्रेय भी उन्हीं को प्राप्त है।''[51] राहुल सांकृत्यायन ने इस काल में मौलिक उपन्यासों के स्थान पर 'शैतान की आँख', 'विस्मृति के गर्भ में', 'सोने की ढाल' आदि उपन्यासों की रचना की जिनमें ऐतिहासिक-रोमानी कथानकों को स्थान प्राप्त हुआ है। इस काल में स्वच्छन्दतावादी पद्धति के प्रेममूलक उपन्यासों की रचना का श्रेय सूर्यकान्त त्रिपाठी 'निराला' को है–उनके द्वारा रचित 'अप्सरा', 'अलका' (1933), 'प्रभावती' (1936) और 'निरुपमा' (1936) ''भले ही प्रसाद के कथा साहित्य की भाँति विषय-निरूपण और शैली दोनों की दृष्टि से उनकी कवि-चेतना से प्रभावित हैं, किन्तु इनके उल्लेख के बिना इस काल के उपन्यास-साहित्य का विश्लेषण अधूरा रहेगा।''[52]

प्रेमचन्द के उपरान्त हिन्दी-उपन्यास कई मोड़ों से गुजरता हुआ दिखाई पड़ता है। जहाँ प्रेमचन्द ने समाज के साथ व्यक्ति के एकीकृत होने के प्रश्न को अधिक महत्त्व दिया, वहाँ जैनेन्द्र ने व्यक्ति की गुम होती हुई पहचान को उभारकर सामने रखा। उनके उपन्यासों में "अनमेल विवाह या दहेज-प्रथा जैसी समस्याएँ नहीं हैं, बल्कि विवाह स्वयं में एक समस्या है, क्योंकि सारी अनिश्चितताएँ उसके बाद आरम्भ होती हैं। किन्तु जिस मुक्ति की समस्या पर उन्होंने बल दिया, उसके आड़े आते हैं रूढ़ संस्कार और इस प्रकार जैनेन्द्र का प्रत्येक उपन्यास अन्तर्विरोधों का उपन्यास बन गया है।"[53] आलोच्य युग में प्रकाशित उनके उपन्यासों–'कल्याणी', 'सुखदा', 'विवर्त', 'व्यतीत', 'जयवर्धन' आदि में यह प्रवृत्ति मनोविज्ञान, दार्शनिकता, वैयक्तिकता आदि के माध्यम से विविध रूपों में उभरी है। उनके पात्र समाज को न तोड़कर स्वयं टूटते हैं, किन्तु अपने को तोड़कर किसी को निर्मित नहीं करते–"नियति, ईश्वर, धर्म आदि में अटूट आस्था उनके उपन्यासों को आधुनिक नहीं बनने देती–वे रोमैंटिक 'एगोनी' का रूप ले लेते हैं।"[54]

अज्ञेय कृत 'शेखर : एक जीवनी' (1941) के प्रकाशन के साथ हिन्दी उपन्यास की दिशा में एक नया मोड़ आया। इस उपन्यास को लेकर आलोचकों में भारी मतभेद रहा। इन विरोधी सम्मतियों से सिद्ध होता है कि कथ्य, शिल्प और भाषा की दृष्टि से यह परम्परा से हटकर एक नया प्रयोग था। जिसे आज आधुनिकता की संज्ञा दी जाती है, उसका वास्तविक समावेश इसी उपन्यास में दिखाई देता है। इसका मूल मन्तव्य है–स्वतन्त्रता की खोज। यह खोज अपने को सबसे काटकर नहीं की गई है, बल्कि अन्य सन्दर्भों में यानी मानवीय परिस्थितियों के बीच की गई है। शेखर के विद्रोह के पीछे आज की पीढ़ी का विद्रोही स्वर है। जिस प्रामाणिक अनुभूति की चर्चा आज की रचनाओं के सन्दर्भ में की जाती है, वह इस उपन्यास में पहली बार मिलती है। शेखर अपनी अनुभूतियों को निश्चल अभिव्यक्ति देता है–जो परिदृश्य उसके अनुभव के भीतर नहीं आया, वह इस उपन्यास में भी नहीं आया है। काल की दृष्टि से भी यह उपन्यास प्रयोगधर्मी है। इसमें 'एक रात में देखे गए 'विजन' को शब्दबद्ध करने का प्रयास है, फलस्वरूप 'परम्परायुक्त काल-क्रमिकता के स्थान पर इसमें अनुभूति के टुकड़ों को जहाँ-तहाँ से उठा लिया गया है। इसमें कोई सन्देह नहीं कि चेतना-प्रवाह, प्रतीकात्मकता और भाषा की आन्तरिकता के कारण यह उपन्यास अपने में अप्रतिम है, पर एक तो रोमांटिक आवेग के कारण और दूसरे, अहंकेन्द्रित होने के फलस्वरूप इसका विजन रचनात्मक बनते-बनते रह गया है।'

अज्ञेय के दूसरे उपन्यास 'नदी के द्वीप' (1951) को सामान्यतः शेखर की संवेदना का विकास माना जाता है। शेखर और भुवन तथा रेखा और शशि में एक तरह का सादृश्य लगता है, पर इस पर जोर नहीं देना चाहिए–'नदी के द्वीप' को

स्वतन्त्र कृति के रूप में मूल्यांकित करना अधिक संगत है। शेखर की तुलना में "भुवन की तेजस्विता कृत्रिम, आरोपित और अविश्वसनीय है। वह ठीक ढंग से स्थित (सिचुएट) नहीं हो पाता, फलस्वरूप आत्मकेन्द्रित और दम्भी बन जाता है। 'शेखर : एक जीवनी' की शशि भी–सिचुएटेड चरित्र है, पर रेखा कहीं भी सन्दर्भित नहीं है। इसलिए उसकी बौद्धिक ऊँचाई स्वयं नदी का द्वीप है, प्रवाह से अलग। 'नदी के द्वीप' का प्रतीक पूर्णतः अर्थवान नहीं बनता क्योंकि प्रवाह उसे काटता-छाँटता उसकी रूपरेखा को बदलता चलता है, कभी-कभी तो उसके अस्तित्व को ही समाप्त कर देता है।"[55] 'अपने-अपने अजनबी' अज्ञेय का तीसरा उपन्यास है, जिसमें एक प्रकार की "धार्मिक दृष्टि-सम्पन्नता दिखाई पड़ती है। पहले दोनों उपन्यासों में यौन-कलह की स्थापना के साथ-साथ उन्होंने मसीहाई दृष्टिकोण भी अपनाया है, 'अपने-अपने अजनबी' इसी की फलश्रुति है। इसमें मुख्य समस्या स्वतन्त्रता के वरण की है जो संत्रास, अकेलेपन, बेगानगी, मृत्युबोध, अजनबीपन आदि से सहज ही संयुक्त हो गई है। स्वतन्त्रता को अहंकार से जोड़कर अज्ञेय ने इसमें अस्तित्ववादी स्वतन्त्रता के मूल अर्थ को ही बदल दिया है।"[56]

प्रेमचन्दोत्तर उपन्यासकारों में अपनी विशिष्ट विचारधारा और सर्जनात्मक शक्ति के कारण यशपाल ने स्वतन्त्र व्यक्तित्व बना लिया है। 'गोदान' में प्रेमचन्द ने आदर्शवाद से बहुत-कुछ मुक्त होकर जिस यथार्थवादी दृष्टिकोण को ग्रहण किया था, उसकी परम्परा को आगे बढ़ाने का श्रेय यशपाल को है। यशपाल पर मार्क्सवादी विचारधारा का गहरा प्रभाव है। इसका रचनात्मक प्रतिफलन उनके उपन्यासों में देखा जा सकता है। ये हैं–दादा कामरेड (1941), देशद्रोही (1943), पार्टी कामरेड (1946), मनुष्य के रूप (1949), झूठा सच (दो भाग, 58-60)। 'अमिता' और 'दिव्या' उनके ऐतिहासिक उपन्यास हैं। 'दादा कामरेड' में पूँजीवाद, गांधीवाद और क्रान्तिकारियों के आतंकवाद का विरोध करते हुए समाजवाद का समर्थन किया गया है। स्त्री को वरण की स्वतन्त्रता देने का प्रश्न भी लेखक ने उठाया है। 'मनुष्य के रूप' में परिवर्तनशील मानवीय रूप के मूल में आर्थिक समस्या की भूमिका स्वीकार की गई है और 'झूठा सच' की रचना राजनीतिक-सांस्कृतिक पृष्ठभूमि में हुई है। इसमें देश विभाजन की घटना को विस्तृत फलक पर देखा गया है। 'झूठा सच' के प्रकाशन ने सिद्ध कर दिया कि यशपाल बहुत विस्तृत दृष्टि से जीवन के विविध रूपों, आयामों, समस्याओं और जटिलताओं को अपने ढंग से प्रभावशाली रूप में प्रस्तुत कर सकते हैं। इसलिए इसे औपन्यासिक महाकाव्य की संज्ञा दी जा सकती है, यद्यपि इसमें जितनी व्याप्ति है उतनी गहराई नहीं है।

भगवतीचरण वर्मा के उपन्यासों को प्रेमचन्द की परम्परा, जो 1950 ई. तक चलती रही, के अन्तर्गत रखा जा सकता है। प्रेमचन्द ने अपने उपन्यासों में जहाँ

समसामयिक समस्याओं को चित्रित किया, वहाँ वर्मा जी भी परिवर्तनशील ऐतिहासिक धारा को मध्यवर्ग के माध्यम से अंकित करते रहे हैं। आलोच्य अवधि में प्रकाशित उनके उपन्यासों में 'टेढ़े-मेढ़े रास्ते', 'आखिरी दाँव', 'भूले-बिसरे चित्र', 'सामर्थ्य और सीमा', 'रेखा' और 'सबहिं नचावत राम गुसाईं' मुख्य हैं।

वर्मा जी की भाँति उपेन्द्रनाथ अश्क को भी प्रेमचन्द परम्परा का उपन्यासकार कहा जाता है। छायावादोत्तर काल में रचित उनके उपन्यासों में 'गिरती दीवारें' (1947) सर्वोत्तम है। "इसके पूर्व यथार्थवादी परम्परा का शायद ही कोई ऐसा उपन्यास हो जो मध्यवर्ग की विवशता, हार, लाचारी और संघर्ष को वास्तविकता की भूमि पर प्रतिष्ठित कर सका हो।"[57]

बाद के उपन्यासकारों में अमृतलाल नागर का विशेष स्थान है। उन्होंने अपने उपन्यासों में व्यक्ति और समाज के सापेक्षिक सम्बन्धों को चित्रित किया है। 'नवाबी मसनद', 'सेठ बाँकेलाल', 'महाकाल', 'बूँद और समुद्र', 'अमृत और विष', 'शतरंज के मोहरे', 'सुहाग के नूपुर', 'एकदा नैमिषारण्ये' और 'मानस का हंस' उनके प्रकाशित उपन्यास हैं। अपने विस्तार और गहराई के कारण 'बूँद और समुद्र' इनमें विशेष महत्त्वपूर्ण बन पड़ा है। 'बूँद' और 'समुद्र' क्रमशः व्यक्ति और समाज के प्रतीक हैं।

हिन्दी उपन्यासों के विकास के इस दौर में इतिहास सम्बन्धी नया दृष्टिकोण सामने आया। इसके पूर्व किशोरीलाल गोस्वामी ने अपने ऐतिहासिक उपन्यासों में तथ्यों और कल्पना के रचनात्मक पक्ष की चिन्ता न कर उनमें कौतूहल, उत्सुकता, मनोरंजन और रोमांस को प्रमुखता दी थी। नए ऐतिहासिक दृष्टिकोण को ग्रहण करनेवालों में हजारीप्रसाद द्विवेदी, राहुल सांकृत्यायन, यशपाल और रांगेय राघव विशेष उल्लेखनीय हैं।

वृन्दावन लाल वर्मा ने यों तो उपन्यास भी लिखे हैं, पर उनकी ख्याति विशेषतः 'विराटा की पद्मिनी', 'झाँसी की रानी', 'कचनार', 'मृगनयनी', 'अहिल्याबाई' आदि ऐतिहासिक उपन्यासों के लिए है। 'मृगनयनी' में वर्माजी की प्रतिभा का सर्वोत्तम प्रतिफलन हुआ है। "उपन्यासकार ने ग्वालियर के महाराजा मानसिंह और ग्रामीण मृगनयनी के प्रणय-रोमांस के ताने-बाने में उस समय के सांस्कृतिक वातावरण को उसके विभिन्न आयामों में चित्रित करके एक काल-खंड को जीवन्त बना दिया है। तत्कालीन धर्म, राजनीति, चित्रकला, संगीत कला और वास्तुकला को इनके ब्यौरों और अन्तर्विरोधों सहित इस रूप में चित्रित किया गया है कि यह उपन्यास सांस्कृतिक उपलब्धि बन गया है।"[58]

हिन्दी के ऐतिहासिक उपन्यासकारों में आचार्य हजारीप्रसाद द्विवेदी का व्यक्तित्व सर्वाधिक सर्जनात्मक है। 'बाणभट्ट की आत्मकथा' उपन्यास विधा में एक नवोन्मेष

है। द्विवेदीजी के उपन्यास इतिहास के तथ्यों पर आधारित नहीं हैं, उनमें कल्पना के आधार पर ऐतिहासिक वातावरण की अर्थवान सृष्टि की गई है। यह अर्थवत्ता उनके नए ऐतिहासिक दृष्टिकोण की देन है। वे किसी कालखंड को जीवन्त रूप में प्रस्तुत करने के साथ-साथ उसे आज की ज्वलन्त समस्याओं के साथ भी जोड़ते चलते हैं और इस सन्दर्भ में ही समग्रतः उनका गम्भीर जीवन-दर्शन भी प्रतिफलित हो जाता है। 'बाणभट्ट की आत्मकथा' में उन्होंने ''मध्यकालीन जड़ता पर प्रहार करते हुए उसे आधुनिक चैतन्य से सम्पृक्त किया है।''[59] इसमें व्यष्टि और समष्टि का अद्भुत समन्वय मिलता है–प्रत्येक पात्र का अपना निजी वैशिष्ट्य है, जो समष्टि से सम्पृक्त होकर चमक उठता है। बाणभट्ट की अलंकृत शैली में लिखे जाने पर भी यह गत्यात्मक है–काव्यात्मकता ही इसकी भाषा और वस्तु दोनों हैं। इसके अलावा 'चारुचन्द्र लेख' और 'पुनर्नवा' इनके दूसरे महत्त्वपूर्ण उपन्यास हैं।

सामान्यतः सन् 1950 के बाद के दशक को आंचलिक उपन्यासों का दशक मान लिया जाता है और उपन्यासों को सद्यः स्वतन्त्र भारत के उल्लास के साथ जोड़कर ऐतिहासिक दृष्टि को सरलीकृत कर दिया जाता है किन्तु वस्तुतः ये उपन्यास एक नए प्रकार के मुक्ति आन्दोलन से जुड़े हुए हैं जो एक ओर वैयक्तिक है तो दूसरी ओर सामाजिक। वैयक्तिक इसलिए कि ''वह पुराने नैतिक मूल्यों से मुक्त होकर खुले वातावरण में साँस लेना चाहता है और सामाजिक इसीलिए कि आर्थिक दृष्टि से स्वतन्त्र होने के लिए अभी समाज को लम्बी मंजिल तय करनी थी।''[60]

फणीश्वरनाथ रेणु के उपन्यास ही सही अर्थों में 'आंचलिक' हैं। सत्य तो यह है कि 'मैला आँचल' और 'परती परिकथा' में ग्रामांचलों के जितने विशद और सवाक् चित्र देखने को मिलते हैं उतने अन्य तथाकथित आंचलित उपन्यासों में नहीं। इन दोनों उपन्यासों में ''ग्रामांचल की छोटी-छोटी घटनाओं, कथाओं, आचार-विचार, रीति-रिवाज, राजनीतिक-नैतिक अवधारणाओं, पारस्परिक सम्बन्धों आदि के विशिष्ट चित्र मिलते हैं, जो पूरे अंचल के सन्दर्भ में संश्लिष्ट और गत्यात्मक हो गए हैं।''[61]

नागार्जुन के उपन्यासों में दरभंगा-पूर्णिया जिले का राजनीतिक-सांस्कृतिक साक्षात्कार होता है। 'बलचनमा' (1952) इस दृष्टि से नागार्जुन का प्रतिनिधि उपन्यास है। उदयशंकर भट्ट का 'सागर, लहरें और मनुष्य' (1956) भी इस धारा की प्रसिद्ध कृति है। इसमें बम्बई के पश्चिमी तट पर बसे हुए बरसोवा गाँव के मछुआरों की जीवन-कथा वर्णित है। नगर के सम्पर्क में आकर गाँव की एकांगिता में दरारें पड़ने लगती हैं और वह बदलाव की प्रक्रिया से गुजरने लगता है।

ग्रामांचल को आधार बनाकर राही मासूम रजा, शिवप्रसाद सिंह, रामदरश मिश्र, हिमांशु श्रीवास्तव आदि ने भी उपन्यास लिखे हैं। राही का 'आधा गाँव' शिया मुसलमानों की जिन्दगी पर लिखा गया पहला उपन्यास है। इसमें भारत-विभाजन के

पहले और बाद की जिन्दगी को उभारा गया है।

मनोविज्ञान को प्रमुखता देनेवाले इधर के उपन्यासकारों में धर्मवीर भारती और देवराज मुख्य हैं। धर्मवीर भारती का 'गुनाहों का देवता' अपनी कैशोर भावुकता तथा रूमानियत के कारण काफी लोकप्रिय हुआ।

मन्मथनाथ गुप्त, भैरवप्रसाद गुप्त, अमृतराय, लक्ष्मीनारायण लाल, राजेन्द्र यादव आदि नवीन सामाजिक चेतना के उपन्यासकार हैं। मन्मथनाथ गुप्त का 'बहता पानी' (1955) भैरवप्रसाद गुप्त के 'मशाल' और 'गंगा मैया' तथा अमृतराय कृत 'बीज', 'नागफनी का देश' और 'हाथी के दाँत', "वर्ग-संघर्ष और प्रगति के मिथक के सूचक उपन्यास हैं।"[62] देश के शैक्षिक वातावरण से सम्बद्ध 'अपना मोर्चा' भी इसी शैली का मार्क्सवादी उपन्यास है।

कविता में नए प्रयोगों के साथ-साथ कहानी, उपन्यास आदि में भी नए प्रयोग हुए। पूर्ववर्ती लेखकों में जैनेन्द्र और अज्ञेय ने प्रयोगों में कहानी और चरित्र का पूरा ध्यान रखा था, "पर इस दौर में कहानी तत्त्व क्षीण हो गया, जिससे कथानक का पुराना रूप विघटित हो गया तथा अपने क्रिया-कलाप के प्रति सचेत एवं तराशे हुए पात्र नहीं रह गए।"[63] प्रतीक, टाइम, शिफ्ट आदि के द्वारा उपन्यासों में नए शिल्प के दर्शन हुए। प्रभाकर माचवे, धर्मवीर भारती, शिवप्रसाद मिश्र 'रुद्र', गिरिधर गोपाल, सर्वेश्वरदयाल सक्सेना के उपन्यास इसी श्रेणी के हैं। प्रयोगमूलक उपन्यासों में धर्मवीर भारती का 'सूरज का सातवाँ घोड़ा' महत्त्वपूर्ण है। इसका प्रयोग सोद्देश्य है। छोटे फलक पर विस्तृत जीवनानुभूतियों को चित्रित करने की बाध्यता के कारण उन्हें यह ढंग अपनाना पड़ा।

यन्त्रीकरण, दो महायुद्धों और अस्तित्ववादी चिन्तन के फलस्वरूप आधुनिकता की जो स्थिति उत्पन्न हुई है, उसे लेकर भी रचनाएँ हुई हैं। आस्थाविहीन समाज, अनिश्चय की स्थिति में लटके हुए इन्सान और आत्मनिर्वासन की अभिव्यक्ति देने की पहल मोहन राकेश ने अपने उपन्यास 'अँधेरे बन्द कमरे' (1971) में की। इसके अनुसार प्रेम कोई शाश्वत-उदात्त मूल्य नहीं रह गया है—वैयक्तिक महत्त्वाकांक्षाएँ और आधुनिक जीवन की सफलताएँ प्रेम की आन्तरिक विवशता में दरारें पैदा कर देती हैं। निर्मल वर्मा का 'वे दिन' आधुनिक संवेदना से सम्पन्न उपन्यास है। राजकमल चौधरी का उपन्यास 'मछली मरी हुई' समलैंगिक यौन सम्बन्ध में लिप्त स्त्रियों की कहानी है। विषयवस्तु के अनोखेपन तथा तटस्थतापरक लेखकीय दृष्टिकोण के कारण इस उपन्यास का अलग अस्तित्व है। श्रीकान्त वर्मा कृत 'दूसरी बार', महेन्द्र भल्ला कृत 'एक पति के नोट्स'; कमलेश्वर कृत 'डाकबँगला' और 'काली आँधी' आदि उपन्यास भी आधुनिकता के दबाव में लिखे गए हैं।

आधुनिकता-बोध के उपन्यासों की उपर्युक्त परम्परा में 'लाल टीन की छत'

(निर्मल वर्मा) और 'आपका बंटी' (मन्नू भंडारी) भी काफी प्रसिद्ध हैं। इनमें कहीं वैयक्तिक, तो कहीं पारिवारिक-सामाजिक विषमताओं का मुखर विरोध मिलता है। इन उपन्यासकारों के अतिरिक्त भी उपन्यासकारों की एक लम्बी कतार है जिसमें भीष्म साहनी (तमस), गिरिराज किशोर, शिवानी, कृष्णा सोबती, उषा प्रियंवदा, रमेश बर्मा आदि के नाम उल्लेखनीय हैं।

सातवें-आठवें दशक के "हिन्दी उपन्यासों में कथ्यगत संवेदना, रूपबन्ध और दृष्टि को लेकर गुणात्मक परिवर्तन परिलक्षित होता है। समय और समाज की समस्याओं, प्रश्नाकुलताओं, चुनौतियों, अन्तर्विरोधों, विसंगतियों, विद्रूपताओं और आधुनिक समाज की जटिलताओं-यन्त्रणाओं को व्यक्त करने के लिए उपन्यास अच्छा माध्यम हो गया है। जीवन के मोहभंग और जटिलता को व्यापक सन्दर्भों में प्रतिबिम्बित करने का प्रयास आज उपन्यास में दिखाई देता है। उपन्यासों में आंचलिक उपन्यास, राजनीतिक उपन्यास, महानगरीय-बोध का उपन्यास जैसे वर्गीकृत खाने खत्म होने की स्थिति में आ गए हैं और अब उपन्यास गाँव और शहर की मानव-चेतना को समग्रता, एकाग्रता और बदलते सामाजिक सम्बन्धों की गतिशीलता को प्रामाणिकता से व्यक्त करनेवाला सर्वाधिक सशक्त साहित्य माध्यम है। प्रयोगगत नए मोड़ों ने सातवें-आठवें दशकों के उपन्यासों की पिछले उपन्यासों से अलग एक नई पहचान बनाई है।"[64] अभी बदलाव की धार इतनी तेज है कि उसकी 'प्रवृत्तियों' को सिलसिलेवार ढंग से गिनाया नहीं जा सकता, क्योंकि बहुत-सी प्रवृत्तियाँ संश्लिष्ट रूप में एक साथ विकसित हो रही हैं। नैतिक, सांस्कृतिक, आर्थिक-धार्मिक रूपान्तरण की प्रक्रिया का बहाव-दबाव भिन्न-भिन्न प्रभावों और छवियों में उभरा है। सन् 1947 में राजनीतिक आजादी से जो सम्भावनाएँ बनी थीं, वे बाद में दिशाहीन होकर मरुस्थल में भटक गईं। असन्तोष, गुस्सा, अलगाव, अजनबीपन, अस्थिरता, यन्त्रणा आदि इसी भटकन के भीतर से उपजी स्थितियाँ हैं। इस भटकाव ने नई युवा पीढ़ी को मूल्यहीनता की स्थिति में खड़ा होने को विवश कर दिया। जीवन की त्रासद विडम्बनाओं ने जीवन का एक नया सच पैदा किया। चूँकि उसकी अन्तःमानसिकता की बनावट पहले की पीढ़ियों से एकदम भिन्न प्रकार की है, इसलिए नए उपन्यासकारों की एक पीढ़ी इनके बाद नवीन सृजन सम्भावनाओं के साथ उभरकर सामने आई। हिन्दी के समकालीन "उपन्यास साहित्य ने पिछले दिनों अपरिचित और अमूर्त्त व्यापक से बचकर भोगे हुए जीवन-यथार्थ की निजी दुनिया के सीमित संसार को तात्कालिकता और आधुनिकता के मुहावरे से सृजित किया है। इस दौर का अधिकांश लेखन व्यक्ति-केन्द्रित रहा और रचनाकार व्यक्ति के माध्यम से समय और समाज की हालत को सामने लाया।"[65] इस प्रवृत्ति का सर्वाधिक मुखर सर्जन 'गोबर गणेश', 'किस्सा गुलाम', 'आपका बंटी' जैसे उपन्यासों में हुआ है। उपन्यासों में सोचने-समझने-बहस करनेवाले नर-नारियों

की बौद्धिक विवेक-क्षमता इधर काफी बढ़ी-चढ़ी दृष्टिगत होती है। ये पात्र अपनी नियति भी पहचानते हैं। उनकी इच्छा-आकांक्षा, विचारधारा-राजनीति, मित्रता-शत्रुता, धर्म-साहित्य आदि सभी के प्रति निश्चित राय रहती है।

पति-पत्नी के बीच तनाव आ जाने और आपसी सम्बन्धों के टूट जाने की विषयवस्तु भी कई उपन्यासों के केन्द्र में रही है। इस तरह की औपन्यासिक प्रवृत्ति की सबसे सशक्त रचना मन्नू भंडारी का उपन्यास 'आपका बंटी' है। ''कथ्यगत नवीनता, गहराई, विश्लेषण और रूपबन्ध के कलात्मक कसाव की दृष्टि से यह कलाकृति पिछले दस वर्षों के उपन्यास सृजन की एक महत्त्वपूर्ण उपलब्धि है।''[66] वस्तुतः इस दौर के हिन्दी उपन्यास ने निम्न मध्यवर्ग, उच्च मध्यवर्ग और उच्च वर्ग के नर-नारी सम्बन्धों को विश्लेषित, परिभाषित करने की जोरदार कोशिश की है।

इस काल-खंड में हिन्दी उपन्यास में एक नई प्रवृत्ति यह भी उभरी है– नौकरीपेशा मध्यमवर्ग के लोगों की शहरी जिन्दगी का केन्द्र में आ जाना। शहरी जीवन के चित्रण में सर्वाधिक चर्चा का केन्द्र दफ्तर की जिन्दगी रही है। गिरिराज किशोर का उपन्यास 'चिड़ियाघर' और गोविन्द मिश्र का 'वह अपना चेहरा' इस परिवेश से सम्बन्धित हैं। महानगरीय बम्बई के जीवन की एक तस्वीर ममता कालिया ने 'बेघर' उपन्यास में बड़े प्रभावशाली ढंग से प्रस्तुत की है। महानगरीय जीवन की यन्त्रणा और खोखलेपन को उभारनेवाला प्रमुख उपन्यास लक्ष्मीकान्त वर्मा रचित 'हैरीकोटा' है। इसमें दिल्ली के जीवन को सच्चे प्रतीकों से उजागर किया गया है।

इधर के उपन्यासों में एक नवीन प्रवृत्ति और उभरी है–विदेशों में रहनेवाले भारतीय परिवारों, व्यक्तियों के अकेलेपन, ऊब आदि का चित्रण। अक्सर वहाँ बसे भारतीय परिवार विदेशी परम्पराओं में ढल नहीं पाते। विदेशी जीवन में घुलमिल न पाने की स्थिति से उत्पन्न व्यथा का चित्रण, रंग-भेद, जाति-भेद के तनावों की तस्वीर इन उपन्यासों में उभारी जाती है। हिन्दी में इस ढंग के उपन्यास निर्मल वर्मा, कृष्ण बलदेव वैद, रामकुमार, उषा प्रियंवदा आदि ने पिछले दशकों में लिखे हैं।

जीवन के फैलाव, सामाजिक-आर्थिक विषमता, राजनीतिक जीवन की अराजकता, विद्रूपता, मूल्यहीनता, भ्रष्टाचार को लेकर ही अधिक संख्या में उपन्यास लिखे गए हैं। इस क्षेत्र की प्रतिनिधि रचना श्रीलाल शुक्ल की 'राग दरबारी' है। इसमें एक बड़े गाँव के माध्यम से पूरी भारतीय आधुनिक जिन्दगी को, मूल्यहीनता और संस्कारहीनता को उजागर किया है। मगर ''श्रीलाल शुक्ल 'रागदरबारी' के बाद न तो उस जैसा कोई उपन्यास लिख सके, न उपन्यास-कला का किसी अन्य दिशा में कलात्मक-संवेदनात्मक रचना संसार ला सके।''[67] फणीश्वरनाथ रेणु ने 'मैला आँचल' में उस प्रभाव, दबाव की काली छाया का चित्रण बहुत पहले किया था, जो गाँव के जीवन को तबाह करती जा रही थी। गाँव के जीवन की इस बदलती-टूटती रीढ़ को, उसकी विसंगतियों-विद्रूपताओं

को इधर 'अलग-अलग वैतरणी', 'जल टूटता हुआ', 'सफेद मेमने', 'नदी फिर बह चली' जैसे उपन्यासों ने काफी गहराई से चित्रित किया।

समग्रता में इधर के कुछ वर्षों में हिन्दी-उपन्यास साहित्य में देश और काल की चेतना प्रखरता से अभिव्यक्त हुई है। उपन्यास के भाषा शिल्प में भी एक खुलापन आया है। नए-नए औपन्यासिक प्रयोगों ने जीवन की विविधता को कलात्मक सजगता से वैचारिक स्तरों पर अभिव्यक्ति दी है। वर्षों से खामोश वंचित वर्ग अब अभिव्यक्ति के नए अर्थों को गढ़ रहा है। स्त्री और दलित वर्ग का एक नया संसार हिन्दी के सामने प्रकट हो रहा है।

सन्दर्भ-सूची

1. कोलोनियलिज्म ट्रेडीशन एंड रिफॉर्म : भीखू पारेख, पृ. 251, सेज पब्लिकेशन, नई दिल्ली, 1989
2. वही, पृ. 252
3. वही, पृ. 254
4. हिन्दी साहित्य का इतिहास, सं. नगेन्द्र, पृ. 595, मयूर पेपरबैक्स, नई दिल्ली, 1995
5. वही, पृ. 598
6. वही, पृ. 598
7. वही, पृ. 598
8. वही, पृ. 599
9. वही, पृ. 713
10. वही, पृ. 713
11. वही, पृ. 714
12. वही, पृ. 714
13. वही, पृ. 714
14. वही, पृ. 714
15. वही, पृ. 714
16. वही, पृ. 715
17. वही, पृ. 715
18. वही, पृ. 715
19. वही, पृ. 715
20. वही, पृ. 715
21. वही, पृ. 715
22. वही, पृ. 715
23. वही, पृ. 715
24. वही, पृ. 715

25. वही, पृ. 715
26. वही, पृ. 716
27. वही, पृ. 716
28. वही, पृ. 716
29. वही, पृ. 716
30. वही, पृ. 716
31. वही, पृ. 716
32. वही, पृ. 716
33. आधुनिक हिन्दी साहित्य का इतिहास : बच्चन सिंह, पृ. 93, लोकभारती प्रकाशन, इलाहाबाद, 1986
34. वही, पृ. 94
35. वही, पृ. 95
36. वही, पृ. 96
37. वही, पृ. 97
38. हिन्दी साहित्य का इतिहास, सं. नगेन्द्र, पृ. 575, मयूर पेपरबैक्स, नई दिल्ली, 1995
39. वही, पृ. 576
40. वही, पृ. 576
41. वही, पृ. 577
42. वही, पृ. 577
43. वही, पृ. 578
44. वही, पृ. 578
45. वही, पृ. 579
46. वही, पृ. 579
47. वही, पृ. 579
48. वही, पृ. 580
49. वही, पृ. 581
50. वही, पृ. 581
51. वही, पृ. 582
52. वही, पृ. 582
53. वही, पृ. 582
54. वही, पृ. 672
55. वही, पृ. 673
56. वही, पृ. 674
57. वही, पृ. 675
58. वही, पृ. 676
59. वही, पृ. 677
60. वही, पृ. 679
61. वही, पृ. 681

62. वही, पृ. 681
63. वही, पृ. 681
64. वही, पृ. 682
65. वही, पृ. 684
66. वही, पृ. 685
67. वही, पृ. 686

कथा और आख्यायिका की काव्यशास्त्रीय परम्परा

हिन्दी में गद्यबन्ध उपन्यास और आत्मकथा का उद्भव आधुनिक युग में हुआ है। पर गद्यबन्ध 'कथा' की परम्परा भारत में बहुत प्राचीन है। 'कथा' साहित्य के विकास के बाद इनके लक्षणों के निरूपण के लिए संस्कृत काव्य-शास्त्र में शास्त्रीय चिन्तन भी हुआ है। 'आत्मकथा' और 'उपन्यास' के सम्बन्धों की छानबीन के लिए संस्कृत में रचित 'कथा' साहित्य और उसके काव्यशास्त्रीय चिन्तन का अध्ययन जरूरी है। संस्कृत के अलावा लोकभाषाओं में भी समृद्ध कथा-साहित्य की रचना हुई है। अतः समग्र दृष्टि के विकास हेतु इनका अध्ययन भी जरूरी है।

संस्कृत में रूप, आकार एवं विषय की दृष्टि से गद्यकाव्य की निम्न विधाएँ हैं :

1. कथा; 2. आख्यायिका; 3. आख्यान; 4. चम्पू;
5. प्रशस्ति; 6. अभिलेख; 7. पत्र; 8. निबन्ध

हम यहाँ केवल 'कथा' और 'आख्यायिका' से सम्बन्धित विमर्श करेंगे। गद्य की विधाओं में कथा प्राचीनतम तथा सुप्रचलित विधा है जो प्राचीन काल से ही पाई जाती है। पर संस्कृत के आलंकारिक आचार्यों ने 'कथा' शब्द का प्रयोग एक निश्चित काव्यरूप के अर्थ में किया है। भामह ने पहली बार 'कथा' तथा 'आख्यायिका' के सूक्ष्म भेदों की छानबीन की है। भामह ने अपने ग्रन्थ 'काव्यालंकार' में कथा के लक्षणों को निरूपित करते हुए लिखा है कि–

''न वक्त्रापरवक्त्राभ्यां युक्ता नोच्छ्‌ वासवत्यपि।
संस्कृताऽसंस्कृता चेष्टा कथापभ्रंशभाक्तथा ॥
अन्यैः स्वचरितं तस्यां नायकेन तु नोच्यते।
स्वगुणाविष्कृतिं कुर्यादमिजातः कथं जनः ॥''[1]

(1.28.29, काव्यालंकार)

अतः भामह के अनुसार 'कथा' में वक्त्र-अपवक्त्र छन्द नहीं होने चाहिए। साथ ही इसमें उच्छ्वास का भी अभाव होना चाहिए। भामह के अनुसार 'कथा' संस्कृत में या असंस्कृत अर्थात् प्राकृत अथवा अपभ्रंश में रचित हो। महत्त्वपूर्ण लक्षण यह है कि कहानी स्वयं नायक नहीं, कोई दूसरा कहे।

आख्यायिका का लक्षण बतलाते हुए भामह ने कहा है कि :

"संस्कृतानाकुलश्रत्यशब्दार्थपदवृत्तिना।
गद्येन युक्तोदात्तार्थ सोच्छ्वासाख्यायिका मता॥
वृत्तामाख्यायते तस्यां नायकेन स्क्ववेष्टितम।
वक्तं चापखक्त्रं च काले मान्यर्थशं सिच
कवेरमिप्राकृर्तेः कथनैः कैश्चिदअंकिता।
कन्याहरणसंग्रामविप्रलम्भोदयान्विता।"[2]

(1.125.27, काव्यालंकार)

अतः भामह के अनुसार आख्यायिका संस्कृत गद्य में हो तथा शब्द, अर्थ और पद-संघटना (समास आदि) अक्लिष्ट और श्रुतिसुखद हों। इसका विषय उदात्त हो। कथानक का विभाजन 'उच्छ्वास' नाम से किया गया हो। अपना वृत्तांत नायक स्वयं कहे। समय-समय पर वक्त्र एवं अपवक्त्र छन्दों के द्वारा भावी घटनाएँ सूचित हों। कन्याहरण, युद्ध, विप्रलंभ श्रृंगार, नायक के अभ्युदय आदि से समन्वित हो।

अतः भामह के अनुसार आख्यायिका संस्कृत में रचित होना चाहिए। जबकि कथा संस्कृत, प्राकृत या अपभ्रंश में भी हो सकती है। आख्यायिका में वक्त्र-अपवक्त्र छन्द होने चाहिए जो 'कथा' में नहीं हो सकते हैं। आख्यायिका उच्छ्वास-युक्त होती है और कथा उच्छ्वास-रहित होती है। 'आख्यायिका' नायक के द्वारा स्वचरित वर्णन है, जबकि कथा किसी अन्य के द्वारा नायक का चरित्र वर्णन है।

महत्त्वपूर्ण बात यह है कि भामह ने संस्कृत कथा का यह वर्गीकरण स्वरूपविधान के आधार पर किया है। अतः यह माना जा सकता है कि भामह 'कथा' और 'आख्यायिका' में भेद आन्तरिक विषयवस्तु के आधार पर नहीं मानते हैं। पर एक अन्य वर्गीकरण में भामह ने विषय के आधार पर काव्य को ख्यातवृत्त, कल्पित, कलाश्रित और शास्त्राश्रित भागों में बाँटा है। दोनों वर्गीकरण को मिलाने पर यह स्पष्ट हो जाता है कि कथा का सम्बन्ध कल्पना से अधिक है और आख्यायिका का इतिहास (यथार्थ) से। अतः भामह का अभिप्राय यही है कि कल्पनाप्रसूत कहानी 'कथा' है और ऐतिहासिक तथ्यों के आधार पर लिखे गया गद्यकाव्य 'आख्यायिका' है। अतः भामह ने अप्रत्यक्षतः 'कथा' और 'आख्यायिका' के मूलतत्व को स्पष्ट कर दिया है। दोनों को अलगानेवाली मुख्य चीज है—कल्पना की मात्रा।

पर भामह के अधिकांश लक्षण बाह्य और अकिंचित्कर हैं। कोई रचना संस्कृत में हो या प्राकृत अथवा अपभ्रंश में इससे क्या आता-जाता है? वक्त्र-अवक्त्र छन्दों की स्थिति का भी वही हाल है। एक तो गद्य-काव्य में पद्य की कोई सार्थकता नहीं है, विशेषतः तब जब वह अत्यन्त विरल हो और केवल भावी घटनाओं की सूचना के लिए प्रयुक्त हो। वैसे ही कथानक का विभाजन उच्छ्वास में रहे या न रहे, उसे

लगातार कहते चलें या खंडों में बाँट दें, बात बराबर है। एक अन्तिम भेद ही कुछ महत्त्व का है। यदि नायक स्वयं अपनी कहानी कहता है तो उत्तम पुरुष के प्रयोग के कारण उसमें अधिक आत्मीयता की छाप रहेगी, किसी दूसरे के कहने पर अपेक्षाकृत तटस्थता का भान होगा। इससे श्रोता की मानसिक प्रतिक्रिया में थोड़ा-बहुत तारतम्य आ जाता है। कथा में शब्द-अर्थ कैसे हों, विषय कैसा हो, वर्ण्य क्या हो आदि प्रश्नों के सम्बन्ध में भामह ने कुछ नहीं कहा, आख्यायिका से उसके स्थूल भेदक तत्वों का निर्देश मात्र करके छोड़ दिया। इससे स्वभावतः यह निष्कर्ष निकलता है कि इनकी स्थिति कथा में भी वैसी ही अभीष्ट है जैसी आख्यायिका में।

कथा के स्वरूप-निरूपण के प्रस्ताव में भामह ने एक विचित्र बात कह दी है। कथा में अपना चरित्र नायक स्वयं नहीं कहता, क्योंकि कोई कुलीन व्यक्ति अपने गुणों और व्यापारों को स्वयं कैसे कह सकता है। यह तर्क युक्तियुक्त नहीं है। यदि कथा का नायक अपने गुणों का उद्घाटन आप नहीं कर सकता तो आख्यायिका का नायक ही वैसा क्यों करने लगा? वह भी कुलीन ही होता है। जो संकोच कुलीनता के कारण कथा के नायक को होगा, उससे आख्यायिका का नायक कैसे मुक्त हो जाएगा?

वस्तुतः इससे नायक की कुलीनता-अकुलीनता का प्रश्न ही नहीं उठता, यह केवल कवि की कहानी कहने की कला का प्रकार भेद है। आज भी उपन्यास कई रूपों में लिखे जाते हैं, कभी लेखक स्वयं द्रष्टा बनकर कहानी कहता है, कभी कोई पात्र उत्तम पुरुष में कहानी कहता है, कभी पूरी-की-पूरी कहानी पात्रों द्वारा कह दी जाती है। दंडी ने आख्यायिका और कथा के भेद को अमान्य सिद्ध करते हुए भामह द्वारा निर्धारित एक-एक वैशिष्ट्य का खंडन किया है–

''आषाढ़ः पदसन्तानो गद्ययाख्यायिका कथा।
इति तस्य प्रमेदी द्वौ तयोराख्यायिका किल॥''[3]

(काव्यादर्श 23)

(अर्थात् गणमात्रनियत पद्यतुरीयभाग पाद कहा जाता है, उससे रहित पद–सुबन्त-तिंडत समुदाय–को गद्य कहते हैं, अर्थात् जिस सुबन्त-तिंडत-पद समुदाय में गणमात्रनियत पाद नहीं हो, उसको गद्य कहते हैं। उसके दो भेद हैं–आख्यायिका एवं कथा। प्राचीनतम आख्यायिका तथा लक्षणों की अति प्रसिद्धता सूचनार्थ इस भेद प्रकाशक इलाके में 'किल' शब्द का प्रयोग किया गया है, उसके स्वानभिमत्तत्व को वहीं 'किल' शब्द का प्रयोग किया गया है, उसके स्वामित्व को वहीं 'किल' शब्द प्रकट करता है।)

अपने अभिप्राय को स्पष्ट करते हुए दंडी ने लिखा है कि–

''नायकेनैव वाच्यान्या नायकेनेतरेण वा।
स्वगुणाविष्क्रियादोषो नात्र भूतर्धरांसिनः॥''[4]

(कुछ लोग ऐसा भेद मानते हैं कि आख्यायिका में नायक अपनी कथा अपने मुँह से कहता है और कथा में नायक स्वयं भी कहता है या दूसरे ही कहते हैं। इस तरह यह सिद्ध हुआ कि कथा में नायक अपने मुँह से अपनी वर्णना कर लेता है। यहाँ पर कुछ लोग यह आशंका प्रकट करते हैं कि उच्चवंशीय कथानायक अपने मुँह से अपना वर्णन किस प्रकार करेगा? आत्मश्लाघा करना भले आदमी को किस प्रकार पसन्द आएगा?)

"अपि त्वनियमो दृष्टस्तत्राप्यन्यैरूढ़ीरणात्।
अन्यो वक्ता स्वयं वेति कीदृग् वा भेदलक्षणम्।"[15]

(प्राचीनों ने कथा और आख्यायिका में यही भेद बताया है कि आख्यायिका का नायक स्वयं अपनी कहानी प्रस्तुत करता है और कथा में नायक स्वयं अपनी कहानी नहीं कहता है और कहीं दूसरे भी उसकी कथा का वर्णन कर लेते हैं, यह भेद संगत नहीं है, क्योंकि देखा गया है कि आख्यायिका में भी दूसरे के द्वारा कथा प्रस्तुत की गई है। यहाँ पर यह शंका हो सकती है कि जिस आख्यायिका में दूसरे के द्वारा वर्णन किया गया है उसे कथा ही में अन्तर्भूत कर लिया जाए? इसका उत्तर यह है कि कथाख्यायिकाएँ जब वक्तृव्यवस्था हो तब न ऐसा माना जाए, एक में यह वक्ता दूसरे में वह वक्ता इस तरह का भेदक है, वक्तृभेद नहीं।)

"वक्त्रं चापरवक्त्रं च सोच्छासत्वं च भेदकम्।
चिह्नमाख्यायिकायाश्चेत्प्रसेंग न कथास्वपि॥"[16]

(प्राचीनाचार्यों ने कथा तथा आख्यायिका में भेद करने के लिए यह व्यवस्था की थी कि आख्यायिका में परिच्छेदों को उच्छ्वास शब्द से व्यवहृत किया जाता है और कथा में लम्यक आदि अभिधानों से, इसी प्रकार आर्या छन्द से आख्यायिका में काम लिया जाता है और वक्त्र तथा अपवक्त्र छंदों से कथा में व्यवहार किया जाता है, परन्तु यह व्यवस्था संगत नहीं है, क्योंकि यह भेदचिह्न कथा की तरह आख्यायिका में भी निबद्ध हो सकते हैं, इनके भेद से वस्तुभेद नहीं हो सकता। कथानिर्माण में प्रवृत्त कवि यदि इन चिह्नों से काम लेता है, तो वही कवि आख्यायिका में भिन्न चिह्नों का प्रयोग करे तो इससे आख्यायिका तथा कथा में कुछ अन्तर नहीं होता।)

"आर्यादिवत प्रवेशः किं न वक्त्रापरवक्त्रयोः
भेदश्च दृष्टो लम्यादिरुच्छ्वासो वास्तु किंततः॥"[17]

(कथाकाव्य में भी आर्या आदि की तरह वक्त्र तथा अपवक्त्र नामक छन्दों के समावेश में कुछ बाधक नहीं है। फलतः कथा तथा आख्यायिका का उभयत्तों आर्या, वक्त्र, अपवक्त्र इन तीनों वृत्रों का यथेच्छ प्रयोग किया जा सकता है। इसी प्रकार लम्यक, उच्छ्वास आदि संज्ञा से प्रकरणविच्छेद किया जा सकता है और आख्यायिका में भी, इन अवान्तर भेदों से कथा तथा आख्यायिका में कुछ भेद सिद्ध होते नजर

नहीं आते हैं।)

"तत् कथाऽऽख्यायिकेत्येका जातिः संज्ञा द्वयाअंकिता।
अत्रैवान्तर्यविष्यन्ति शेषाश्रख्यानजातयः ॥"[8]

(कथा और आख्यायिका वह केवल संज्ञाभेद है, संज्ञाओं के भिन्न होने से भी संज्ञीवाच्य अर्थ में भेद नहीं होता, जैसे घट-कलशरूप संज्ञाभेद होने पर भी वाच्यार्थ रूप कम्बुग्रीवादिमत्पदार्थ विशेष में कोई अन्तर नहीं पड़ता है, उसी तरह कथा-आख्यायिका का रूप संज्ञाभेद होने पर भी गद्यकाव्यरूप वाच्यार्थ में कुछ अन्तर नहीं है। इसी प्रकार खंडकथा, परिकथा, कथालिका आदि गद्य प्रबन्धों का भी आख्यायिका में ही अन्तर्भाव समझना चाहिए)

"कन्याहरणसंग्रामविप्रलम्भोदयादयः।
सर्गबन्धसमा एव नैते वैशेषिका गुणाः ॥"[9]

(आख्यायिका में 'कन्याहरणसंग्रामविप्रलम्भोदयान्विता' इस प्राचीनोक्ति के अनुसार कन्याहरण-राक्षसविवाह, युद्ध, वियोग (संयोग), चन्द्रसूर्योदय आदि का वर्णन होता है, अतः इस वर्णनीय भेद से कथा और आख्यायिका में भामह ने भेद सिद्ध किया है। पर कन्याहरणादि वस्तु आख्यायिकामात्रनिष्ठ होते तब यह भेदक हो सकते थे, परन्तु यह कन्याहरणादि तो महाकाव्यों में भी वर्णनीयतया स्वीकृत हैं, अतः इनके वर्णन से आख्यायिका और कथा का भेद प्रमाणित नहीं किया जा सकता)

अतः दंडी के अनुसार नायक के वृत्तांत का वर्णन नायक स्वयं करे या कोई दूसरा, यह भेदक लक्षण नहीं हो सकता। दूसरी बात यह कि अपना गुण आप कहने का दोषारोपण नायक पर नहीं किया जा सकता, क्योंकि उसका उद्देश्य गुण-कथन नहीं, आप-बीती सच्ची घटना का वर्णन होता है। यदि कोई आप-बीती सुनाता है तो इसमें कोई हानि नहीं है। साथ ही सदा इस नियम का पालन होता ही हो, सो भी नहीं है। ऐसी आख्यायिकाएँ भी देखी जाती हैं जिनमें नायक का वृत्तांत किसी दूसरे ने कहा है, स्वयं नायक ने नहीं।

दंडी मानते हैं कि कथा में वक्त्र-अपवक्त्र छंद भले न हों, आर्या आदि छंद तो रहते ही हैं। तब आर्या के समान वक्त्र-अपवक्त्र के रहने में भी क्या क्षति है? अमुक छन्द ही रहे, अमुक न रहे, इय नियमन का न तो कोई स्वास्थ्य है, न कोई तर्कसंगत आधार। इसलिए छन्द को लेकर जो भेद प्रस्तावित है, वह व्यर्थ है।

भामह के अनुसार, आख्यायिका का प्रकरण-विभाजन 'उच्छ्वास' में होता है, उसी तरह कथा का 'लम्बक' में। अतः यह तो नाम मात्र का भेद हुआ। दंडी ने कहा है कि दिनकर कहिए या दिवाकर क्या अन्तर हो गया? लंबक के बदले कथा में भी उच्छ्वास का प्रयोग हो सकता है या आख्यायिका में भी उच्छ्वास के बदले लंबक का।

दंडी के अनुसार, युद्ध आदि भी आख्यायिका में ही वर्णनीय माने जाएँ, यह आवश्यक नहीं। वे तो महाकाव्य में भी वर्णित होते हैं। फिर कथा में उनके समावेश पर प्रतिबन्ध क्यों? ये तो सामान्य धर्म हैं जो सभी कोटि के काव्यों में रह सकते हैं। दंडी ने यह भी कहा है कि कवि के अभिप्रायगर्भित चिह्न का प्रयोग आख्यायिका के समान कथा में भी हो तो क्या दोष है? कवि के भावकृत या अभिप्रायगर्भित चिह्न से तात्पर्य किसी ऐसे शब्द-प्रयोग आदि से है जिसे कवि ने अपनी रचना में इच्छानुसार यत्र-तत्र व्यवहृत किया हो। यह एक प्रकार की मुद्रा या मुहर है जो यह प्रमाणित करती है कि अमुक रचना अमुक कवि की है। जैसे भारवि ने अपने 'किरातार्जुनीय' के प्रत्येक सर्ग के अन्तिम छन्द में 'श्री' शब्द का या माघ ने अपने 'शिशुपाल वध' में 'लक्ष्मी' शब्द का प्रयोग किया है। दंडी के अनुसार यदि ये चिह्न आख्यायिका के ही विशिष्ट धर्म हैं, तो महाकाव्य में कैसे प्रयुक्त हुए? और यदि महाकाव्य में प्रयुक्त हो सकते हैं तो कथा में क्या नहीं?

इस तरह विचार करने पर आख्यायिका और कथा में कोई सुनिश्चित भेदक तत्व नहीं दिखाई पड़ता। फिर उन्हें एक ही जाति की रचना क्यों न मानें? गद्यकाव्य के अन्य भेद भी इन्हीं में गतार्थ हो जाते हैं। अतः उनके अलग-अलग भेद करने की कोई आवश्यकता नहीं है। दंडी के तर्क का यही सारांश है।

दंडी के पश्चात् 'आख्यायिका' पर विचार करनेवाले संस्कृत आचार्यों में रुद्रट का प्रमुख स्थान है। रुद्रट ने लिखा है कि–

"कन्यालाभफलां व सम्यग्विन्यस्तसकलश्रृंगाराम्
इति संस्कृतेन कुर्यात्कथामगद्देन चान्येन ॥"[10]

अर्थात् यह कथा कन्या प्राप्ति-रूप (अथवा राज्यादि प्राप्ति रूप) फलवाली होनी चाहिए। इसमें श्रृंगार के सभी रूपों का विन्यास सम्यक् रीति से करना चाहिए। संस्कृत में तो गद्य में लिखी जानी चाहिए किन्तु संस्कृतेतर (प्राकृत, अपभ्रंश) भाषाओं में इसे पद्य में भी लिखा जा सकता है। रुद्रट के कथन से स्पष्ट है कि पद्यबद्ध कथा और आख्यायिका की परम्परा प्राकृत और अपभ्रंश में थी। रुद्रट ने आख्यायिका का लक्षण बताते हुए लिखा है कि–

"पूर्ववदेव नमस्कृतदेवगुरुनोत्सहेत् स्थितेष्वेषु।
काव्यं कर्तुमिति कवींशंसेदाख्यायिकायां तु ॥"[11]

अर्थात् आख्यायिका में भी कवि पहले के समान गुरु और देवता को नमस्कार करे और ऐसा कर लेने पर वह काव्य रचना प्रारम्भ न करे जब तक कि कवियों की प्रशंसा न कर ले। इनके उपरान्त नृप में भक्ति और दूसरों के गुण-वर्णन में प्रवृत्ति का तथा यदि चाहे तो, ऐसा करने में कारण का भी उल्लेख सरल रूप से कर दे। फिर–

"तदनु नृपे वा भक्ति परगुणसंकीर्तनेऽथवात्यसनम्।
अन्यद्वा तत्करणे कारणमक्लिष्टमभिदध्यात् ॥"[12]

अर्थात् इसके बाद कवि द्वारा कथा के समान आख्यायिका की रचना भी गद्य में करनी चाहिए। इसमें अपने वंश का तथा अपना वर्णन भी गद्य में करना चाहिए। लक्षण बतलाते हुए रुद्रट ने लिखा है कि –

"अथ तेन कथैव यथा रचनीयाख्यायिकापि गद्येन।
निजवंशं एवं चाद्यामभिदध्यान त्वगद्येन ॥"[13]

अर्थात् इसके बाद कवि द्वारा कथा के समान आख्यायिका की रचना भी गद्य में करनी चाहिए। इसमें उसे अपने वंश का तथा अपना वर्णन भी गद्य में ही करना चाहिए साथ ही–

"कुर्यादत्रोच्छ्वासान्सर्गवदेषां मुखष्वनाद्यानाम्।
द्वे द्वे चार्ये श्लिष्टे सामान्यार्थे तदर्थाय ॥"[34]

अर्थात् इसमें सर्ग के समान उच्छ्वासों को करना चाहिए, अर्थात् सर्ग के स्थान पर उच्छ्वास नाम देना चाहिए और पहले उच्छ्वास को छोड़कर शेष उच्छ्वासों के प्रारम्भ में उस प्रस्तुत अर्थ के सूचन के लिए सामान्य अर्थ का निर्देश करने वाले, श्लेष से युक्त दो-दो आर्या छन्द प्रस्तुत करने चाहिए। आगे–

"संशयशंसावरे भवतो भूतस्य वा परोक्षस्य।
अर्थस्य भाविनस्तु प्रत्यक्षास्यापि निश्चितये ॥"[15]
"संशयितुः प्रत्यक्षं स्वावसरेर्णेव पाठयेत कंचित।
अन्योक्तिसमासोक्तिश्लेषाणामेकयुययं वा ॥"[16]

अर्थात् कवि किसी संशय-प्रसंग के वर्णन के अवसर पर वर्तमान, भूत, भविष्यत्, परोक्ष तथा प्रत्यक्ष अर्थ को निश्चित करने के लिए, संशयशील व्यक्ति के संशय को प्रत्यक्ष रूप से दूर करने के लिए प्रसंग के अनुकूल अन्योक्ति, समासोक्ति, श्लेष अलंकार से युक्त किसी एक अथवा दो पद्यों का पाठ कराए। आगे–

"तत्र च्छन्दः कुर्यादार्यापरवक्त्रनुष्पिताग्राणाम्।
अन्यतमं वस्तुवशादयवान्यन्मालिप्रायम् ॥"[17]

वहाँ कथा-वस्तु के आधार पर आर्या, अपवक्त्र, पुष्पिग्रा में से किसी एक छन्द का प्रयोग करना चाहिए, अथवा प्रायः मालिनी छन्द में रचना करनी चाहिए।

प्रसंग के सन्दर्भ में रुद्रट ने लिखा है कि–

"साभिप्रायं किंचिद्विरुद्धमिव वस्तु सत्प्रसंगेन।
अन्तःकथाश्च कुर्यात त्रिष्वप्येषु प्रबन्धेषु ॥"[18]
"कुर्यादभ्यदयान्तं राज्यभ्रंशादि नायकस्यापि।
अभ्दिध्यादेषु तथा मोक्षं च मुनिप्रसंगेन ॥"[19]

अर्थात् इन तीनों प्रबन्धों (महाकाव्य, कथा, आख्यायिका) में ऐसी कथावस्तु को गुप्त प्रसंगों के साथ अभिप्रायपूर्ण हो तथा किंचित् विरुद्ध सी प्रतीत होती हो। इसके अतिरिक्त इन तीनों में अन्तःकथाओं का भी समावेश करना चाहिए। नायक के राज्यनाश से लेकर अभ्युदय पर्यन्त वर्णन करना चाहिए तथा मुनि के प्रसंग से इनमें मोक्ष का कथन करना चाहिए।

रुद्रट के बाद किसी संस्कृत आचार्य ने इस विषय पर कोई गम्भीर चिन्तन नहीं किया।

हिन्दी में हजारीप्रसाद द्विवेदी ने संस्कृत आलोचना की इस परम्परा पर गम्भीरता से विचार किया है। इस विचार को देखना महत्त्वपूर्ण है। इससे जहाँ संस्कृत के विचारकों का विश्लेषण हो सकता है वहीं द्विवेदीजी के विचार भी स्पष्ट हो जाएँगे। 'बाणभट्ट की आत्मकथा' के विश्लेषण से पूर्व उसके लेखक के निजी विचारों को जानना आवश्यक है।

द्विवेदीजी के अनुसार ''पुराने साहित्य में कथा शब्द का व्यवहार स्पष्ट रूप से दो अर्थों में हुआ है। एक तो साधारण कहानी के अर्थ में और दूसरा अलंकृत काव्यरूप के अर्थ में। प्रायः सभी चरित काव्यों ने अपने को 'कथा' कहा है। साधारण कहानी के अर्थ में तो पंचतंत्र की कथाएँ भी कथा हैं, महाभारत और पुराणों के आख्यान भी कथा हैं और सुबाहु की वासवदत्ता, बाण की कादम्बरी, गुणाढ्य की बृहत्कथा आदि भी कथा हैं।''[20] 'कथा' के विशिष्ट अर्थ को संकेत करते हुए द्विवेदीजी ने लिखा है कि ''परन्तु, विशिष्ट अर्थ में यह शब्द अलंकृत गद्यकाव्य के लिए प्रयुक्त हुआ है।''[21] उनके अनुसार ''भामह और दंडी ने अलंकृत गद्यकाव्य के अर्थ में इस शब्द का प्रयोग किया है। दंडी तो स्वयं इस प्रकार के अलंकृत गद्य के लेखक भी हैं। उनके बहुत पहले से ही अलंकृत गद्यकाव्य लिखे जाने लगे थे। महाक्षत्रप रुद्रदामा ने अपने को गद्य-पद्य और अलंकार का ज्ञाता ही नहीं कहा है, उनके द्वारा खुदवाया हुआ गिरनारवाला शिलालेख स्वयं ही गद्यकाव्य का एक अच्छा नमूना है। इसलिए, इतना तो निश्चित है कि अलंकृत गद्य लिखने की प्रथा बहुत पहले से ही विद्यमान थी।''[22]

कथा सम्बन्धी भामह के मत की समीक्षा करते हुए द्विवेदीजी ने इसका सूक्ष्म विश्लेषण किया है। उनके अनुसार ''यद्यपि दंडी ने भामह की बात को तर्क से काट दिया है तथापि भामह की बातों में एक प्रकार की सच्चाई है। भामह ने अपने समय में संस्कृत-गद्य में लिखी जानेवाली कथाओं को भी देखा था।''[23] भामह के अभिप्राय को स्पष्ट करते हुए द्विवेदीजी ने लिखा है कि ''भामह ने जब कथा और आख्यायिका में यह भेद किया था कि एक तो दूसरों की बातचीत के रूप में कही जानी चाहिए और दूसरी स्वयं नायक के द्वारा तो उन्होंने सम्भवतः यह बताना चाहा था कि कथा में कल्पना की गुंजाइश अधिक होती है और आख्यायिका में कम। एक की कहानी

काल्पनिक होती है और दूसरी की ऐतिहासिक।"[24] परवर्ती आलंकारिकों ने कादम्बरी को 'कथा' कहा है और हर्षचरित को 'आख्यायिका'। द्विवेदीजी के अनुसार, "काल्पनिक कहानी में सम्भावना पर बल दिया जाता है और ऐतिहासिक कहानी में नायक के वास्तविक जीवन में घटित तथ्य की ओर।"[25] अतः "शुरू-शुरू में काल्पनिक और ऐतिहासिक कहानियों के इस भेद को लक्ष्य किया होगा। भामह की कथा से ऐसा अनुमान होता है। ऐसा लगता है कि वे कहना चाहते हैं कि कथा प्रधान रूप में ऐसी कहानी है जिसमें कहानीपन अधिक है। कथावस्तु की संघटना, पात्रों के भावों के उतार-चढ़ाव, कथावस्तु और चरित्र-चित्रण का एक-दूसरे को गति देते रहने का गुण और सबसे बढ़कर रस का उत्तम परिपाक इसका मुख्य लक्ष्य था।"[26] आख्यायिका सम्बन्धी भामह के मत के सन्दर्भ में द्विवेदी जी ने लिखा है कि "आख्यायिका में नायक की स्वयं देखी-सुनी घटनाओं की प्रचुरता के कारण कवि को कल्पना के द्वारा देखने का यथेच्छ अवकाश नहीं रह सकता। वह कथावस्तु के पात्रों के भीतरी गुणों के साथ इस प्रकार गूँथ सकता कि वे एक-दूसरे को धक्का मार-मार कर उसके (कवि) अभिलषित लक्ष्य तक ले जा सकें। बहुत-सी असम्भव दीखनेवाली बातों का होना रस-परिपाक में बाधक होता है।"[27] 'कल्पना' और 'यथार्थ' के आधार पर 'कथा' और 'आख्यायिका' में भेद करते हुए द्विवेदीजी ने लिखा है कि "यहाँ प्रकृत यही है कि कल्पनामूलक कथाओं का दो व्यक्तियों की बातचीत के रूप में कहना कुछ अप्रत्यक्ष-सा होता है और कवि का उत्तरदायित्व कम हो जाता है। आख्यायिका में यह सुविधा नहीं रहती, परन्तु भामह के ऊपर किए हुए दंडी के आक्षेपों को देखते हुए यह निश्चित रूप से समझा जा सकता है कि ऐतिहासिक और काल्पनिक कथाओं के इस भेद को बहुत ही शीघ्र भुला दिया गया।"[28] द्विवेदीजी ने भामह और दंडी की आलोचना करते हुए कहा है कि "आलंकारिक ग्रन्थों के कथा-आख्यायिका के लक्षण बाह्य रूप की ओर ही इंगित करते हैं। उनका कथा की वक्तव्य वस्तु से कोई सीधा सम्बन्ध नहीं है। परवर्ती गद्य-काव्यों में नाना भाँति के अलंकारों से अलंकृत करके सुललित गद्य लिखना ही लेखक का प्रधान उद्‌देश्य हो गया था। इन काव्यों में कवि को कहानी कहने की जल्दी नहीं जान पड़ती। वह रूपक, दीपक और श्लेष आदि की योजना को ही अपना प्रधान कर्त्तव्य मान लेता है।"[29] इसी प्रसंग में द्विवेदीजी ने सबसे रोचक और महत्त्वपूर्ण बात कही है, "संस्कृत के आलंकारिक जिस रस को काव्य की आत्मा मानते हैं, जो अंगी है, वही कथा और आख्यायिका का भी प्राण है। कथा-काव्य में कहानी या आख्यान गौण है, अलंकार-योजना गौण है, पद-संघटना भी गौण है, मुख्य है केवल रस। यह रस अभिव्यक्त नहीं किया जा सकता, शब्द से वह अप्रकाश्य है। उसे केवल व्यंजित या ध्वनित किया जा सकता है। इस बात में काव्य और कथा-आख्यायिका समान हैं। विशेषता यह है कि कथा-आख्यायिका में इसके अनुकूल

कहानी, अलंकार योजना और पद-संघटना सभी महत्त्वपूर्ण हैं, किसी की उपेक्षा नहीं की जा सकी। एक पद्य के बन्धन से मुक्त होने के कारण ही गद्य-कवि की जिम्मेवारी बढ़ जाती है। वह अलंकारों की और पद-संघटना की उपेक्षा नहीं कर सकता।''[30] स्पष्टतः द्विवेदीजी के अनुसार रस कथा और आख्यायिका का साध्य है और अलंकरण इसका साधन है। द्विवेदीजी ने 'कथा' और 'आख्यायिका' की रचना परम्परा पर भी प्रकाश डाला है। इसी सन्दर्भ में उनका 'इतिहास' और 'कल्पना' सम्बन्धी विचार प्रकट हुआ है।

संस्कृत के 'ऐतिहासिक' काव्य के सन्दर्भ में द्विवेदीजी की मान्यता है कि ''संस्कृत में इतिहास का कुछ पता देनेवाले काव्य तो मिलते हैं, पर उन्हें ऐतिहासिक काव्य नहीं कहा जा सकता। सब जगह इतिहास-प्रश्रित तथ्यों पर कल्पना द्वारा उद्भावित घटनाएँ प्रधान हो उठती हैं। कम ही ऐतिहासिक पुरुषों के नाम से सम्बद्ध पुस्तकें इतिहास-निर्माण में सहायता कर सकी हैं। कुछ से ऐतिहासिक तथ्यों, नामों और वंशावलियों का कुछ सन्धान मिल जाता है। कुछ से इतना भी नहीं।''[31] स्पष्टतः 'कल्पना' के आधार पर 'कथा' और 'आख्यायिका' में बहुत भेद नहीं किया जा सकता है। भारतीय प्राचीन साहित्य में 'कल्पना' का भरपूर उपयोग हुआ है चाहे वह 'कथा' हो या 'आख्यायिका'। थोड़ा-बहुत अन्तर कल्पना के स्वरूप को लेकर है। कवि के लिए ''कल्पना की दुनिया वास्तविक दुनिया से अधिक सत्य है। और वास्तविक जगत की कोई घटना सिर्फ उसकी कल्पनावृत्ति को उकसाने का सहारा भर है। इस प्रकार इतिहास इसकी दृष्टि में गौण है। वह केवल कल्पना-वृत्ति को उकसाने के लिए और मनोहरतर जगत के निर्माण के लिए सहायक मात्र है।''[32] वस्तुतः साहित्यकारों का उद्देश्य काव्य निर्माण था न कि तथ्य संचयन, वे शाश्वत 'रस' को सिद्ध करना चाहते थे, न कि क्षणिक और नश्वर भौतिक यथार्थ को। इसी कारण ''भारतीय कवियों ने ऐतिहासिक नाम-भर लिया, शैली उनकी वही पुरानी रही, जिसमें काव्य-निर्माण की ओर अधिक ध्यान था, विवरण-संग्रह की ओर कम, कल्पना, विलास का अधिक मान था, तथ्य निरूपण का कम, सम्भावनाओं की ओर अधिक रुचि थी, घटनाओं की ओर कम, उल्लसित आनन्द की ओर अधिक झुकाव था, विलसित तथ्यावली की ओर कम। इस प्रकार इतिहास को कल्पना के हाथों परास्त होना पड़ा। ऐतिहासिक तथ्य इन काव्यों में कल्पना को उकसा देने के साधन मान लिए गए हैं।''[33] वस्तुतः ''इस देश में इतिहास को ठीक आधुनिक अर्थ में कभी नहीं लिया गया। बराबर ही ऐतिहासिक व्यक्ति को पौराणिक या काल्पनिक कथानायक बनाने की प्रवृत्ति रही है। कुछ में दैवी शक्ति का आरोप करके पौराणिक बना दिया गया है, जैसे—राम, बुद्ध, कृष्ण आदि और कुछ में काल्पनिक रोमांस का आरोप करके निजन्धरी कथाओं का आश्रय बना दिया गया है, जैसे उदयन, विक्रमादित्य और हाल,

जायसी के रतनसेन और रासो के पृथ्वीराज में तथ्य और कल्पना का–फैक्ट्स और फिक्शन का–अद्भुत योग हुआ है। कर्मफल की अनिवार्यता में, दुर्भाग्य और सौभाग्य की अद्भुत शक्ति में और मनुष्य के अपूर्व शक्ति-भंडार होने में दृढ़-विश्वास ने इस देश के ऐतिहासिक तथ्यों को सदा काल्पनिक रंग में रँगा है। यही कारण है कि जब ऐतिहासिक व्यक्तियों का भी चरित्र लिखा जाने लगा, तब भी इतिहास का कार्य नहीं हुआ। अन्त तक ये रचनाएँ काव्य ही बन सकीं, इतिहास नहीं।''[34] पर 'आख्यायिका' कथा से भिन्न इस अर्थ में थी कि उसे 'यथार्थ' के सहारे कल्पना करनी पड़ती थी, ''फिर भी, निजन्धरी कथाओं से वे इस अर्थ में भिन्न थीं कि उनमें बाह्य तथ्यात्मक जगत से कुछ-न-कुछ योग अवश्य रहता था। कभी-कभी मात्रा में भी कमी-बेशी तो हुआ करती थी, पर योग रहता अवश्य था। अपने-आप में ही परिपूर्ण थीं।''[35] स्पष्टतः ''ऐतिहासिक काव्य काल्पनिक निजन्धरी कथानकों पर आश्रित काव्य से बहुत भिन्न नहीं होते। उनसे आप इतिहास के शोध की सामग्री संग्रह कर सकते हैं, पर इतिहास को नहीं पा सकते।''[36] द्विवेदीजी ने अपनी इतिहास की अवधारणा को स्पष्ट करते हुए कहा है कि ''इतिहास, जो जीवन्त मनुष्य के विकास की जीवन-कथा होता है, जो काल-प्रवाह से नित्य उद्घाटित होते रहनेवाली नव-नव घटनाओं और परिस्थितियों के भीतर से मनुष्य की विजय-यात्रा का चित्र उपस्थित करता है, और जो काल के परदे पर प्रतिफलित होनेवाले नए-नए दृश्यों को हमारे सामने सहज भाव से उद्घाटित करता रहता है।''[37] भारतीय साहित्यकार 'इतिहास' को 'आदर्श' में तब्दील करने के लिए ''इतिहास प्रसिद्ध पात्र को भी निजन्धरी कथानकों की ऊँचाई तक ले जाना चाहता है। इस कार्य के लिए वह कुछ ऐसी कथानक-रूढ़ियों का प्रयोग करता है, जो कथानक को अभिलषित ढंग से मोड़ देने के लिए दीर्घकाल से भारतवर्ष की निजन्धरी कथाओं में स्वीकृत होते आए हैं और कुछ ऐसे विश्वासों का आश्रय लेता है, जो इस देश के पुराणों में और लोक-कथाओं में दीर्घकाल से चले आ रहे हैं। इन कथानक-रूढ़ियों से काव्य में सरसता आती है और घटना-प्रवाह में लोच आ जाती है।''[38]

आचार्य द्विवेदी का यह विचार उनकी रचनाओं को समझने की अच्छी कुंजी है। उनके उपन्यासों में भी 'कल्पना', 'आनन्द' और 'कथानक रूढ़ियों' का अद्भुत संयोग हुआ है। 'सरसता' द्विवेदीजी का भी लक्ष्य मालूम पड़ता है। उन्होंने भी रस-सृष्टि की ओर अधिक ध्यान दिया है, सम्भावनाओं पर अधिक जोर दिया है और कल्पना को महत्त्वपूर्ण रूप से स्वीकार किया है। हम देख चुके हैं कि संस्कृत में 'कथा' और 'आख्यायिका' की परम्परा साथ-साथ चली है। इसी के समानान्तर प्राकृत और अपभ्रंश में भी पद्यबद्ध 'कथा' और 'आख्यायिका' की रचना हुई है। हम संक्षेप में इस परम्परा पर दृष्टि डालेंगे। पहले हम संस्कृत रचना का अध्ययन करेंगे।

गद्य की विधाओं में कथा प्राचीनतम तथा सुप्रचलित विधा है जो प्राचीन काल से

चली आ रही है। कल्पनाप्रसूत कहानी को कथा कहते हैं, यथा बाण की 'कादम्बरी'। बाणभट्ट की 'कादम्बरी' के पूर्व के कथा साहित्य में गुणाढ्य की 'बृहत्कथा' सर्वोत्त्कृष्ट मानी जाती है। ''संस्कृत-कथा के तीन प्राचीन और प्रौढ़ लेखक–दंडी, सुबाहु और बाणभट्ट–अपनी कथावस्तु के लिए बृहत्कथा के ऋणी हैं। काव्यालंकार के लेखक रुद्रट ने लिखा है कि केवल संस्कृत में निबद्ध कथाओं के लिए गद्य में लिखने का बन्धन है, यहाँ अन्य भाषाओं से प्राकृत और अपभ्रंश की ओर इशारा है।''[39] संस्कृत से पृथक ''प्राकृत में लिखी हुई सबसे पुरानी कथा तो गुणाढ्य की बृहत्कथा ही है। भारतवर्ष का यह दुर्भाग्य ही कहा जाना चाहिए कि यह अमूल्य निधि आज अपने मूलरूप में प्राप्त नहीं है।''[40] यह ग्रन्थ पैशाची प्राकृत में लिखा गया था। बृहत्कथा का बचा हुआ भाग ''संस्कृत-अनुवाद के रूप में आज भी उपलब्ध होता है। बुधस्वामी के 'बृहत्कथाश्लोकसंग्रह', क्षेमेन्द्र की 'बृहत्कथामंजरी' और सोमदेव के 'कथासरित्सागर' में बृहत्कथा के उस अवशिष्ट अंश की कहानियाँ संग्रहीत हैं।''[41] यह तो नहीं पता चलता कि गुणाढ्य ने मूल कथा गद्य में लिखी थी या पद्य में। ''लोकसंग्रह से जान पड़ता है कि वह पद्य में ही लिखी गई होगी, पर कथा की परवर्ती परिभाषाओं को देखकर बहुतेरे पंडित उसे गद्य में लिखी बताते हैं।''[42] द्विवेदीजी मानते हैं कि मूलकथा पद्यबद्ध थी और वहीं से प्राकृत भाषा या लोकभाषा में पद्यबद्ध कथाओं के लिखने की परम्परा शुरू होती है।

द्विवेदीजी के अनुसार ''रुद्रट ने कथा या महाकथा के लिए जो लक्षण बताए हैं, वे वस्तुतः उस समय की प्राकृत या अपभ्रंश कथाओं को देखकर ही लिखे गए होंगे। साधारणतः लक्ष्य को देखकर ही लक्षण बनाने का नियम है। रुद्रट के अनुसार कथा के आरम्भ में देवता या गुरु की वन्दना होनी चाहिए, फिर ग्रन्थकार का अपना और अपने कुल का परिचय दिया जाना चाहिए और उसके बाद कथा लिखने का उद्देश्य वर्णन करना चाहिए। शुरू में एक कथान्तर होना चाहिए जो प्रधान कहानी का प्रस्ताव कर सके। सरस वर्णनों से संजीवित कन्याप्राप्ति ही इसका प्रधान प्रतिपाद्य होना चाहिए। रुद्रट से कुछ पूर्व की लिखी कौतूहल कवि की 'लीलावती' नामक कथा प्राप्त हुई है जो हू-ब-हू इन लक्षणों से मिलती है। भामह ने जो इशारा किया था कि कथा में उच्छ्वास आदि के रूप में अध्यायों का विभाजन नहीं होता, वह इस कथा में स्पष्ट रूप से दिखाई देता है। कथा का कहनेवाला यहाँ नायक नहीं है। यह कवि और कवि-पत्नी की बातचीत के रूप में कही गई है। इस प्रकार दो व्यक्तियों की बातचीत के रूप में कथा कहने की प्रथा इस देश में बहुत पुरानी है।''[43]

संस्कृत में गद्य-काव्य की रचना बहुत कम हुई। ऐसे काव्य को स्मरण रखने का श्रम, आलोचकों की उपेक्षा और गद्य-काव्य का ऊँचा मानदंड–इन तीनों के कारण कविगण गद्यकाव्य-रचना की ओर अभिमुख नहीं होते थे। इसीलिए गद्य-रचना संस्कृत

भाषा में कम हुई। प्रायः छठी-सातवीं शताब्दी ई. में कुछ महत्त्वपूर्ण गद्य-कवि हुए जैसे दंडी, सुबन्धु और बाण।

दंडी ने 'दशकुमारचरित' के रूप में एक अद्‌भुत कथा-काव्य दिया है। 'दशकुमारचरित' विकृत रूप में मिलता है। इसके तीन भाग प्राप्त हैं–पूर्वपीठिका (पाँच उच्छ्वास), मूलभाग (आठ उच्छ्वास) तथा उत्तरपीठिका (एक उच्छ्वास)। मूलभाग में आठ कुमारों की कथा का वर्णन है। पूर्वपीठिका को मिलाकर दस कुमारों की कथा पूरी हो जाती है। तीनों भागों की शैली में थोड़ा भेद दिखाई पड़ता है। 'दशकुमारचरित' का कथानक घटना-प्रधान है जिसमें अनेक रोमांचक घटनाएँ पाठकों को विस्मय और विषाद के बीच ले जाती हैं। घटनाएँ और वर्णन दोनों ही समान रूप से दंडी के लिए महत्त्व रखते हैं। "विषयवस्तु कहीं भी वर्णनों के क्रम में दबती नहीं। जिस समाज का चित्र दंडी खींचते हैं वह अत्यन्त सामान्य है जिसमें निम्नकोटि का जीवन बितानेवाले धूर्त, जादूगर, चालाक वीर, तपस्वी, सिंहासनच्युत राजा, पतिवंचक नारी, ठगनेवाली वेश्याएँ, ब्राह्मण, व्यापारी और साधु ये सभी हैं। दंडी का हास्य और व्यंग्य भी उच्च कोटि का है। वे सरल विषयों पर परिहास-मुद्रा में और दुःखान्त या महत्त्वपूर्ण विषयों पर गम्भीर मुद्रा में लेखनी में चलाते हैं।"[44] दंडी की सबसे बड़ी विशेषता सरल और व्यावहारिक किन्तु ललित पदों से युक्त गद्य लिखने में है। "दशकुमारचरित की विषय-वस्तु भी किसी आधुनिक रोमांचकारी उपन्यास से कम रोचक नहीं है।"[45]

बाणभट्ट ने हर्षचरित की प्रस्तावना में 'वासवदत्ता' को कवियों का दर्पभंग करनेवाली रचना कहा है। इसी प्रकार 'कादम्बरी' को उन्होंने दो कथाओं (वासवदत्ता तथा बृहत्कथा) से उत्कृष्ट कहा है। इससे ज्ञात होता है कि सुबन्धु बाण से पहले हो चुके थे। 'वासवदत्ता' सुबन्धु की उत्कृष्ट गद्य-रचना है, इसमें कथानक बहुत संक्षिप्त है। राजकुमार कन्दर्पकेतु स्वप्न में अपनी भावी प्रियतमा को देखता है और अपने मित्र के साथ उसकी खोज में निकल जाता है। वह विन्ध्याटवी में एक मैना के मुख से वासवदत्ता का वृत्तान्त सुनता है। उधर वासवदत्ता भी स्वप्न में कन्दर्पकेतु को देखकर उसके प्रति प्रेमासक्त हो जाती है। शुरुआती वियोग के बाद दोनों का विवाह हो जाता है। इस संक्षिप्त कथानक को विस्तृत वर्णन और कल्पनाशक्ति से सुबन्धु बहुत फैलाते हैं। उनका "लक्ष्य रोचक और सरस कथा का आख्यान नहीं है, अपितु वे वर्णन-कौशल से चमत्कार उत्पन्न कर गौरव अर्जित करना चाहते हैं। नायक-नायिका के रूप का वर्णन करने में, उनके गुण-गान में, उनकी तीव्र विरह-वेदना, मिलन की आकांक्षा और संयोग-दशा के चित्रण में सुबन्धु ने पर्याप्त शक्ति लगाई है। इस कार्य में सुबन्धु के व्यापक अनुभव तथा पांडित्य ने बड़ी सहायता की है।"[46]

संस्कृत गद्य-साहित्य में सर्वाधिक प्रतिभाशाली गद्यकार बाण ही हैं। इनके विषय

में अन्य संस्कृत कवियों की अपेक्षा अधिक जानकारी प्राप्त होती है। हर्षचरित के आरम्भ में इन्होंने अपना और अपने वंश का पूरा विवरण दिया है। अल्पावस्था में ही ये अनाथ हो गए थे। किन्तु विद्वानों के परिवार में जन्म लेने के कारण इन्होंने सभी विद्याओं का अभ्यास किया था। हर्षवर्द्धन ने अपने अनुज कृष्ण के द्वारा इन्हें अपनी राजसभा में बुलाया। बाण राजकृपा से हर्ष की सभा में रहने लगे। हर्षवर्द्धन का समय 607 ई. से 648 ई. है। इसलिए बाण का भी यही समय होना चाहिए।

बाण ने दो गद्यकाव्य लिखे–'हर्षचरित' तथा 'कादम्बरी'। 'हर्षचरित' एक आख्यायिका-काव्य है। गद्यकाव्य के उस भेद को आख्यायिका कहते हैं जिसमें किसी ऐतिहासिक पुरुष या घटनाओं का वर्णन किया जाता है। हर्षचरित आठ उच्छ्वासों में विभक्त है। आरम्भिक ढाई उच्छ्वासों में बाण ने अपने वंश का तथा अपना वृत्तान्त दिया है। राजा हर्षवर्द्धन की पैतृक राजधानी स्थाण्वीश्वर का वर्णन कर वे हर्षवर्द्धन के पूर्वजों का वर्णन करते हैं। इसके बाद राजा प्रभाकरवर्द्धन के पूरे जीवन का विवरण देकर वे राज्यवर्द्धन, हर्षवर्द्धन तथा राज्यश्री–इन तीनों भाई-बहन के जन्म का भी रोचक वृत्तान्त देते हैं। पंचम उच्छ्वास से इस परिवार के संकटों का आरम्भ होता है। प्रभाकरवर्द्धन की मृत्यु, राज्यश्री का विधवा होना, राजवर्द्धन की हत्या, राज्यश्री का विन्ध्यावटी में पलायन, हर्षवर्द्धन द्वारा उसकी रक्षा–ये सभी घटनाएँ क्रमशः वर्णित हैं। दिवाकरमित्र नामक बौद्ध संन्यासी के आश्रम में हर्षवर्द्धन व्रत लेता है कि दिग्विजय के बाद वह बौद्ध हो जाएगा। यहीं हर्षचरित का कथानक समाप्त हो जाता है। बाण ने हर्ष की प्रारम्भिक जीवनी ही लिखी, उसके राज्यसंचालन की घटनाओं का उल्लेख नहीं किया है। बाण की भेंट हर्ष से तब हुई थी जब हर्ष समस्त उत्तर भारत का सम्राट था। इसलिए यह समस्या बनी हुई है कि बाण ने हर्ष का पूरा जीवनचरित क्यों नहीं लिखा। उन्होंने हर्षवर्द्धन की विशेषताएँ तो बतलाई हैं, उसके साहसिक कार्यों का अतिशयोक्तिपूर्ण वर्णन भी प्रारम्भ में ही किया है, किन्तु प्रमुख घटनाओं का क्रमबद्ध रूप से उन्होंने उल्लेख क्यों नहीं किया? इतिहास का संक्षिप्त रूप यहाँ काव्य के विशाल आवरण से ढक गया है। यद्यपि "वह कवि के आश्रयदाता का जीवनचरित है, पर इसमें इतिहास की अपेक्षा काव्य ही प्रधान हो उठा है। हर्ष के जीवन का पूरा चित्र तो इसमें मिलता ही नहीं, उसके राजनीतिक कार्यों और योजनाओं का भी कोई स्पष्ट परिचय नहीं मिलता। यह भी पता लगाना कठिन ही है कि सम्राट के सम्पर्क में आनेवाले लोगों की क्या स्थिति थी। और तो और गौड और मालवराज जैसे महत्त्वपूर्ण पात्र भी अस्पष्ट ही रह गए हैं, अन्य साधारण व्यक्तियों की बात ही क्या है। सब मिलाकर हर्षचरित में ऐतिहासिक तथ्य नाममात्र को ही हैं। प्रधानतः वह गद्यकाव्य है। उसकी शैली वही है, अन्तर्रात्मा वही है, और स्थापना-पद्धति भी वही है।...इस प्रकार इतिहास इसकी दृष्टि में गौण है। वह केवल कल्पना-वृत्ति को उकसाने के लिए और

मनोहरतर जगत के निर्माण के लिए सहायक मात्र है।"[47]

बाणभट्ट अपने समस्त पांडित्य तथा व्यापक अनुभव की दृढ़ सामग्री के साथ इस गद्य-काव्य में विद्यमान हैं। विस्तृत वर्णन, सजीव संवाद, सुन्दर उपमाएँ, झंकार करती शब्दावली तथा रसों की स्पष्ट अभिव्यक्ति ये सब बातें बाण की गद्य-शैली में प्रचुर रूप से प्राप्त होती हैं। राज्यश्री के विवाह वर्णन में जहाँ आनन्द और उल्लास का सजीव विवरण मिलता है वहीं प्रभाकरवर्द्धन की मृत्यु अत्यन्त मार्मिक रूप से वर्णित है।

बाणभट्ट द्वारा रचित 'कादम्बरी' कवि-कल्पित कथानक पर आश्रित होने के कारण कथा नामक-गद्यकाव्य है। उच्छ्वास, अध्याय आदि में इसका विभाजन नहीं किया गया है। पूरी कथा का दो-तिहाई भाग ही बाण ने लिखा। इसका एक-तिहाई भाग उनके पुत्र ने लिखकर जोड़ा जो अपने पिता के अपूर्ण ग्रन्थ से दुःखी था। 'कादम्बरी' की कथा एक जन्म से सम्बद्ध न होकर चन्द्रापीड (नायक) तथा पुंडरीक (उसका मित्र) के तीन जन्मों से सम्बन्ध रखती है। उसकी राजसभा में चांडाल-कन्या वैशम्पायन नामक एक मेधावी तोते को लेकर आती है। यह तोता राजा को अपने जन्म और जाबालि के आश्रम में अपने पहुँचने का वर्णन सुनाता है। जाबालि ने तोते को उसके पूर्व जन्म की कथा सुनाई थी। तद्नुसार राजा चन्द्रापीड और उसके मित्र वैशम्पायन की कथा आती है। चन्द्रापीड दिग्विजय के प्रसंग में हिमालय में जाता है, जहाँ अच्छोद सरोवर के निकट महाश्वेता के अलौकिक संगीत से आकृष्ट होता है। वहाँ कादम्बरी से उसकी भेंट होती है। महाश्वेता एक तपस्वी कुमार पुंडरीक के साथ अपने अधूरे प्रेम की कहानी सुनाती है। चन्द्रापीड अपने पिता तारापीड के द्वारा उज्जैन बुला लिया जाता है किन्तु वियोगजन्य व्यथा से पीड़ित रहता है। पत्रलेखा से कादम्बरी का समाचार सुनकर वह प्रसन्न होता है। यहीं बाण की कादम्बरी समाप्त हो जाती है। उसके बाद महाश्वेता वैशम्पायन को तोता बनने का शाप देती है। यह वैशम्पायन चन्द्रापीड का मित्र है, शाप के बाद वह मर जाता है। इससे चन्द्रापीड भी दुःखी होकर मर जाता है। महाश्वेता तथा कादम्बरी राजकुमार के शरीर की रक्षा करती हैं। अन्त में सभी को जीवन प्राप्त होता है।

'कादम्बरी' में कथा को ही नहीं, वर्णनों को भी बाण ने अपनी कल्पनाशक्ति से फैलाया है। इसमें सभी स्थल बाण के सभी उपादानों–रस, अलंकार, गुण, रीति का औचित्यपूर्ण प्रयोग करने के कारण 'कादम्बरी' बाण की उत्कृष्ट गद्य रचना है। इसमें विषय की आवश्यकता के अनुसार वर्णन शैली अपनाई गई है। इसलिए उनकी "शैली को पांचाली कहा जाता है जिसमें शब्द और अर्थ का समान गुम्फन होता है।"[48] बाण ने सजीव पात्रों का निरूपण किया है, रस का समुचित परिपाक दिखाया है और मानव-जीवन के सभी पक्षों पर दृष्टि रखी है। इसलिए आलोचकों ने एक स्वर से कहा

है कि बाण ने पूरे संसार को जूठा कर दिया है। उनके वर्णन से कुछ भी नहीं बचा है। "कोई आश्चर्य नहीं कि बाण के समान कल्पकवि ने जिस काव्यरूप को छू दिया, वह अपनी चरम सीमा पर पहुँचकर समाप्त हो गया।...बाणभट्ट ने कथा और आख्यायिका की गद्यवाली शैली को अपने चरम उत्कर्ष तक पहुँचाकर छोड़ दिया। कोशिश करनेवालों ने कोशिश की अवश्य, पर न हुआ मीर का इकबाल नसीब। जौक यारों ने बड़ा जोर गजल में मारा।"[49] फिर तो "गद्य को छोड़ ही दिया गया। लिया भी गया तो पद्यबहुल करके। आगे चलकर चम्पुओं की शैली अधिक लोकप्रिय हो गई। पद्यों में संस्कृत भाषा मँज गई थी, उसका सहारा लेकर कुछ कहना सम्भव था, पर गद्य को तो बाणभट्ट ने जिस ऊँचाई पर उठा दिया, उस तक पहुँचना असम्भव हो गया।"[50]

संस्कृत भाषा में गद्य-रचना कम हुई है। फिर भी विभिन्न कालों में कवियों ने अपना कौशल गद्य-काव्य की रचना में दिखाया है। इन सभी में प्रायः बाण के अनुकरण की प्रवृत्ति है। धारा के जैन कवि धनपाल ने दसवीं शताब्दी में 'तिलकमंजरी' लिखकर बाण की परम्परा का अनुकरण किया। वे बाण के प्रति अपनी कृतज्ञता प्रदर्शित करते हैं। गुजरात-निवासी सोड्ढल ने 'उदयनसुन्दरीकथा' आठ उच्छ्वासों में लिखी जो कल्पित कथानक पर आश्रित है।

आख्यायिका की परम्परा में महाभाष्यकार पतंजलि ने 'सुमनोत्तरा' तथा 'भैमरथी' आख्यायिकाओं का उल्लेख किया है। धर्मदास की वसुदेवहिंडी, जिनभद्र की 'मदनरेखा' उपलब्ध आख्यायिकाओं में विशेष प्रसिद्ध हैं।

संस्कृत साहित्य में ऐतिहासिक महाकाव्य की भी परम्परा रही है। वस्तुतः जिस अर्थ में पाश्चात्य जगत में इतिहास का अर्थ लिया जाता है इस अर्थ में हमारे यहाँ बहुत कम ग्रन्थ हैं, क्योंकि इतिहास की हमारी कल्पना ही पृथक थी। प्राचीन घटनाओं का सामान्यतः विवरण तो लोग देते थे किन्तु उनके साथ तिथियों को अंकित नहीं करते थे। इस अर्थ में महाभारत प्रथम इतिहास ग्रन्थ है। "वैदिक साहित्य के अनुशीलन से पता लगता है कि इतिहास लिखनेवालों का एक अलग सम्प्रदाय था।"[51]

राजेश्वर ने कहा है कि इतिहास दो प्रकार का होता है–'परिक्रिया' और 'पुराकल्प'। 'परिक्रिया' उस इतिहास को कहते हैं जिसका नायक एक व्यक्ति होता है अर्थात् किसी एक राजा के चरित्र का वर्णन करना 'परिक्रिया' है। रामायण इसी प्रकार का ग्रन्थ है। इसी अर्थ में 'नवसाहसांकचरित', 'विक्रमांकदेवचरित' आदि ग्रन्थ हैं। दूसरी ओर 'पुराकल्प' वह इतिहास है जिसमें अनेक नायकों का वर्णन होता है। 'महाभारत', 'राजतरंगिणी' आदि इसी प्रकार के इतिहास ग्रन्थ हैं।

भारत में लोकोत्तर चरित्र का वर्णन करनेवाले महाकाव्यों को अधिक सम्मान मिला और लौकिक पुरुषों से सम्बद्ध काव्य आदर नहीं पा सके। 'विक्रमांकदेवचरित'

अज्ञात कोने में पड़ा रहा जबकि 'नैषधीयचरित' टीकाओं से विभूषित होता रहा। एक ही लेखक बाणभट्ट की 'कादम्बरी' पंडितों के बीच आदर पाती रही जबकि उनका 'हर्षचरित' उतना आदर नहीं पा सका। फिर भी कवियों ने अपने आश्रयदाताओं की प्रशस्तियाँ गद्य में या महाकाव्यों के रूप में लिखीं। गुप्तकाल के अभिलेखों में इन प्रशस्तियों का उत्कर्ष दिखाई पड़ता है। यह बात अवश्य है कि ''इतिहास पर काव्य का ऐसा गहरा रंग चढ़ा है कि शुद्ध इतिहास को निकालना बहुत कठिन है।''[52]

संस्कृत साहित्य में ऐतिहासिक रचनाएँ काव्य के रूप में ही मिलती हैं। कवियों ने अपनी रचनाओं द्वारा अपने आश्रयदाताओं को अमर कर दिया है। गद्यबद्ध 'हर्षचरित' की चर्चा हम कर चुके हैं।

वाक्पतिराज ने प्राकृत काव्य 'गउडवही' में कन्नौज के राजा यशोवर्मन की विजय का वर्णन किया है। इसका समय 750 ई. है। ''कश्मीर के ललितादित्य ने यशोवर्मन को संग्राम में हराया था। इस काव्य में ग्रामीण जीवन के सजीव चित्र मिलते हैं।''[53]

पद्मगुप्त का 'नवसाहसांकचरित' (1005 ई.) एक प्रकार से ''संस्कृत का पहला ऐतिहासिक महाकाव्य है, जिसमें 18 सर्ग हैं। इसमें मालवा नरेश सिन्धुराज का इतिहास वर्णित है। सिन्धुराज भोज के पिता थे। इस महाकाव्य में शशिप्रभा के साथ उनके विवाह का वर्णन है। पद्मगुप्त पहले राजा मुंज के सभाकवि थे। मुंज की मृत्यु के बाद सिन्धुराज ने पद्मगुप्त का आदर किया। पद्मगुप्त पर कालिदास की रसमयी पद्धति का बहुत प्रभाव है। इसीलिए इन्हें परिमल-कालिदास भी कहा गया है।''[54]

बिल्हण रचित 'विक्रमांकदेवचरित' प्रमुख ऐतिहासिक काव्य है। बिल्हण कश्मीरी थे तथा चालुक्य नरेश विक्रमादित्य (षष्ठ) की राजसभा के कवि थे। अपने ''संरक्षक की प्रशंसा में बिल्हण ने वहीं 18 सर्गों का महाकाव्य 'विक्रमांकदेवचरित' लिखा। इसका रचनाकाल 1088 ई. है। मूलतः यह ऐतिहासिक ग्रन्थ है जिसे महाकाव्य के रूप में प्रस्तुत किया गया है। राजा विक्रमादित्य के पूर्वजों का वर्णन करते हुए इन्होंने इसके प्रथम सात सर्गों में ऐतिहासिक तथ्य दिए हैं। इसमें 8वें सर्ग से 17वें सर्ग तक विक्रमादित्य (षष्ठ) का काव्यात्मक वर्णन है। इसमें मुख्यतः नायक और नायिका का प्रणय वर्णित है। विवाह, जलक्रीड़ा, मृगया आदि के वर्णन में बिल्हण ने कई सर्ग केवल महाकाव्य-धर्म का निर्वाह करने के लिए लगाए हैं। बिल्हण इतिहासकार के रूप में निष्पक्ष नहीं हैं, क्योंकि वे राष्ट्रकूटों पर तेलप (839-97 ई.) की विजय का तो वर्णन करते हैं, किन्तु मालवा नरेश द्वारा उसकी पराजय का नहीं।''[55] काव्य की दृष्टि से 'विक्रमांकदेवचरित' बहुत सफल है। इसमें प्रवाह, रोचकता और सरलता सभी गुण हैं। ''प्रसादपूर्ण वैदर्भी शैली में यह लिखा गया है। भाषा सरल और स्पष्ट है। लम्बे समासों का प्रयोग इसमें नहीं मिलता।''[56] बिल्हण में कवित्वशक्ति एवं पांडित्य के

साथ-साथ ऐतिहासिक चेतना भी है।

'राजतरंगिणी' निश्चित रूप से संस्कृत साहित्य का श्रेष्ठ ऐतिहासिक ग्रन्थ है जिस पर काव्य का रंग बहुत गहरा नहीं है। कल्हण और उसके इस ग्रन्थ पर संस्कृत साहित्य को गर्व है। "राजतरंगिणी की रचना में कश्मीर के समस्त ऐतिहासिक साधनों का उन्होंने प्रयोग किया था। उन्होंने उस काव्य को 1148 ई. में लिखना आरम्भ करके उसे तीन वर्षों में पूरा किया था। कल्हण कहते हैं कि उन्होंने प्राचीन राजाओं के कथासंग्रह, नीलमतपुराण, विभिन्न शिलालेख, प्रशस्ति-पत्र, प्राचीन मुद्रा आदि का उपयोग करके इस इतिहास ग्रन्थ को प्रामाणिक बनाया है। उन्होंने देवालयों, प्राचीन भवनों, स्मारकों और शासन-पत्रों का भी अवलोकन किया था।"[57] 'राजतरंगिणी' में आठ तरंग हैं। इसमें आठवाँ तरंग ग्रन्थ के आधे से अधिक है। इसमें समकालिक तथा निकट अतीत का इतिहास है। कवि के साक्षात् दर्शन तथा अनुभव पर आश्रित होने के कारण इस तरंग की बातें विशेषतः प्रामाणिक हैं। "आरम्भिक तरंगों में पुराणों का आधार लिया गया है इसलिए कल्पना का समावेश वहाँ अधिक है। जैसे-जैसे कवि सुदूर अतीत से निकट अतीत की ओर अग्रसर होता गया वैसे-वैसे उसके वर्णनों में प्रामाणिकता बढ़ती गई।"[58] 'राजतरंगिणी' का आरम्भ 13वीं शताब्दी ई. पू. के किसी गोनन्द नामक राजा के वर्णन से होता है। किन्तु प्रथम तीन तरंगों में काल या तिथि का उल्लेख नहीं है। इसमें पहली तिथि 813 ई. के समकक्ष है और यहाँ से आरम्भ करके 1150 ई. तक की घटनाओं का प्रामाणिक, पूर्ण और वैज्ञानिक रीति से वर्णन किया गया है। यहाँ कश्मीर के राजाओं के गुणों के साथ-साथ दोषों का भी वर्णन किया है। नैतिकता का प्रचार करना कल्हण का मुख्य उद्देश्य था। इसी कारण कई राजाओं और मन्त्रियों के अनैतिक कार्यों का वर्णन इन्होंने खुलकर किया है। कल्हण ने "कश्मीर में धार्मिक सहिष्णुता दिखाई है किन्तु कुछ राजाओं के धर्म-विरोधी कार्यों को भी इन्होंने प्रकाशित किया है। कल्हण के इतिहास पर भारतीय जीवन-दर्शन, युग विभाजन, कर्म-सिद्धान्त, भाग्यवाद, तन्त्र-मन्त्र आदि का स्पष्ट प्रभाव है। इन्होंने कश्मीरी नागरिकों की कटु आलोचना की है। लोभी पुरोहितों, अनुशासनहीन सैनिकों तथा दुष्ट कर्मचारियों की इन्होंने घोर निन्दा की है। रानी दिद्दा की महत्त्वाकांक्षा का उन्होंने विस्तार से वर्णन किया है।"[59] 'राजतरंगिणी' एक सच्चे इतिहासकार द्वारा काव्यात्मक शैली में लिखा गया ग्रन्थ है। "अलंकारों का प्रयोग बहुत स्वाभाविक रूप से इसमें किया गया है। प्रायः पूरा ग्रन्थ अनुष्टुप छन्द में लिखा गया है। कहीं-कहीं छन्द बदले गए हैं।"[60] कुल मिलाकर यह महाकाव्य संस्कृत का ऐतिहासिक गौरव ग्रन्थ है।

संस्कृत में ऐतिहासिक काव्य परम्परा आगे भी चली। कल्हण ने 'सोमपालविलास' में सुस्सल द्वारा विजित राजपुरी के राजा का विवरण लिखा। हेमचन्द (1088-1172 ई.) ने अनहिलवाड़ के चालुक्य-नरेश कुमारपाल से सम्बद्ध 'कुमारपाल चरित' लिखा।

''इसमें जैनमत की महिमा का वर्णन अधिक तथा इतिहास कम है।''[61] 13वीं शताब्दी के कवि सोमेश्वर ने 'कीर्तिकौमुदी' नामक महाकाव्य में गुजरात के राजा वस्तुपाल का वर्णन किया है। राजा बीसलदेव के सभा पंडित अरिसिंह ने ग्यारह सर्गों का 'संस्कृत संकीर्तन' नामक महाकाव्य लिखा। ''इसमें भी वस्तुपाल के धार्मिक कृत्यों का वर्णन है।''[62] नयचन्दसूरि ने 'हम्मीर', महाकाव्य चौदह सर्गों में लिखा जिसमें रणथम्भौर के चौहान नरेश हम्मीर का वर्णन किया गया है। इसी प्रकार एक अज्ञात लेखक ने 'पृथ्वीराजविजय' महाकाव्य लिखा है जो अपूर्ण रूप में केवल बारह सर्गों में प्राप्त हुआ है। कवियों ने इस प्रकार किसी राजा या उसके कार्यों से प्रसन्न होकर ऐतिहासिक महाकाव्य लिखे हैं।

संस्कृत के अलावा प्राकृत एवं अपभ्रंश में भी ऐतिहासिक काव्यों की सृष्टि हुई है। हजारीप्रसाद द्विवेदी ने इस प्रवृत्ति की व्याख्या करते हुए लिखा है कि ''सातवीं शताब्दी के बाद भारतीय जीवन और साहित्य में अनेक नए उपादान आए हैं। ऐतिहासिक काव्य भी उनमें एक है। सम्भवतः तत्काल प्रचलित देश्यभाषा या अपभ्रंश में ऐसी रचनाएँ अधिक हुई थीं। इस काल के संस्कृत-साहित्य में राजस्तुति का बहुत प्रमुख स्थान है। अपभ्रंश की रचनाओं में ऐसी राजस्तुति-परक रचनाओं का होना स्वाभाविक ही था। कई नवागत जातियों ने, जिनमें आभीर, गूजर और अनेक राजपूत समझी जानेवाली जातियाँ भी हैं, राज्य अधिकार किया था। वे जिन प्रदेशों से आए थे, वहाँ की अनेक रीति-नीति भी साथ ले आए थे। फिर, वे संस्कृत उतनी अच्छी तरह समझ नहीं पाते थे, यद्यपि अपने क्षत्रियत्व का दावा उच्च स्वर से घोषित करने के लिए वे पंडितों का सम्मान भी करते थे और साधारण जनता से अपने को श्रेष्ठ बताने के जितने प्रयत्न सम्भव थे, सभी करते थे। इन उपायों में देशी भाषा की उपेक्षा भी एक था। फिर भी, सच्चाई यह है कि वे अपभ्रंश में लिखी स्तुतियाँ ही समझ सकते थे। इसलिए अपभ्रंश में तेजी से राजस्तुतिपरक साहित्य की परम्परा स्थापित होने लगी।''[63] संस्कृत में ऐतिहासिक व्यक्तियों के नाम से सम्बद्ध काव्यों को 'चरित', 'विलास', 'विजय' आदि नाम दिए गए हैं। ध्यान देने योग्य बात है कि ''सभी चरितकाव्यों ने अपने को 'कथा' कहा है। चरितकाव्य को कथा कहने की प्रणाली बहुत बाद तक चलती रही। तुलसीदास जी का 'रामचरितमानस' 'चरित' तो है ही, 'कथा' भी है। उन्होंने कई बार इसे 'कथा' कहा है। विद्यापति ने अपनी छोटी-सी पुस्तक 'कीर्तिलता' को 'काहाणी' या कहानी (कथानिका) कहा है।''[64] उसी प्रकार अपभ्रंश का महान काव्य ''पृथ्वीराजरासो चरितकाव्य तो है ही, वह रासो या 'रासक' काव्य भी है।''[65]

अपभ्रंश में रचित चरितकाव्य की परम्परा में 'खुमानरासो', 'बीसलदेवरासो' और 'पृथ्वीराजरासो' इतिहास प्रसिद्ध हैं। प्रसिद्धि का कारण यह भ्रम था कि ये इतिहास की पुस्तकें हैं। अद्यतन शोधों ने यह सिद्ध कर दिया है कि ये तथ्यपूर्ण इतिहास पर

आधारित पुस्तकें नहीं हैं बल्कि कल्पनाप्रसूत इतिहास या काव्यात्मक प्रतिफलन हैं। इसमें तथ्य नहीं है बल्कि रस है। सम्भावना और कल्पना की अतिरिक्त उड़ान ने इतिहास पर काव्य को हावी कर दिया है। कवियों का उद्देश्य काव्य-सर्जन था। साथ ही इन ग्रन्थों में प्रक्षिप्त अंश बहुत हैं। इस अर्थ में ये कहानी ही प्रतीत होते हैं।

अतः संस्कृत और लोक भाषाओं में कथा आख्यायिका और चरितकाव्य की समृद्ध परम्परा रही है। कहा जा सकता है कि कथा, आत्मचरित और जीवनचरित की साहित्यिक परम्पराएँ अविच्छिन्न रूप से साथ-साथ चलती रही हैं। आचार्यों ने इन विधाओं के साहित्यशास्त्र पर गम्भीर चिन्तन किया है। आचार्यों ने 'यथार्थ' का सम्बन्ध 'आख्यायिका' से जोड़ा है, पर हम देख चुके हैं कि आख्यायिका में भी कल्पनाशक्ति का चरम उपयोग हुआ है। 'कथा', 'आख्यायिका' और 'जीवनचरित' में थोड़ा-बहुत अन्तर जो दिखाई देता है, वह कल्पना की मात्रा का नहीं है, बल्कि यह है कि 'आख्यायिका' और 'जीवनचरित' में कल्पना यथार्थ के सहारे उड़ती है और कथा में उन्मुक्त विचरण करती है।

वस्तुतः इन ग्रन्थों के रचनाकारों का लक्ष्य सौन्दर्य की सृष्टि करना था। वे इस बात की चिन्ता नहीं करते थे कि बात यथार्थपूर्ण है या काल्पनिक, लौकिक है या अलौकिक। प्रयास उन्होंने किया तो केवल वर्णन को सौन्दर्य प्रदान करने का। रचनाकारों ने इतिहास, तिथि, कालक्रम और तथ्यों को ज्यादा महत्त्व नहीं दिया। इसकी जगह वे शाश्वत और सार्वभौम आदर्श (सौन्दर्य भाव) की सृष्टि करना चाहते थे। इसी कारण उन्होंने 'यथार्थ' और 'तथ्य' की जगह अलंकार, ध्वनि, वक्रोक्ति और छन्द को प्रमुखता दी है जो उनके साध्य रस के सहायक हैं।

अतः हम कह सकते हैं कि प्राचीन काल में 'कथा' और 'आख्यायिका' दो स्थापित विधाएँ थीं। उनका विकास साथ-साथ हुआ है। वे परस्पर सम्बद्ध रही हैं। एक ही रचना में आत्मचरित भी व्यक्त हुआ है और कथा भी। बाणभट्ट का 'हर्षचरित' इसका उदाहरण है। वह लेखक का 'आत्मचरित' भी है, व्यक्ति विशेष की 'जीवनी' भी है और कल्पनापूर्ण प्रसंगों में वह 'कथा' भी है। साथ ही यह तथ्य महत्त्वपूर्ण है कि 'कल्पना' का प्रयोग केवल कल्पनाप्रसूत 'कथा' में ही नहीं हुआ है, बल्कि यह 'आख्यायिका' का भी अनिवार्य तत्व रहा है। साथ ही 'कथा' हो या 'आख्यायिका' उसे पहले साहित्य के सौन्दर्य प्रतिमानों पर परीक्षा देनी होती थी। इस कारण दोनों विधाओं में शिल्प-सौन्दर्य का महत्त्व रहा है। साथ ही यह जरूरी नहीं था कि ये गद्यबद्ध ही हों, इनकी रचना पद्य में भी हो सकती थी। सबसे महत्त्वपूर्ण कि ये दोनों विधाएँ पहले साहित्य हैं। अतः साहित्य के प्रतिमानों से ही इनका मूल्यांकन होना चाहिए। इतिहास, सत्य और यथार्थ के क्षणिक उपकरणों से इनका सौन्दर्य व्यक्त नहीं किया जा सकता। इन साहित्यकारों की यही माँग है।

सन्दर्भ-सूची

1. काव्यालंकार : भामह, पृ. 14, बिहार राष्ट्रभाषा परिषद, 1962
2. वही, पृ. 15
3. काव्यादर्श : दंडी, पृ. 24, चौखम्बा सुरभारती प्रकाशन, वाराणसी, पंचम संस्करण, 1992
4. वही, पृ. 25
5. वही, पृ. 26
6. वही, पृ. 26
7. वही, पृ. 27
8. वही, पृ. 27
9. वही, पृ. 28
10. काव्यालंकार, रुद्रट, पृ. 424, वासुदेव प्रकाशन, दिल्ली, प्रथम संस्करण, 1965
11. वही, पृ. 424
12. वही, पृ. 424
13. वही, पृ. 425
14. वही, पृ. 425
15. वही, पृ. 425
16. वही, पृ. 425
17. वही, पृ. 425
18. वही, पृ. 426
19. वही, पृ. 426
20. हिन्दी साहित्य का आदिकाल : डॉ. हजारी प्रसाद द्विवेदी, पृ. 57, बिहार राष्ट्रभाषा परिषद, चतुर्थ संस्करण, 1980
21. वही, पृ. 57
22. वही, पृ. 57
23. वही, पृ. 57
24. वही, पृ. 62
25. वही, पृ. 62
26. वही, पृ. 62
27. वही, पृ. 62
28. वही, पृ. 62
29. वही, पृ. 72
30. वही, पृ. 72
31. वही, पृ. 74
32. वही, पृ. 75
33. वही, पृ. 76
34. वही, पृ. 77
35. वही, पृ. 77

36. वही, पृ. 78
37. वही, पृ. 78
38. वही, पृ. 78
39. वही, पृ. 59
40. वही, पृ. 59
41. वही, पृ. 59
42. वही, पृ. 61
43. वही, पृ. 62
44. संस्कृत साहित्य परिचय : डॉ. कमलाकान्त मिश्र, पृ. 64, एन.सी.ई. आर. टी., चौथा संस्करण, 1998
45. वही, पृ. 64
46. वही, पृ. 65
47. हिन्दी साहित्य का आदिकाल : डॉ. हजारी प्रसाद द्विवेदी, पृ. 75, बिहार राष्ट्रभाषा परिषद, चतुर्थ सं., 1980
48. संस्कृत साहित्य परिचय : डॉ. कमलाकान्त मिश्र, पृ. 67 एन.सी.ई.आर.टी., चौथा संस्करण, 1998
49. हिन्दी साहित्य का आदिकाल : डॉ. हजारी प्रसाद द्विवेदी, पृ. 76, बिहार राष्ट्रभाषा परिषद, चतुर्थ सं., 1980
50. वही, पृ. 76
51. संस्कृत साहित्य परिचय : डॉ. कमलाकान्त मिश्र, पृ. 46 एन.सी.ई.आर.टी., नई दिल्ली, चौथा संस्करण, 1998
52. वही, पृ. 47
53. वही, पृ. 47
54. वही, पृ. 47
55. वही, पृ. 48
56. वही, पृ. 48
57. वही, पृ. 49
58. वही, पृ. 49
59. वही, पृ. 49
60. वही, पृ. 49
61. वही, पृ. 50
62. हिन्दी साहित्य का आदिकाल : डॉ. हजारी प्रसाद द्विवेदी, पृ. 74, बिहार राष्ट्रभाषा परिषद, चतुर्थ सं., 1980
63. वही, पृ. 58
64. वही, पृ. 64
65. वही, पृ. 65

आत्मचरित, जीवनचरित और उपन्यास रूपविधागत तुलनात्मक विश्लेषण

साहित्य के विकास एवं उसके वर्गीकरण के परिणामस्वरूप आत्मकथा, जीवनी और उपन्यास परस्पर भिन्न और पृथक गाने जाते हैं। अब जबकि विधागत विकास की जटिल अवस्था प्राप्त हो चुकी है तब जीवनी, आत्मकथा और उपन्यास में सतही समानताओं और विभिन्नताओं के बिन्दुओं से हटकर इन विधाओं के बीच के गहरे मौलिक अन्तरों और परस्पर समानताओं को समझना आवश्यक है।

आधुनिक समय में आत्मकथा साहित्य की सर्वाधिक विवादित विधा बन गई है। आज जबकि आत्मकथाएँ बहुत ज्यादा लिखी जा रही हैं वहीं दूसरी तरफ इस बात की सहमति कम होती जा रही है कि आत्मकथा के अन्तर्गत क्या सम्मिलित किया जाए। प्राचीन समय में भी आत्मकथा को लेकर कुछ विवाद था। आलोचक पत्र, संस्मरण आदि को लेकर उलझन में थे, पर वे कम से कम इस बात पर सहमत थे कि आत्मकथा प्रगट रूप से रचनाकार के निजी जीवन का तथ्यात्मक चित्रण है। संक्षेप में कहें तो एक स्वलिखित जीवनी है। अब जैसे-जैसे आत्मकथा और इस पर लिखनेवाले व्यक्तियों की संख्या बढ़ती जा रही है उसी अनुपात में इस विधा की परिधि भी बढ़ती जा रही है। ''सम्भवतः अभी कोई भी साहित्यिक विधा ऐसी नहीं है जो या तो आत्मकथा के अध्ययन में शामिल न हो या फिर जिसका आत्मकथात्मक विश्लेषण न किया जा सकता हो। एक समय जब आत्मकथा तुलनात्मक रूप से ज्यादा सीमांकित और परिभाषिक विधा थी, जब यह आत्मपरिचय के पाठ के रूप में समझी जाती थी जैसे कि जॉन स्टुअर्ट मिल की आत्मकथा या जोनाथन एडवर्ड की 'पर्सनल नैरेटिव', आज के समय में असीमित और अनिश्चित प्रकृति की हो चुकी है, जिसमें टी. एस. इलियट की कविताएँ, स्टेनडाल के उपन्यास और टेनेसी विलियम के नाटक और यहाँ तक कि हेनरी जेम्स की भूमिका भी आत्मकथा की श्रेणी में स्थान ग्रहण कर चुकी है।''[1]

आत्मकथा की सीमा को विस्तारित करनेवाले इन प्रयासों ने आलोचनात्मक

विचारों को दो वर्गों में विभाजित कर दिया है। आलोचकों का एक वर्ग यह मानता है कि आत्मकथा स्पष्टतः जीवनीपरक है जिसको मूलतः ऐतिहासिक और तथ्यात्मक होना है न कि कल्पनापरक और कथात्मक। दूसरी तरफ वे आलोचक हैं जो मानते हैं कि यह आत्मकथाकार का अधिकार है कि वह आत्मसाक्षात्कार और आत्मप्रकाशन के लिए कौन सी विधा को उपयुक्त और जरूरी समझता है। इन आलोचकों की दृष्टि में बहुत सारी कविताओं, उपन्यासों और नाटकों जिन्हें आज आत्मकथा की विधा में स्थान दिया जा रहा है अपनी कल्पनाशीलता के बावजूद आत्मपरीक्षण और आत्मान्वेषण का काम कर रहे हैं जो आत्मकथा की समस्या है।

इन परस्पर भिन्न मतों के अन्तराल में आत्मकथा जीवनी और उपन्यास के सहसम्बन्ध की पहचान एक समस्या है। अतः इन विधाओं के तुलनात्मक अध्ययन से ही इनकी निजी विशेषताओं को पकड़ा जा सकता है।

जीवनी को सामान्यतया इतिहास की एक शाखा मान लिया जाता है। पर आज के समय में यह सामान्य स्वीकृत तथ्य है कि जीवनी लेखन व इतिहास लेखन साहित्य की दो भिन्न विधाएँ हैं। भले ही इतिहास एवं जीवनी दोनों का सम्बन्ध अतीत से है परन्तु जहाँ एक ओर इतिहास का सम्बन्ध अतीत के एक काल या किसी काल खंड में एक समुदाय अथवा समूह अथवा एक संस्था के बारे में सामान्यीकरण से है, वहीं दूसरी ओर जीवनी एक व्यक्ति विशेष के जीवन की विशिष्टताओं पर प्रकाश डालती है। तथ्यों का संकलन जीवनी लेखन नहीं है। यह संकलन एक रूपरेखा मात्र प्रदान करता है। जीवनीकार का कार्य अपने विषय के कार्यों के उद्देश्यों और उसके व्यक्तित्व के बारे में ज्ञान कराना है। कुल मिलाकर यह अपने विषय के जीवन का साहित्यिक पुनर्जीवन अथवा पुनर्निर्माण है। तथ्य का यथावत प्रस्तुतीकरण जीवनी नहीं है। तथ्य का कलात्मक कलेवर ही जीवनी बनाता है। ''जीवनी व्यक्ति को अध्ययन का विषय बनाकर उसके सम्बन्ध में अधिकाधिक जानकारी प्राप्त कर उसके सर्वांगीण अन्तः-बाह्य जीवन का वर्णन करती है। यह व्यक्ति के गुण-दोष, महानताएँ सभी की जानकारी देती है। सफल जीवनी में मसृणता और कोमलता के तत्त्व होते हैं। यद्यपि जीवनी लेखक निष्पक्ष, अलिप्त तथा वस्तुपरक वैज्ञानिक दृष्टिकोण से जीवन के तथ्यों का विवरण प्रस्तुत करता है, पर चूँकि जीवनी नीरस इतिहास मात्र नहीं होती। ब्यौरों और घटनाओं का संकलन मात्र नहीं होती अतः उसमें जीवनी लेखक का व्यक्तित्व, उसका हृदय भी मुखरित हो उठता है। वह एक साहित्यिक विधा है, शास्त्रीय ग्रन्थ नहीं है। अतः उसमें साहित्यिक गुण—भावुकता, सहृदयता आदि का आ जाना स्वाभाविक है। वह लेखन कला का सबसे सुकोमल और सहानुभूतिपूर्ण स्वरूप है।''[2]

जीवनी सामान्यतया अन्य पुरुष की शैली में लिखा जाती है। जीवनी और आत्मकथा के बीच कुछ गहरे मौलिक अन्तरों की तरफ आलोचकों ने ध्यान दिया है।

प्रथम तो यह अन्तर समय काल का अन्तर है। जीवनीकार "अपनी जीवनी में विषय के जीवन के बचपन व युवावस्था के वर्षों पर सरसरी नज़र दौड़ाते हुए जीवन के सक्रिय मध्यकाल पर केन्द्रित करता है, वृद्धावस्था के जीवन को चित्रित करता है और तब मृत्यु पर विशेष ध्यान देता है। जीवनी में नायक के जीवनसाथी व सहकर्मियों पर विशेष बल रहता है। माता-पिता व भाई-बहन जीवनी लेखन में प्रायः छूट जाते हैं। जबकि आत्मकथा उस समय लिखी जाती है जब आत्मकथाकार अपने जीवन की पारी खेल चुका होता है। जीवन की साँझ में स्मृतियों के लोक से माता-पिता और भाई-बहन और यदा-कथा मित्र भी झाँक रहे होते हैं। पति या पत्नी अपने जीवनसंगी की आत्मकथा में स्थान न पाकर आश्चर्यचकित रहते हैं। शायद इसलिए भी कि वे स्मृतियों के झरोखे से नहीं झाँकते, बल्कि यथार्थ के साथी होते हैं। आत्मकथा में वृद्धावस्था और मृत्यु की अनुपस्थिति और भी स्वाभाविक है क्योंकि आत्मकथाकार यथार्थ से दूर स्मृतियों के गर्त में जाकर कल्पना के सहारे बिछुड़े साथियों से मिलने की कोशिश कर रहा है...। बिछुड़े लोगों से मिल रहा है।"[3] पर हमें यह ध्यान रखना चाहिए कि जीवित नायक की भी अधूरी जीवनी लिखी जा सकती है, तब उसमें मृत्यु और वृद्धावस्था का अभाव सम्भव है। ठीक उसी तरह आत्मकथा में भी स्मृति के साथ-साथ तत्कालीन यथार्थ की ठोस उपस्थिति सम्भव है। आलोचकों के अनुसार आत्मकथाकार जीवनीकार की अपेक्षा अधिक प्रामाणिक होता है और उसके पास अधिक प्रामाणिक स्रोत होते हैं। परन्तु महत्त्वपूर्ण यह है कि "जहाँ तक सच्चाई बयान करने का सवाल है आत्मकथाकार जीवनीकार के विपरीत परिवार आदि बहुत से निजी प्रसंगों पर रोशनी डालने से बचता है।"[4] सामान्यतः "आत्मकथाकार स्मृतियों में भ्रमण करता है, अतः उसके जीवन की तमाम समकालीन अथवा निकट भूत की घटनाओं का उसके विवरण में छूटना स्वाभाविक है।"[5] इसलिए जब कि आत्मकथा लेखन एवं जीवनी लेखन में समय और आयु के अन्तर का इतना महत्त्व है तो "समझा जा सकता है कि किसी व्यक्ति द्वारा पच्चीस वर्ष की आयु में लिखी गई अपनी आत्मकहानी को कितनी गम्भीरता से लिया जाएगा। जिस उम्र में महाकवि कीट्स की मृत्यु हुई थी उसी वय में बेवरली निकोलस ने अपनी आत्मकथा 'जीवन के पच्चीस वर्ष' लिखी थी। नवयुवक कवि कीट्स के बारे में लम्बी जीवनी लिखने में कुछ भी आश्चर्यजनक नहीं है परन्तु निकोलस की आत्मकथा को बचकाना ही माना गया था।"[6] अतः "आत्मकथा लेखन पर इस बात का भी प्रभाव पड़ता है कि व्यक्ति आत्मकथा लिखने के पश्चात् कितने वर्ष जीवित रहा। यदि लेखक की मृत्यु आत्मकथा लिखने के कुछ ही समय पश्चात् हो जाती है तो आत्मकथा उसके जीवन का पूर्ण विराम प्रस्तुत करती है। यदि जीवन की यात्रा कुछ और पड़ाव भी डालती है तो उन पड़ावों का लेखन आत्मकथा में कही हुई बातों के विपरीत भी जा सकता है।"[7]

कभी-कभी एक ही नायक की जीवनी अलग-अलग जीवनीकारों ने लिखी है। इसी तरह जीवनी के नायकों ने अपनी आत्मकथा भी लिखी है। साथ ही कभी-कभी एक आत्मकथा के मुख्य चरित्र अपनी अलग-अलग आत्मकथा भी लिखते हैं। इस स्थिति में तुलनात्मक अध्ययन से ''हम किसी निश्चित तथ्य तक नहीं पहुँच सकते। हम केवल घटना या समय जान सकते हैं।''[8]

जीवनी और उपन्यास के सम्बन्ध में महत्त्वपूर्ण यह है कि ''जीवनी में भी किसी व्यक्ति की कथा या इतिवृत्त होता है पर उसका नायक या विषय ऐसा व्यक्ति होता है जिसकी संसार में वास्तविक ऐतिहासिक स्थिति होती है। महात्मा गांधी हों या नेहरू, डॉ. जॉनसन हों या निराला, तोलस्तोय हों या प्रेमचन्द, गौतम बुद्ध हों या ईसा मसीह, आइंस्टीन हों या सर सी. वी. रमण, जीवनियों के सभी नायक इस भौतिक संसार के वास्तविक प्राणी होते हैं। पर उपन्यास के पात्र के सम्बन्ध में यह बात नहीं कही जा सकती है। उपन्यास के पात्र कल्पनाप्रसूत प्राणी होते हैं। हम 'होरी', 'शेखर', 'ज्याँ क्रिस्टोफ' या 'अन्ना करेनिना' को अपनी वास्तविक दुनिया में देखने या उनके कभी होने की बात नहीं सोच सकते।...तात्पर्य यह कि जीवनी का पात्र 'तथ्य' होता है और उपन्यास का पात्र 'कल्पना की उपज'।''[9]

इस सन्दर्भ में ऐतिहासिक उपन्यास और जीवनी के बीच अन्तर यह है कि ''जहाँ सामान्य उपन्यास के पात्रों के नाम, स्थान, परिवेश और उनसे सम्बद्ध बाहरी तथ्य सब कुछ कल्पनाप्रसूत होते हैं, वहाँ ऐतिहासिक उपन्यासों के पात्रों के काम आदि ऐतिहासिक होते हैं पर उनके आन्तरिक व्यक्तित्व या वास्तविक व्यक्तित्व का सम्पूर्ण ढाँचा सामान्य उपन्यासों की तरह ही कल्पनाजन्य होता है। एक उदाहरण से यह बात स्पष्ट की जा सकती है। अशोक ने कलिंग पर विजय प्राप्त की और लाखों व्यक्तियों का खून बहाया, पर इस भीषण नरसंहार से उसे इतना पश्चाताप हुआ कि उसने तत्काल बौद्धधर्म ग्रहण कर लिया। यह ऐतिहासिक घटना है। अशोक की जीवनी लिखनेवाला इतिहासकार इस घटना के केवल उन्हीं ब्यौरों का उल्लेख करेगा जिनका उसके पास कोई प्रमाण या साक्ष्य है। उनके आधार पर वह अशोक के चरित्र की व्याख्या और मूल्यांकन कर सकता है पर वह एक भी ऐसी बात नहीं लिख सकता जिसका उसके पास पुष्ट प्रमाण न हो। इतिहासकार या जीवनीकार उस अन्तर्द्वन्द्व और भावों के तूफान के बारे में बिल्कुल ही लिखना पसन्द नहीं करेगा जो बौद्धधर्म ग्रहण करने की पूर्व रात्रि या सन्ध्या में अशोक के मानस में उठा होगा। दूसरी तरफ अशोक को केन्द्र बनाकर उपन्यास रचना करनेवाला लेखक इतिहास-सिद्ध ब्यौरों को तो ज्यों का त्यों ले लेगा पर वह उन्हें अधिक महत्त्व नहीं देगा। इतना ख्याल वह जरूर रखेगा कि उसका कोई भी ब्यौरा इतिहास के खिलाफ न जाए पर जहाँ भी इतिहास अपने को लाचार पाएगा वहाँ उपन्यासकार की कल्पना को मनमानी सृष्टि करने का

अवसर मिल जाएगा। इतिहास की उपेक्षा न करते हुए उपन्यासकार अनेक ब्यौरों या मानवीय व्यापारों तक की कल्पना कर सकता है। पर उसका वास्तविक क्षेत्र तो पात्र का आन्तरिक जीवन है जिसकी रचना वह अपनी प्रतिभा, मनोवैज्ञानिक पकड़, संवेदन क्षमता, अनुभूति सामर्थ्य, अनुभव की समृद्धि और कल्पना शक्ति के अनुरूप, चाहे जिस रूप में कर सकता है। उसकी कोई सीमा नहीं है, निश्चित स्वरूप नहीं है, उसकी अन्तहीन सम्भावनाएँ हैं।'[10] कुल मिलाकर "जीवनीकार के हाथ बँधे हैं, उपन्यासकार की लेखनी नई सृष्टि रचना के लिए स्वतन्त्र है।[11]

जीवनी के सम्बन्ध में यह आवश्यक है कि नायक के जीवन के सन्दर्भ में कुछ ठोस आधारभूत सूचनाएँ और घटनाओं से लेखक का परिचय हो, पर तथ्यों की पूर्णता ही जीवनी नहीं है। लेखक नायक के जीवन की बाह्य घटनाओं में नया अर्थ भरता है। वह नायक के जीवन के बाह्य यथार्थ और उसके आन्तरिक सत्य के बीच मौजूद अन्तर्विरोधों को सम्पूर्णता में पकड़ने की कोशिश करता है। जीवनी केवल नायक क्या है? या 'जो वह दिखता था' की खोज नहीं है, बल्कि वह क्या नहीं था या विश्व रंगमंच पर उसका जो स्वरूप प्रगट नहीं हो सका, जिससे हम अनजान हैं उसकी भी तलाश है। कहने का अर्थ यह है कि नायक के यथार्थ के साथ-साथ उसके आदर्श की भी उपस्थिति जीवनी में हो सकती है। मतलब कि नायक की वह जिन्दगी जो वह जी नहीं सका...उसका स्वप्न जो यथार्थ में तब्दील नहीं हो सका, का कल्पनाशील चित्रण जीवनी में हो सकता है। जीवनी लेखक का नायक के प्रति अनुरक्ति या जिज्ञासा स्वाभाविक है। इस अर्थ में जीवनी में नायक के साथ-साथ लेखक का भी व्यक्तित्व उपस्थित रहता है। वस्तुतः तथ्यों की वास्तविकता के बावजूद जीवन में चित्रित नायक वास्तविक ऐतिहासिक नायक न होकर जीवनीकार द्वारा सर्जित साहित्यिक नायक होता है। पाठ में चित्रित ऐतिहासिक नायक पर लेखक की दृष्टि और मूल्यों का मुखौटा चढ़ा होना स्वाभाविक है। इस अर्थ में जीवनी से नायक के सम्पूर्ण वास्तविकता को पाने की आकांक्षा लगभग ही पूरी हो सकती है। इस बात को हम विष्णु प्रभाकर द्वारा रचित शरत्चन्द्र की जीवनी में देख सकते हैं। शरत्चन्द्र के जीवन पर लिखते हुए उन्होंने स्पष्ट कहा है कि "खोज करने पर पता लगा कि प्रामाणिक तो क्या, सही अर्थों में जिसे जीवनी कह सकें वैसी कोई पुस्तक बंगला भाषा में नहीं है। उनके जीवन की कल्पित कहानी को जीवनी का रूप देकर अनेक पुस्तकें प्रकाशित हुई हैं पर उनमें शरत् बाबू का वास्तविक रूप तो क्या प्रकट होता है, वह और भी जटिल हो उठा है।'[12] इस बात में यह निहित है कि यदि एक व्यक्ति की जीवनी कई लोगों द्वारा लिखी जाए तो तथ्यों की समानता के बावजूद उससे उद्घाटित सत्य अलग-अलग होगा। अतः जीवनी भी वास्तविक तथ्यों पर आधारित एक कथा (फिक्शन) ही है। विष्णु प्रभाकर शरत्चन्द्र को 'आवारा मसीहा' मानते हैं जबकि शरत् के कुछ

समकालीन उनको, 'दुष्ट', 'गुंडा' मानते थे, ''क्यों इतना परेशान होते हो दो-चार गुंडों का जीवन देख लो शरत्चन्द्र की जीवनी तैयार हो जाएगी।[13] शरत्चन्द्र पर और लोगों के अलावा गोपालचन्द्र राय ने भी लिखा है। विष्णु प्रभाकर ने स्वीकार किया है कि ''मैं उनसे अपने काम की तुलना नहीं करना चाहूँगा। वे मुझसे बहुत पहले से काम कर रहे थे। हम दोनों की क्षमता और दृष्टि में भी बहुत अन्तर है।[14] 'क्षमता' और 'दृष्टि' शब्द से स्पष्ट है कि जीवनी केवल तथ्य संकलन नहीं है। ऐतिहासिक नायक लेखक की क्षमता और दृष्टि से गढ़ा गया एक चरित्र ही होता है। अतः कहीं न कहीं जीवनी का नायक भी उपन्यास के नायक की भाँति एक निर्मित चरित्र होता है। अन्तर यही है कि जीवनी के नायक का अस्तित्व वास्तविक जीवन में भी होता है। साथ ही जीवनी में कल्पना को संयमित होना पड़ता है क्योंकि नायक का यथार्थ, देश और काल लेखक पर अंकुश का काम करते हैं। बावजूद इसके जब लेखक नायक के मनोभावों और आकांक्षाओं को पकड़ने की कोशिश करता है तब उसे कल्पना के सहारे ही परकाया प्रवेश करना पड़ता है। लेखक के जीवन के मार्मिक अनुभव जब नायक से मिलने लगते हैं तो दोनों में भाव एक्य की प्रतीति होना स्वाभाविक है। इस अर्थ में जीवनी, लेखक का आत्मानुभव भी हो जाती है अर्थात् जीवनी का एक अंश आत्मकथात्मक हो सकता है। नायक और लेखक के बीच इस आत्मीय सम्बन्ध के बावजूद ''अफवाहों और किंवदन्तियों से भरे किसी के जीवन को पूरी तरह पहचान पाना तो असम्भव जैसा ही है।'[15] विष्णु प्रभाकर ने महसूस किया है कि ''जीवनी लिखना निःसन्देह कठिन काम है। यूँ देखने में लगता है कि वह कुछ अद्‌भुत, असाधारण घटनाओं और कुछ क्रान्तिकारी विचारों का समुच्चय है। किसी के जीवन को समझने के लिए कुछ महत्त्वपूर्ण घटनाएँ आवश्यक अवश्य हैं, पर अनिवार्य नहीं। जो दिखाई देता है वही सत्य नहीं होता। सत्य को पाने के लिए गहरे उतरना होता है और उस उतरने में जहाँ आस्था का प्रश्न है वहाँ तटस्थता का उससे भी अधिक है।''[16] मानना चाहिए कि जब लेखक नायक की घटना के पीछे के सत्य को प्रगट करता है तब वह लेखक द्वारा प्रस्तुत केवल एक सम्भावना ही है, उसे अनिवार्य सत्य नहीं कहा जा सकता है। जीवनी के सन्दर्भ में विचार करते हुए विष्णु प्रभाकर ने माना है कि जीवनी में तथ्य और कलात्मकता का सहसम्बन्ध है। जीवनीकार सत्य को मार्मिक और संवेदनशील ढंग से चित्रित करता है, ''जीवनी क्या है? अनुभवों का शृंखलाबद्ध कलात्मक चयन। इसमें वे ही घटनाएँ पिरोई जाती हैं जिनमें संवेदना की गहराई हो, भावों को आलोड़ित करने की शक्ति हो। घटनाओं का चयन लेखक किसी नीति, तर्क या दर्शन से प्रभावित होकर नहीं करता। वह गोताखोर की तरह जीवन-सागर में डूब-डूबकर मोतियाँ चुनता है। सशक्त और सच्ची संवेदना की हर घड़ी वही मोती है। श्रेष्ठ जीवनी लेखक काल, देश, व्यक्ति और घटना की सीमाओं

को तोड़कर अनुभूतियों के सौन्दर्य में विक्षेपण करता है। विशुद्ध कला और मानदंडों के बीच सन्तुलन और सामंजस्य का प्रणयन करता है।''[17] स्पष्टतः जीवनी में व्यक्ति विशेष की कथा के माध्यम से अन्ततः सामान्य मानवता की कथा कही जाती है। इसमें लेखक न केवल नायक की कथा कहता है बल्कि कथा कहनेवाला भी जाने-अनजाने अपनी कथा का सारांश उद्घाटित कर देता है। नायक के चेहरे के पीछे लेखक की छवि भी जीवनी में देखी जा सकती है। और अन्त में ऐतिहासिक और समकालीन परिवेश की गूँज भी जीवनी में विद्यमान रहती है। यहाँ यह उपन्यास की यथार्थ विधा के करीब दिखाई देता है। उपन्यास की भाँति जीवनी में भी देश-काल और वातावरण विद्यमान रहता है। अन्तर यही है कि यह वातावरण जीवनी में नायक के प्रत्यक्ष सम्पर्क में होता है।

आत्मकथा, जीवनी और उपन्यास की तुलना करने पर स्पष्ट है कि जीवनी में तथ्यपूर्ण कच्ची सामग्री की जरूरत आत्मकथा और उपन्यास से ज्यादा महत्त्वपूर्ण है। जीवनी लेखक के लिए सामग्री एकत्रित करना सबसे महत्त्वपूर्ण चुनौती होती है। उसके पास आत्मकथाकार की भाँति स्मृति का भंडार नहीं होता है (अगर नायक और लेखक का प्रत्यक्ष सम्बन्ध न हो)। जीवनी लेखक उपन्यास की भाँति स्वच्छन्द कल्पना नहीं कर सकता है। वह नए काल्पनिक चरित्रों और घटनाओं का सर्जन नहीं कर सकता है। ''कला के लिए सत्य भले ही सम्पूर्ण आदर्श न हो परन्तु जीवन चरित्र लिखना इस दृष्टि से विज्ञान के अधिक पास है।''[18] लेकिन ''घटना तो सत्य नहीं है। उसका जीवन में महत्त्व है लेकिन उससे अधिक महत्त्व घटना के पीछे की प्रेरणा का। वही प्रेरणा सत्य है।''[19] इस कारण जीवनी केवल नायक के मरे हुए अतीत का कंकाल उत्खनन नहीं है, ''पर उसके पीछे जो चेतन तत्व होता है उसको समझने''[20] का प्रयास है। निःसन्देह रूपविधागत स्तर पर जीवनी आत्मकथा और उपन्यास से थोड़ा भिन्न है। जीवनी में नायक के जीवन का कालक्रमानुसार क्रमशः चित्रण होता है जबकि आत्मकथा में स्मृति काल-खंड को तोड़ सकती है। आत्मकथा में स्मृति में तैरते अनुभव खंडों और संवेदन बिम्बों के लिए देश और काल की सीमा उपेक्षित हो सकती है, पर जीवनी काल और स्थान से बद्ध होती है। जीवनीकार अपनी पुस्तक को प्रामाणिक बनाने के लिए काल और स्थान से सम्बन्धित तथ्यों और घटनाओं का यथाशक्ति उपयोग करता है।

एक बात महत्त्वपूर्ण है कि जीवनी लेखक का नायक से प्रत्यक्ष सम्बन्ध है, या उसका सम्बन्ध केवल ऐतिहासिक सामग्रियों के आधार पर निर्मित हुआ है। प्रत्यक्ष सम्बन्ध होने पर प्रामाणिकता की अधिक सम्भावना रहती है, लेकिन खतरा यह होता है कि व्यक्तिगत सम्बन्धों का पूर्वग्रह जीवनी पर हावी हो सकता है, और तटस्थता बरकरार नहीं रह सकती है। अप्रत्यक्ष सम्बन्ध होने पर जहाँ तटस्थता की ज्यादा

सम्भावना बनती है वहीं प्रामाणिकता के अभाव का खतरा उपस्थित रहता है। अप्रत्यक्ष सम्बन्ध के आधार पर लिखी गई जीवनी ऐतिहासिक उपन्यास जैसा हो सकती है, जहाँ काल-खंड और घटना के अन्तरालों को कल्पना से भरा जाता है। विष्णु प्रभाकर ने इस समस्या से जूझते हुए कहा है कि ''शरत् बाबू का जीवन-क्रम इतना उलझा हुआ इतना विशृंखल है कि उसमें तारतम्य बैठाना, उसके क्रम को ठीक करना बड़ा दुष्कर कार्य है। कौन सी घटना कब घटी, कैसे घटी, कब कहाँ रहे, कितने दिन रहे, कौन सा भाषण कब दिया, क्या ठीक-ठीक कहा इसका लेखा-जोखा कहीं उपलब्ध नहीं है। जो है वह एकदम विशृंखल है।''[21] स्पष्टतः जीवनी प्रत्यक्ष सम्पर्क के आधार पर लिखी गई हो या सामग्री एकत्रित करके, दोनों की अपनी-अपनी सीमाएँ हैं। इन सीमाओं के कारण जीवनी सत्य का आभास दे सकती है, पर वास्तविक और सम्पूर्ण सत्य को समग्रता में चित्रित नहीं कर सकती है। जीवनी अन्ततः नायक द्वारा छोड़े गए चिह्नों, संकेतों और तथ्यों के आधार पर नायक की खोज की कोशिश है, ''कोशिश—क्योंकि अन्ततोगत्वा कहानी सिर्फ एक कोशिश है—एक डिटेक्टिव को सिर्फ उन सुरागों पर ही निर्भर रहना पड़ता है जो उसके पात्र पीछे छोड़ गए हैं। वे उसे एक ऐसे यथार्थ की ओर ले जा सकते हैं जो महज मरीचिका हो सकती है।''[22] जब जीवनी में सत्य और यथार्थ की चर्चा होती है, ''तो हमेशा दुविधा होती है—वह एक पक्षी की तरह झाड़ी में छिपा रहता है। उसे वहाँ से जीवित निकाल पाना उतना ही दुर्लभ है, जितना उसके बारे में निश्चित रूप से कुछ कह पाना।''[23] अतः जीवनीकार अपने नायक की केवल कथा कह सकता है, और इस कहानी कहने में लेखक अप्रत्यक्षतः अपने जीवन का कथा-सार भी बता देता है। अतः जीवनी ऐतिहासिक नायक और लेखक के आत्म की तथ्यपूर्ण कहानी ही है।

उपन्यास का सम्बन्ध यथार्थ बोध से माना जाता है। इस कारण उपन्यास के साथ परिस्थितियों का चित्रण बहुत अधिक महत्त्वपूर्ण हो जाता है। सामान्यतः यह माना जाता है कि आत्मकथा और उपन्यास के बीच मूल अन्तर यथार्थ और कल्पना की आनुपातिक विभिन्नता है। पर गहराई से देखने पर स्पष्ट हो जाता है कि आत्मकथा की तरह उपन्यास भी यथार्थ की ओर उन्मुख रहा है। पुरानी कथा-आख्यायिकाओं की परम्परा से उपन्यास और आत्मकथा इस अर्थ में भिन्न हैं कि पुरानी रचनाओं में जहाँ कल्पना लोक की अतिरिक्त स्वच्छन्द सत्ता थी वहीं इन आधुनिक कथारूपों में यथार्थ तत्त्व प्रमुखता प्राप्त करता चला गया है। ऐसा नहीं है कि आधुनिक आत्मकथा और उपन्यास में कल्पना का प्रयोग बंद हो गया है, इसके विपरीत कल्पना का प्रयोग यथार्थ के विभिन्न स्तरों के सूक्ष्म उद्‌घाटन में कुशलतापूर्वक हुआ है। आधुनिक रचना की कल्पना दृष्टि पुरानी कल्पना से इस अर्थ में भिन्न है कि

जहाँ पुरानी कल्पना यथार्थ से भिन्न और अलग एक असंबद्ध दूसरी स्वप्निल दुनिया या वस्तु का निर्माण करती थी वहीं आधुनिक दृष्टि इस संसार के छुपे यथार्थ की ओझल दुनिया को हमारे सामने चित्रित करती है। वस्तुतः आधुनिक कल्पना यथार्थ के अपरिचित, उपेक्षित और अनदेखे किन्तु महत्त्वपूर्ण संकेतों और रूपों को परिचित और दृष्टिगोचर बनाने का माध्यम है।

पात्र, कथावस्तु, देशकाल, वातावरण, संवाद, भाषा और शैली की दृष्टि से उपन्यास और आत्मकथा में बहुत दूर तक समानता देखी जा सकती है। उपन्यास की तरह आत्मकथा को भी सामाजिक, राजनीतिक, मनोवैज्ञानिक और दार्शनिक आदि कोटियों में बाँटा जा सकता है। उपन्यास अपने लचीले स्वरूप और विस्तृत चित्रफलक की सम्भावना के कारण किसी भी युग की प्रवृत्तियों का प्रतिनिधित्व कर सकता है। उसमें एक व्यक्ति का सम्पूर्ण जीवन भी आ सकता है और कुछ घंटों की कहानी भी, पूरा समाज भी उसकी परिधि में आ सकता है और कथा का नितान्त अभाव भी उसमें हो सकता है। उपन्यास में दर्शक की मुद्रा में लेखक की शैली अपनाई जा सकती है, तो उत्तम पुरुषात्मक 'मैं' वाली या पात्रात्मक शैली का भी प्रयोग किया जा सकता है। कथानक और रूपविधान के सन्दर्भ में उपलब्ध स्वायत्तता के बावजूद उपन्यासकार पर यथार्थ और सम्भाव्यता का दबाव रहता है। आज का पाठक बुद्धिप्रवण एवं तर्कशील है, उसे कपोल कल्पनाओं से सन्तोष नहीं मिल सकता, वह साहित्य में अपने जीवन को प्रतिबिम्बित देखना चाहता है, अतः आज के जागरूक पाठक के लिए असम्भाव्य घटनाओं या प्रसंगों का कोई अर्थ नहीं।

सूक्ष्म दृष्टि से देखने पर स्पष्ट होता है कि जीवनी, आत्मकथा और उपन्यास के बीच एक सहसम्बन्ध है। हम देख चुके हैं कि तमाम तटस्थता के बावजूद जीवनी के नायक पर लेखक के मूल्यों और आदर्शों का एक आवरण चढ़ा होता है या दोनों के चरित्र में अद्वैत दिखाई पड़ता है। इसी तरह आत्मकथा लिखनेवाला "अपनी केंचुली से बाहर निकलकर अपना विश्लेषण करता है, इसीलिए ईमानदारी से लिखी गई आत्मकथा जीवनी-सी लगती है। इसके विपरीत जीवनी लेखक वर्ण्य व्यक्ति से अभिन्न होकर उसके व्यक्तित्व का संश्लेषण करता है, फलतः सफल जीवनी आत्मकथा बन जाती है।"[25] इस कारण "कुछ लोगों को दूसरों की जीवनी लिखने में ऐसी सफलता मिल सकती है कि वह आत्मकथा ही मालूम पड़े। दूसरी कोटि के लेखकों के लिए इतिहास के सूक्ष्म अध्ययन के साथ कवि की शक्ति और उपन्यासकार की स्थापत्य-कुशलता भी आवश्यक है। लेखक और उसके चरितनायक के व्यक्तित्व की समानता जीवनी-लेखन के लिए अनिवार्य है।"[26] स्पष्टतः आत्मकथा में आत्मकथाकार के अलावा अन्य व्यक्तियों की जीवनी भी होती है। यहाँ आकर आत्मकथाकार जीवनीकार हो जाता है और अन्य व्यक्तियों के चित्रण में वह उपन्यासकार की भाँति

यथार्थ और कल्पना का मिश्रित उपयोग करता है। पर आत्मकथा में वर्णित दूसरे व्यक्तियों की जीवनी लेखक के व्यक्तित्व के इर्द-गिर्द घूमती मालूम होती है। वह जीवनी वस्तुतः आत्मकथा के अर्थ को अत्यधिक स्पष्ट करने के लिए होती है। आत्मकथा में वर्णित दूसरा व्यक्ति वास्तविक जीवन में अत्यधिक महत्त्वपूर्ण और व्यक्तित्व सम्पन्न हो सकता है, पर आत्मकथा के अन्दर वह लेखक के व्यक्तित्व के सामने गौण दिखाई देता है। साथ ही एक महत्त्वपूर्ण विशेषता यह भी है कि आत्मकथा में उपलब्ध जीवनी में तिथि और स्थान की यथातथ्यता को बहुत महत्त्वपूर्ण नहीं माना जाता है, जबकि वास्तविक जीवनी लेखन में तिथि और स्थान को बहुत महत्त्वपूर्ण माना जाता है।

आलोचकों का एक बड़ा वर्ग आत्मकथा को उपन्यास से भिन्न मानता है और कल्पना की अनिवार्य अनुपस्थिति को आत्मकथा के लिए आवश्यक शर्त मानता है। ये आलोचक मानते हैं कि कल्पना का प्रवेश आत्मकथाकार और पाठक के बीच विद्यमान विश्वास का उल्लंघन है। इस मत को माननेवाले माइकल लेरिस ने कहा है कि ''आत्मकथा में औपन्यासिक कला नहीं होनी चाहिए। अर्थात् आत्मकथा में उपन्यास का निषेध अनिवार्य है। मैंने अपनी आत्मकथा में वास्तविक तथ्यों का ही प्रयोग किया है। मैंने अपने सन्दर्भ में किसी गप्प या कल्पना का निषेध किया है।''[27] पर वास्तविकता यह है कि ''अपनी आत्मकथा से लेरिस कल्पना और सर्जनात्मक ऊर्जा को बाहर नहीं कर सके हैं।''[28] अन्ततः लेरिस को भी स्वीकार करना पड़ा है कि ''आत्मकथात्मक सत्य में औपन्यासिकता अवश्यंभावी है।''[29] एक अंग्रेज उपन्यासकार ने आत्मकथा के इस असमंजस को स्पष्ट करते हुए सुझाव दिया है कि साहित्य का विशुद्ध आत्मकथा या शुद्ध फिक्शन कोटियों में विभाजन सम्भव ही नहीं है। अपने 'रॉ मैटेरियल' को एलन सीलोटोई ने आत्मकथा कहने से इनकार किया है क्योंकि ''लिखी गई हर चीज फिक्शन है, यहाँ तक कि अकाल्पनिक चीजें भी।''[30] उनके अनुसार उनके जीवन की सभी कच्ची सामग्रियों का उनकी काल्पनिक कथाओं में प्रयोग हो चुका है। उनके अनुसार ''दूसरे लोगों के सन्देह को दूर करने की कलाकार की इच्छा उसे झूठ या कल्पना की तरफ धकेलती है।''[31] जैसा कि ए. ई. कोपार्ड ने अपनी आत्मकथा में लिखा है कि ''औपन्यासिक कला में सत्य महत्त्वपूर्ण नहीं है बल्कि सत्य की सनसनी महत्त्वपूर्ण है।''[32] स्पष्टतः सीलोटोई के अनुसार ''कभी-कभी सच भी उपन्यास की भाँति इतना अधिक असाधारण और अजनबी होता है कि यदि उसे औपन्यासिक न बनाया जाए तो लोग विश्वास ही नहीं करेंगे।''[33] अतः सीलोटोई के अनुसार आत्मकथाकार के सामने सबसे बड़ी दुविधा यह है कि वह या तो केवल सत्य को कहे या फिर पाठक को सत्य के प्रति आश्वस्त करने की औपन्यासिक कला का प्रयोग करे और यह विश्वास दिलाए कि वह सत्य कह रहा है। अन्त में सीलोटोई इस

निष्कर्ष पर पहुँचते हैं कि "अतीत एक उपन्यास है। वर्तमान एक भ्रम है, फिर जो अतीत उपन्यास बन चुका है उसमें भी सत्य ढूँढा जा सकता है।"[34] सीलोटोई ने यह सुझाव दिया है कि कोई भी चाहे तो एक ही जीवन की कथा को भिन्न-भिन्न रूपों में जिन्दगी भर लिख सकता है क्योंकि आत्मकथा का सत्य सापेक्षिक होता है। सीलोटोई के आत्मकथात्मक उपन्यास का अन्त "सत्य एक कहानी या उपन्यास है"[35] में होता है।

इस मत के विपरीत ब्रायन फिने ने कहा है कि "कहानी में सच जानने की इच्छा आत्मकथा और उपन्यास के पाठक में अन्तर पैदा करती है। यह आत्मकथाकार और उपन्यासकार में भी अन्तर बताता है। जहाँ उपन्यासकार व्यक्तियों और घटनाओं का सृजन करता है वहीं आत्मकथाकार इनका पुनःनिर्माण (अतीत का) ही कर सकता है। आत्मकथाकार अपनी सामग्री को आकार, रूपविधान और नाटकीयता प्रदान कर सकता है और उसमें कल्पना के रंग भी भर सकता है परन्तु जान-बूझकर उनका आविष्कार नहीं कर सकता है।"[36] ब्रायन फिने के अनुसार आत्मकथा शिल्प और कथानक की दृष्टि से उपन्यास विधा के नजदीक होते हुए भी कल्पना और नवीनता के सन्दर्भ में उपन्यास की तुलना में कम सक्रिय रहनेवाली विधा है। साथ ही "आत्मकथाकार का अन्तर इस बात से भी होता है कि कथाकार, सूत्रधार व कथा-नायक तीनों एक ही व्यक्ति होता है।"[37] फिने मानते हैं कि आत्मकथाकार, उपन्यासकार की भाँति कथाविधान, रूपविधान, चरित्र-निर्माण, शैली और कल्पना में रचनात्मक हो सकता है पर उनके अनुसर "साहित्यिक तकनीकों का प्रयोग लेखन की सत्यता को आवश्यक रूप से प्रभावित नहीं करती है।"[38] अतः फिने के अनुसार आत्मकथात्मक कल्पना को यथार्थ और तथ्य का आधार अवश्य चाहिए। यही उपन्यास और आत्मकथा का मूलभूत अन्तर है।

आत्मकथा और उपन्यास की तुलना करते हुए रॉ पास्कल ने कहा है कि "उपन्यास के पास आत्मकथा से कहीं ज्यादा तकनीकी और शिल्पगत सम्भावना है। पहला तो यही कि उपन्यास के पास यह क्षमता है कि वह मत के केन्द्र को बदल सकता है। एक उपन्यासकार अपने हर पात्र के मन में प्रवेश कर सकता है। परन्तु आत्मकथाकार न तो दूसरों के मस्तिष्क में प्रवेश कर सकता है और न अपने मस्तिष्क से बाहर आ सकता है।"[39] पास्कल के मत से यह संकेत मिलता है कि उपन्यास में चरित्र का निर्माण किया जा सकता है और आत्मकथा में पूर्व निर्मित स्वचरित्र का केवल पुनःचित्रण हो सकता है। पर दोनों में समानता यह है कि दोनों में चरित्र का चित्रण होता है। उपन्यास भी अपने बीच के लोगों में से चरित्र का चुनाव करता है। दूसरे शब्दों में कहें तो उपन्यास और आत्मकथा दोनों ही आत्मानुभव ही हैं पर आत्मकथाकार को स्वानुभूति पर ज्यादा निर्भर रहना पड़ता है।

यह भी सम्भव है कि आत्मकथाकार द्वारा चित्रित दूसरे व्यक्ति का चरित्र उपन्यास के नायक की भाँति सफल हो सकता है। सबसे बड़ी बात यह है कि "आत्मकथा की विधागत विशिष्टता यह है कि इसके सभी पात्र मुख्य पात्र के इर्द-गिर्द घूमते हैं।"[40] अतः "एक कुशल आत्मकथाकार अपनी पुस्तक में केवल उन्हीं पात्रों का चयन करता है जो कि आत्मकथा के मुख्य पात्र के हर्द-गिर्द घूमें और उसके बारे में कुछ बताएँ।"[41] और इसके लिए वह औपन्यासिक कला का प्रयोग कर सकता है। हमें यह नहीं भूलना चाहिए कि "इन पात्रों ने आत्मकथाकार के जीवन पर क्या प्रभाव डाला है इसको अतिरंजित करना या न करना आत्मकथाकार का काम है।"[42] स्पष्टतः "केवल तथ्य और सपाटबयानबाजी से आत्मकथाकार अपने चरित्र को केन्द्रीय स्थान नहीं दे सकता है। दूसरे मुख्य चरित्रों के समक्ष अपने चरित्र की केन्द्रीयता को वह औपन्यासिक कला के द्वारा रक्षित करता है जो कि वास्तविक जीवन में सम्भव नहीं है।"[43] फिने के अनुसार आत्मकथाकार के पास वह कौशल होता है कि अपने जीवन नाटक में भाग लेनेवाले चरित्रों को विशिष्ट चिह्न प्रदान करे और उनके चरित्र को नाटकीयता प्रदान करे। अतः दूसरे चरित्रों का निर्माण केवल उपन्यास में ही नहीं बल्कि आत्मकथा में भी होता है। आइसर वुड ने भी कहा है कि "सच्ची आत्मकथा एक प्रमुख पात्र को चित्रित करती है जिससे सारे दूसरे पात्र और घटनाएँ प्रत्यक्षतः सम्बन्धित होती हैं और प्रमुख पात्र के द्वारा ही सारे अनुभव आत्मपरक ढंग से महसूस किए जाते हैं।"[44] पर अपने मित्रों के हितों की चिन्ता और उनके चरित्र की सुरक्षा ने आइसर वुड को मजबूर किया कि "वह उपन्यास की विधागत स्वतन्त्रता का उपयोग करें।"[45]

स्पष्टतः आत्मकथाकार के निजी और सामाजिक सरोकारों ने आत्मकथा और उपन्यास को एक-दूसरे में घुला-मिला दिया है। सहभागी पात्रों की सामाजिक और नैतिक सुरक्षा आत्मकथाकार को उपन्यास की तकनीक अपनाने के लिए बाध्य करती है। इसी कारण सीलोटोई आदि आलोचकों ने स्पष्ट कहा है कि "आत्मकथा और फिक्शन लेखक के जीवन और विश्वासों को विश्लेषित करनेवाली भिन्न-भिन्न विधाएँ नहीं हैं, वस्तुतः एक ही हैं–आपस में मिली हुई।"[46]

विधाओं की इस परस्पर व्याप्ति को हिन्दी कथा साहित्य में भी देखा जा सकता है। हिन्दी कथा साहित्य में कुछ ऐसी रचनाएँ हैं जिनको किसी स्पष्ट विधा में नहीं रखा जा सका है। इस सन्दर्भ में भारतेन्दु की अधूरी रचना 'एक कहानी : कुछ आपबीती कुछ जगबीती', जैनेन्द्र कृत 'त्यागपत्र', प्रेमचंद कृत 'मंगलसूत्र' और अज्ञेय कृत 'शेखर : एक जीवनी' उल्लेखनीय हैं। किसी एक विधा के प्रतिमानों से इन रचनाओं के विश्लेषण से अर्थ संकुचन की समस्या उत्पन्न हुई है। ये रचनाएँ विधाओं की परस्पर निर्भरता और अन्तः सम्बन्ध की ओर स्पष्ट संकेत करती हैं। इनमें से

कुछ रचनाओं को एक साथ जीवनी, आत्मकथा और उपन्यास के करीब देखा जा सकता है। इस दृष्टि से अज्ञेय की रचना 'शेखर : एक जीवनी' का अध्ययन रोचक और महत्त्वपूर्ण है।

अज्ञेय 'शेखर : एक जीवनी' को उपन्यास मानते हैं पर 'शेखर' : एक जीवनी' एक अधूरी कृति है। लेखक की पूर्व घोषित योजना के अनुसार यह तीन भागों में लिखी गई है, जबकि इसके दो ही भाग प्रकाशित हैं। अतः रचना की पूर्णता के सन्दर्भ में अज्ञेय का संकल्प अधूरा रह गया है। इस उपन्यास की अपूर्णता "अज्ञेय के कृतित्व के सम्बन्ध में अनेक प्रकार के सन्देहों को जन्म देती है।"[47] कुछ आलोचक इस उपन्यास की अपूर्णता के कारण यह मानते हैं कि क्या "अज्ञेय ने उपन्यास के कलेवर में अपनी अधूरी जीवनी ही प्रस्तुत की है?"[48] और आत्मकथाएँ तो अधूरी होती ही हैं। 'शेखर : एक जीवनी' "अधूरी आत्मकथा इस अर्थ में कि उपन्यास के प्रथम दो भागों में शेखर की तरुणाई तक की–दूसरे भाग के अन्त तक पहुँचकर उसकी उम्र कोई बीस के लगभग होनी चाहिए–ही जीवनी आ पाई है। सन् 40 में जब 'शेखर : एक जीवनी' का पहला भाग प्रकाशित हुआ तब अज्ञेय की उम्र उनतीस थी। सन् 30 में क्रान्तिकारी षड्यन्त्रों में भाग लेने के कारण वे पकड़े गए। उसी समय उन्होंने वह 'विजन' पाया था जो एक महीने बाद 'शेखर : एक जीवनी' के प्रारूप में बदला और फिर दस वर्ष बाद उपन्यास का प्रथम भाग सामने आया। इस हिसाब से 'विजन' का साक्षात्कार होने के समय अज्ञेय की उम्र उन्नीस थी और शेखर की जो जीवनी हमारे सामने है वह बीस वर्षों की है। अज्ञेय और शेखर की उम्र की यह समानता आकस्मिक नहीं लगती। तब क्या यह माना जाए कि शेखर और अज्ञेय दो नहीं हैं।"[49] हिन्दी के अधिकांश आलोचक मानते हैं कि 'शेखर : एक जीवनी' उपन्यास के रूप में आत्मकथा है। परमानन्द श्रीवास्तव ने इस उपन्यास की आत्मकथात्मकता को रेखांकित करते हुए कहा है कि " 'शेखर : एक जीवनी' का उपन्यास के ढाँचे में आत्मकथा होना अज्ञेय की सोची-समझी युक्ति है जिसे व्याख्या की जरूरत नहीं।"[50] क्योंकि इस "विद्रोह कथा में कई आधी, अधूरी, खंडित या विफल प्रणयकथाएँ हैं। शशि, शेखर की प्रणयकथा भी इसके लिए अपवाद नहीं है। पूर्णता आकांक्षा या स्वप्न है। शायद अतृप्ति में ही वह चिरन्तन भाग है जो इस विद्रोह कथा या आत्मकथा को भावनात्मक सूत्रों के सहारे इतनी दूर तक ले आती है।"[51] माहेश्वर के अनुसार " 'शेखर' के पहले भाग की भूमिका में उपन्यास की पृष्ठभूमि की चर्चा करते हुए, लेखक ने जो कुछ लिखा है, उससे पाठक के मन में यह धारणा बनती ही है कि उक्त कृति में प्रकारान्तर से अज्ञेय के जीवन का ही प्रत्यावलोकन है, भले ही घटनाओं का क्रम बदल गया हो या घटनाओं और स्मृतियों के बीच का अन्तर थोड़ा बढ़ गया हो या शेखर ठीक-ठीक अज्ञेय न होकर अज्ञेय का

संशोधित-परिवर्धित संस्करण हो।"[52] तथ्य है कि "सन् 1930 में फरारी में मुहम्मद बख्श नाम से रहते हुए वे पकड़े गए। पहले ही दिन पुलिस अधिकारियों से कुछ कहा-सुनी और थोड़ी सी मारपीट भी हो गई। फलतः अज्ञेय ने अपने जीवन की आशा छोड़ दी और उनके सामने फाँसी का तख्ता झूलने लगा। उसी एक रात में मृत्यु-दंश भोगते अज्ञेय का जीवन एक घटना के रूप में एक सामाजिक तथ्य के रूप में उनके सामने खुलता चला गया था। एक रात में प्राप्त उसी विजन को उन्होंने आगामी दस वर्षों में शब्दबद्ध किया था।"[53] अज्ञेय ने स्वयं स्वीकार किया है कि "शेखर घनीभूत वेदना की केवल एक रात में देखे हुए Vision को शब्दबद्ध करने का प्रयत्न है।"[54] "शेखर ठीक उन्हीं प्रश्नों, उन्हीं स्थितियों, उन्हीं आन्तरिक और बाह्य दबावों से जूझता दीखता है जिनसे अज्ञेय जूझे होंगे और जब अज्ञेय खुद ही कहें कि 'शेखर' में मेरापन कुछ अधिक है तो यह कितना स्वाभाविक है कि आम पाठक यह मानकर चले कि शेखर और अज्ञेय मूलतः अभिन्न हैं।"[55] अज्ञेय ने 'शेखर : एक जीवनी' की भूमिका में तर्क दिया है कि "शिशुमानस के चित्रण की सच्चाई के लिए मैंने शेखर के आरम्भ के खंडों में घटनास्थल अपने जीवन से चुने हैं फिर क्रमशः बढ़ते हुए शेखर का जीवन और अनुभूति-क्षेत्र मेरे जीवन और अनुभूति-क्षेत्र से अलग चला गया है, यहाँ तक कि मैंने स्वयं अनुभव किया है कि मैं एक स्वतन्त्र व्यक्ति की प्रगति का दर्शक और इतिहासकार हूँ, उसके जीवन पर मेरा किसी तरह वश नहीं रहा।"[56] लेकिन अज्ञेय 'शेखर : एक जीवनी' के दूसरे भाग में एक स्थान पर यह भी स्वीकार करते हैं कि "मैं शेखर की कहानी लिख रहा हूँ, क्योंकि मुझे उसमें से जीवन के अर्थ के सूत्र पाने हैं। किन्तु एक सीमा ऐसी आती है जिससे आगे मैं अपनी और शेखर की दूरी बनाए नहीं रख सकता—उस दिन का भोगनेवाला और आज का वृत्राकार दोनों एक हो जाते हैं, क्योंकि अन्ततः उसके जीवन का अर्थ मेरे ही जीवन का तो अर्थ है और जो सूत्र मुझे पकड़ने हैं उनके प्रति मैं अनासक्त नहीं हूँ, नहीं हूँ।"[57] और "इस आत्मस्वीकृति से क्या यह बहुत साफ नहीं हो जाता है कि न केवल शैशव की सच्चाइयाँ बल्कि अज्ञेय के शेष जीवन की सच्चाइयाँ भी शेखर में इतनी गहनता से पिरोई गई हैं कि बीच-बीच में अज्ञेय के लिए शेखर से अलग रह पाना सम्भव नहीं हो पाता। रचनात्मक दायित्व और लेखकीय अनासक्ति, रह-रहकर आत्मानुभूति की निविड़ता और उसके एकान्त मोहावेश के आघात से टूट जाते हैं, क्योंकि शेखर अज्ञेय के आत्मनेपद का ही परिष्कृत रूप है।"[58]

इस प्रकार 'शेखर : एक जीवनी' जीवनी, उपन्यास और आत्मकथा का समन्वय मालूम पड़ता है। इसमें कल्पना, यथार्थ और आत्म की उपस्थिति एक साथ है। यह बात सिद्ध करती है कि आत्मकथा में कल्पना और उपन्यास में तथ्य (यथार्थ) का प्रयोग सम्भव है। इस अर्थ में आत्मकथा और उपन्यास मानव जीवन की कलात्मक

कथा ही हैं। कलात्मक इस अर्थ में हैं कि यथार्थ घटना को "कोई भी शब्द उस घटना के तात्कालिक सत्य, उसकी धड़कन, उसके गर्द और पसीने को नहीं घेर सकते, जो बीत गया है।"[59] यथार्थ पर्यवेक्षण या स्मृति पर आधारित है और इस विशिष्ट यथार्थ को रचना में सामान्य बनने के लिए कला की निर्माण प्रक्रिया से गुजरना होता है। आत्मकथा भी इस प्रक्रिया से अछूती नहीं है। अतः आत्मकथा और उपन्यास के सन्दर्भ में कल्पना और यथार्थ के अन्तःसम्बन्ध की पड़ताल जरूरी है।

सन्दर्भ-सूची

1. दि फॉर्म्स ऑफ ऑटोबायोग्राफी : विलियम सी. स्पेंगमान, पृ. 9, येल यूनिवर्सिटी प्रेस लन्दन, 1980
2. भारतीय तथा पाश्चात्य काव्यशास्त्र का संक्षिपा परिचय : डॉ. सत्यदेव चौधरी एवं डॉ. शान्तिस्वरूप गुप्त, पृ. 540, अशोक प्रकाशन, नई दिल्ली, 1995
3. दि आर्ट ऑफ ऑटोबायोग्राफी इन नाइनटीन एंड ट्वेंटींथ सेंचुरी इंग्लैंड : ए.जे.जे. कॉकसॉट, पृ. 4, येल यूनिवर्सिटी प्रेस लन्दन, 1984
4. वही, पृ. 5
5. वही, पृ. 6
6. वही, पृ. 10
7. वही, पृ. 11
8. वही, पृ. 12
9. शेखर एक जीवनी : मूल्यांकन, गोपाल राय, पृ. 24, अनुपम प्रकाशन पटना, पंचम संस्करण, 1997
10. वही, पृ. 24
11. वही, पृ. 25
12. आवारा मसीहा : विष्णु प्रभाकर, पृ. 7, राजपाल एंड संस, 1993
13. वही, पृ. 8
14. वही, पृ. 9
15. वही, पृ. 9
16. वही, पृ. 10
17. वही, पृ. 12
18. वही, पृ. 12
19. वही, पृ. 12
20. वही, पृ. 13
21. वही, पृ. 20
22. लेखक की आस्था : निर्मल वर्मा, पृ. 147, वाग्देवी पॉकेट बुक्स, बीकानेर, 2001
23. वही, पृ. 148

24. अस्मिता लेख : रमणिका गुप्त, पृ. 50, हंस, सितम्बर 2005
25. शान्तिनिकेतन से शिवालिक : नलिन विलोचन शर्मा, सं. डॉ. शिवप्रसाद सिंह, पृ. 217, नेशनल पब्लिशिंग हाउस, नई दिल्ली, 1980
26. वही, पृ. 217
27. मैनहुड : माइकल लेरिस, पृ. 13, केप, 1968
28. दि इनर आई ब्रिटिश लिटररी ऑटोबायोग्राफी ऑफ दि ट्वेंटींथ सेंचुरी : ब्रायन फिने, पृ. 69, फेबर एंड फेबर, 1985
29. मैनहुड : माइकल लेरिस, पृ. 117, केप, 1968
30. रॉ मैटेरियल, एलन सीलोटोई, पृ. 16, डब्ल्यू. एच. एल., 1972
31. वही, पृ. 18
32. इट ईज मी ओ लार्ड : इ. कोपार्ड, पृ. 216, फेबर एंड फेबर, लन्दन, 1976
33. रॉ मैटेरियल, एलन सीलोटोई, पृ. 21, डब्ल्यू. एच. एल., 1972
34. वही, पृ. 69
35. वही, पृ. 189
36. दि इनर आई ब्रिटिश लिटररी ऑटोबायोग्राफी ऑफ दि ट्वेंटींथ सेंचुरी : ब्रायन फिने, पृ. 71, फेबर एंड फेबर, 1985
37. वही, पृ. 71
38. वही, पृ. 73
39. डिजाइन एंड ट्रूथ इन ऑटोब्रायोग्राफी : रॉ पास्कल, पृ. 177, कैम्ब्रिज, 1980
40. दि इनर आई ब्रिटिश लिटररी ऑटोबायोग्राफी ऑफ दिन ट्वेंटींथ सेंचुरी : ब्रायन फिने, पृ. 81, फेबर एंड फेबर, 1985
41. वही, पृ. 82
42. वही, पृ. 82
43. वही, पृ. 83
44. ऑटोब्रायोग्राफी ऑफ इंडिविजुवल : क्रिस्टोफर आइसर वुड 405, येल यूनिवर्सिटी प्रेस, 1980
45. दिन इनर आई ब्रिटिश लिटररी ऑटोबायोग्राफी ऑफ दि ट्वेंटींथ सेंचुरी : ब्रायन फिने, पृ. 4, फेबर एंड फेबर, 1985
46. वही, पृ. 90
47. शेखर एक जीवनी : मूल्यांकन, गोपाल राय, पृ. 17, अनुपम प्रकाशन पटना, पंचम संस्करण, 1997
48. वही, पृ. 18
49. वही, पृ. 20
50. शेखर : एक जीवनी का महत्त्व : सं. परमानन्द श्रीवास्तव, पृ. 90, इलाहाबाद, 1992
51. वही, पृ. 95
52. वही, पृ. 120
53. वही, पृ. 121
54. शेखर : एक जीवनी : अज्ञेय, पृ. 8, पहला भाग नेशनल पब्लिशिंग हाउस, नई दिल्ली

55. शेखर एक जीवनी का महत्त्व : माहेश्वर, सं. परमानन्द श्रीवास्तव, पृ. 121, नई कहानी इलाहाबाद, 1992
56. शेखर : एक जीवनी : अज्ञेय, पृ. 2, पहला भाग नेशनल पब्लिशिंग हाउस, नई दिल्ली
57. वही, पृ. 257
58. शेखर : एक जीवनी का महत्त्व : माहेश्वर, सं. परमानन्द श्रीवास्तव, पृ. 121, नई कहानी इलाहाबाद, 1992
59. लेखक की आस्था : निर्मल वर्मा, सं. नन्दकिशोर आचार्य, पृ. 189, वाग्देवी प्रकाशन, बीकानेर, 2001

आत्मकथा में यथार्थ और कल्पना

साहित्य का काल्पनिक और आत्मकथा की कोटियों में विभाजन करना बड़ा जोखिम का काम है क्योंकि "क्या यह सम्भव है कि आत्मकथा और आत्मकथात्मक काल्पनिक रचनाओं में अन्तर किया जा सकता है? (जैसा कि लॉरेंस की रचना 'संस एंड लवर्स' है)।"[1] आत्मकथात्मक उपन्यास साहित्य में विवादास्पद विषय रहा है। लेखक उसको काल्पनिक (उपन्यास) मानने का आग्रह करते हैं तो पाठक और आलोचक उसे आत्मकथा के रूप में पढ़ना चाहते हैं। इस मतान्तर के कारण रचना पर कोई सर्वसम्मति नहीं बन पाती है। हम पूर्व अध्याय में इस सन्दर्भ में जैनेन्द्र कृत 'त्यागपत्र' और अज्ञेय कृत 'शेखर : एक जीवनी' की चर्चा कर चुके हैं। वस्तुतः आत्मकथा में कल्पना (या उपन्यास) की भूमिका काफी जटिल है। जैसा कि डीन एबनर ने इंग्लैंड के सन्दर्भ में कहा है कि "17वीं शताब्दी की आत्मकथा...अठारहवीं शताब्दी में औपन्यासिक सम्भावना से युक्त है।"[2] आत्मकथा और उपन्यास के सहसम्बन्ध को स्वीकारते हुए फीलिस ग्रौसवुर्थ ने लिखा है कि "ऐसा लगता है कि विक्टोरियन युग की आत्मकथाएँ केवल उपन्यास के रूप में लिखी जा सकती थीं क्योंकि ये उपन्यास सच्ची आत्मस्वीकृतियों से भरे हुए हैं।"[3] स्पष्टतः आत्मकथा में कल्पना और चित्रित तथ्य पर समय, संस्कृति और दूसरे दबावों का प्रभाव होता है और ये सम्मिलित दबाव इन दोनों के अनुपात को प्रभावित कर सकते हैं। सच तो यह है कि "आधुनिक उपन्यासकारों ने आत्मकथा और उपन्यास विधा के बीच की भ्रमात्मक स्थिति का अपने आत्मकथ्य के लिए भरपूर प्रयोग किया है।"[4] यह बात बार-बार दुहराई गई है कि "काल्पनिक कथा की प्रत्येक महान रचना उपन्यास के रूप में वस्तुतः आत्मकथा है।"[5] साहित्यिक आत्मकथाकारों ने "बारम्बार अपनी कहानियों और किताबों में जीवन की सच्ची घटनाओं को काल्पनिकता के सहारे पाठकों के सम्मुख प्रस्तुत किया है।'[6] जैसा कि ए. ई. कोपार्ड ने अपनी आत्मकथा के प्रारम्भिक पृष्ठों में विस्तार से लिखा है कि उस जीवन के बारे में दुबारा लिखना बहुत कठिन है जिसको अप्रत्यक्ष ढंग से अपनी कहानियों में वे कह चुके हैं। वे स्पष्ट कहते हैं कि "हर आत्मकथा, आत्मकथा के नाम पर एक दूसरा उपन्यास हो सकती है, लेकिन मैं

जानता हूँ कि यह होगी...क्योंकि हर गहरी आत्मकथा अन्ततः काल्पनिक कहानी का सर्वप्रमुख स्रोत है।"[7] इस मत को मानने पर स्पष्ट है कि कलागत सौन्दर्य की कसौटी पर आत्मकथा काल्पनिक रचना से स्पर्धा नहीं कर सकती है, क्योंकि काल्पनिक कथा में रचनात्मक प्रतिभा का सर्वोत्तम प्रयोग ज्यादा सम्भावित है। यह काफी रोचक है कि अपनी आत्मकथा के अन्त में कोपार्ड को स्वीकार करना पड़ा है कि विधाओं के बीच भ्रम उत्पन्न करने का उनका रक्षात्मक बचाव वस्तुतः एक विभ्रम ही था क्योंकि "मेरी आत्मकथा सही अर्थों में यथार्थ काल्पनिकता से रहित है जबकि मेरी काल्पनिक कहानियाँ शुद्ध आत्मकथा से पूर्ण थीं।"[8] वस्तुतः कोपार्ड का यह संशय आत्मकथा में यथार्थ और कल्पना की समस्या पर गम्भीर संकेत करता है। कोपार्ड ने यह स्वीकार किया है कि उसकी आत्मकथा उसकी दूसरी रचनाओं की तुलना में साहित्यिक सौन्दर्य की दृष्टि से कमजोर है। कोपार्ड का यह निष्कर्ष वर्जीनिया उल्फ के मत से काफी मिलता है कि "जीवनी लेखन फिक्शन से मूलभूत रूप में कम रचनात्मक और सौन्दर्योत्पादक है।"[9] अगर यह सही है तो यह मानना चाहिए कि सौन्दर्योत्पादन की आकांक्षा भी आत्मकथा में कल्पना के प्रवेश को उत्प्रेरित करती है क्योंकि विशुद्ध तथ्यता के चित्रण मात्र से सौन्दर्य का साक्षात्कार नहीं हो सकता है। अतः साहित्यिक रूप से जागरूक आत्मकथाकार की रचना में कल्पना के प्रवेश की सम्भावना अनिवार्यतः निहित है। आत्मकथा एक साहित्यिक विधा है, अतः आत्मकथा के लिए पहली अनिवार्य शर्त उसका साहित्यिक होना है। साहित्य के अनिवार्य एवं आन्तरिक सौन्दर्य से रहित आत्मकथा को साहित्य नहीं कहा जा सकता है। इसी कारण "अधिकांश सफल आत्मकथाएँ साहित्यकारों अथवा लेखन जगत से जुड़े व्यक्तियों की आत्मकथाएँ रही हैं, क्योंकि आत्मकथा की सफलता उसके साहित्यिक मूल्य से तय होती है न कि लेखकों के जीवन की घटनाओं से। बहुत से कल्पनाशील और रचनात्मक रचनाकारों ने बहुत ही घटनाविहीन जीवन व्यतीत किया है, पर उन्होंने सर्जनात्मक कल्पनाशीलता और भाषाई काव्यात्मकता से सौन्दर्यपूर्ण विवरण उपस्थित किया है। अन्ततः पाठक की रुचि क्या बताया जा रहा है से अधिक कैसे बताया जा रहा है में होती है।"[10] यह बात जोर देकर कह रही है कि आत्मकथा साहित्य की अनिवार्य विशेषताओं से असम्बद्ध और रहित नहीं है। कल्पनाशीलता, सर्जनात्मकता, अर्थ एवं संवेदना को सम्प्रेषित करनेवाली भाषा का कलात्मक प्रयोग आत्मकथा के लिए अनिवार्य है। अतः निश्चित रूप से कोपार्ड और इनके मत को माननेवाले लोग आत्मकथा और सौन्दर्य की समस्या पर भ्रम की स्थिति में हैं क्योंकि वे आत्मकथा और इतिहास (जीवनी की यथातथ्यता) के बीच मौलिक दूरी को ओझल कर देते हैं। इतिहास या तथ्यपूर्ण जीवनी अपरिहार्य रूप से कुछ दिए गए तथ्यों की व्याख्या से गहरे रूप से सीमित हैं जबकि आत्मकथाकार जैसे भी हो तथ्यों के चुनाव और उसके

चित्रण में ज्यादा स्वतंत्र है। यह स्वतंत्रता ही उसे सौन्दर्य सर्जन की सम्भावना उपलब्ध कराती है। सौन्दर्य और घटना (तथ्य) में प्रत्यक्ष सम्बन्ध के अभाव के बावजूद बहुत सारे लेखक (जॉर्ज बर्नाड शॉ और प्रेमचंद की तरह) मानते हैं कि उनका घटनाविहीन जीवन उन्हें आत्मकथा लिखने से रोकता है। बर्नाड शॉ के अनुसार "उनका जीवन इतना घटनाविहीन रहा है कि वह आत्मकथा लिखने के योग्य नहीं है। घटनाएँ मेरे लिए नहीं हुई हैं बल्कि मैं घटनाओं के लिए हुआ हूँ। और मेरा सम्पूर्ण सार किताबों और नाटकों के रूप में है, उन्हें पढ़िए और अलग कीजिए और आपको मेरी पूरी कथा मालूम हो जाएगी।"[11] बर्नाड शॉ के तर्क में असंगति यह है कि वे मानते हैं कि जीवन की पूरी कहानी बताई जा सकती है। यद्यपि किसी कहानी को कहने के लिए अनन्त तरीके हैं लेकिन उनमें से किसी में भी जीवन की पूरी कहानी नहीं कही जा सकती है। पामेला हैंसफोर्ड जॉनसन इस समस्या के प्रति जागरूक हैं। इसी कारण उन्होंने लिखा है कि "किसी उपन्यासकार को अपनी पूरी आत्मकथा लिखने की कोशिश नहीं करनी चाहिए।"[12] स्पष्टतः कुछ लेखकों के अनुसार हर पाठ में एक नया जीवन उपस्थित होता है। हर नया पाठ अपने निजी जीवन को स्वयं चित्रित करता है। हर पाठ साहित्यिक विधा की परम्परा में एक परिवर्तन है। इसके साथ ही वह लेखक के जीवन और विचारों में भी नयेपन और अधूरेपन की खोज है। इसके अतिरिक्त आत्मकथा लेखन का कार्य जिस जीवन के सम्बन्ध में लिखा जा रहा है उसका अंग भी हो सकता है। जैसा कि शताब्दियों पूर्व मैंटगेनी ने अपने आत्मकथात्मक निबन्ध में महसूस किया था कि "मैंने अपनी किताब की रचना नहीं की है बल्कि मेरी किताब ने मुझे बनाया है।"[13] इसका सीधा अर्थ है कि आत्मकथा पर हर एक कोशिश एक नई कहानी बताएगी क्योंकि कहानी बताने के क्रम में और उसके परिणामस्वरूप कहानी बदल जाती है।

विद्वानों के बीच आत्मकथा की विषयवस्तु से ज्यादा उसके फॉर्म को लेकर विवाद है। कुछ अमरीकन आलोचक जोर देकर माँग कर रहे हैं कि आत्मकथा के अन्तर्गत न केवल स्मृति, संस्मरण, आत्मस्वीकृतियाँ, प्रायश्चित, क्षमा-याचना से सम्बन्धित रचनाएँ हैं, बल्कि डायरी, पत्र, उपन्यास और यहाँ तक कि कुछ कविताएँ भी इस विधा के अन्तर्गत आती हैं। इस मत को माननेवालों में से एक विलियम स्पेंगमान ने जान-बूझकर आत्मकथा को एक अमूर्त विधा के रूप में प्रस्तुत किया है। उनके अनुसार "आत्म या स्व के बिना कोई भी इसके बारे में लिख नहीं सकता है लेकिन स्व के सन्दर्भ में वह जो कुछ भी लिखता है वह उस आत्म के सन्दर्भ में होता है जो निर्मित किया जाता है।"[14] इस प्रकार "आत्मकथा सांकेतिक रूप से साहित्य की किसी भी विधा के समान है और यह शब्द किसी विशेष प्रकार के विधात्मक लेखन में ही सीमित नहीं है।"[15] जैसा कि आत्मकथा के समान संस्मरण भी एक विशिष्ट

साहित्यिक विधा है जिसमें आत्मा के बाहर की दुनिया का साक्षात्कार होता है। संस्मरण में भी व्यक्ति विशेष और सामाजिक समूहों के सन्दर्भ में मूल्यवान सूचना मिलती है जिसमें लेखक भी अपने को सम्मिलित करता है। आत्मकथा आत्मनिष्ठ भी हो सकती है और वस्तुनिष्ठ भी। रीचर्ड बटलर ने आत्मकेन्द्रित आत्मकथाओं के लिए 'ऑटोबायोग्राफी' शब्द का प्रयोग किया है वहीं आत्म से दूरी बनाए रखनेवाली कथाओं के लिए 'आलोबायोग्राफी'* शब्द का प्रयोग किया है।

एक सामान्य पाठक आत्मकथा से यही समझता है कि इस पुस्तक में लेखक अपने जीवन के बारे में बता रहा है। पर इससे भी ज्यादा उसे यह उम्मीद होती है कि लेखक अपने निजी जीवन के तथ्यों का सच्चाई के साथ चित्रण कर रहा है। कभी-कभी पाठक और आत्मकथाकार के बीच यह परस्पर समझ ही आत्मकथा और 'मैं' शैली में लिखे गए उपन्यासों के बीच बुनियादी अन्तर हो सकता है। उसके लिए किसी रचना को आत्मकथा कहने का मतलब ही यह है कि वह पाठक के मन में यह विचार उत्पन्न करती है कि वह उपन्यास जैसी पुस्तकों से भिन्न है। ''आत्मकथा उपन्यास की भाँति व्यक्तिगत मानवीय प्रकृति से सम्बन्धित है पर यह अपनी प्रकृति में उपन्यास की भाँति नई खोजों के लिए स्वतन्त्र नहीं है। इतिहास की भाँति यह तथ्यात्मक रूप से सत्य होने की कोशिश करता है, पर यह इतिहास नहीं है, क्योंकि इसमें तथ्य का प्रमाण प्रस्तुत नहीं किया जाता है। यह अपने सत्य का कागजी या वस्तुगत प्रमाण नहीं प्रस्तुत करता है। आत्मकथा का सत्य, तथ्य और आत्मकथाकार द्वारा तथ्य में जोड़े गए अर्थ दोनों से है।''[6]

पर आत्मकथाकार 'सत्य' होने का क्या अर्थ लेता है यह एक दूसरी समस्या है। आत्मकथाकार अपने स्व के सम्बन्ध में सत्य की अलग अवधारणा रख सकता है और पाठक की अलग अपेक्षा हो सकती है। इससे भी ज्यादा यह देखा गया है कि एक समय का सत्य दूसरे समय के लिए उतना महत्त्वपूर्ण नहीं होता है। जैसा कि सन्त आइंस्टाइन के समय सत्य होने का अर्थ था अपनी आत्मा के प्रति सत्य होना जो अनिवार्यतः ईसाईयत से जुड़ा था जबकि रूसो के सत्य का सम्बन्ध प्रकृति के प्रति सत्य होने से है। आगे के दौर में फ्रायड ने बाह्य सत्य के स्थान पर मानसिक और अवचेतन जगत के सत्य को प्रमुख माना।

इस प्रकार यह आश्चर्यजनक नहीं है कि आधुनिक समय के अनेक आत्मकथाकारों ने माना है कि आत्म का पूर्ण इतिहास लिखना असम्भव है। ''कोई भी अपने बारे में पूर्ण सत्य नहीं बता सकता है क्योंकि पूर्ण सत्य लिखने में पूर्ण सत्य को जीने से ज्यादा संघर्ष है।''[17] पर आत्मकथा सत्य की उपेक्षा करनेवाला केवल एक संग्रह नहीं है।

* द डीफिकल्ट आर्ट ऑफ आटोबायोग्राफी : रिचर्ड ए बटलर, पृ. 19, क्लेरडन प्रेस ऑक्सफोर्ड, 1968

''वास्तविक आत्मकथा एक विशेष सत्य की उद्घोषणा है।''[18]

याद रखना चाहिए कि स्मृतियों के पिटारे से तथ्यों का अनायास और लापरवाही से किया गया चुनाव तथ्यों को प्रभावित कर सकता है। इस चुनाव में मानसिक उद्वेग युक्त अहं भी अतीत में तथ्यों के चयन में अस्वीकार्य और अशोभनीय तथ्यों पर पर्दा डाल सकता है। इसी कारण जॉर्ज ऑरवेल ने कहा है कि ''उन्हीं आत्मकथाओं पर विश्वास किया जाना चाहिए जिनमें कुछ अशोभनीय और लज्जाजनक प्रगट होता है।''[19] पर हमें यह याद रखना चाहिए कि लज्जाजनक तथ्य और उसकी अभिव्यक्ति की स्वतन्त्रता, दोनों परिस्थिति सापेक्ष हैं। अतः साहसिक जोखिम को आत्मकथा की अनिवार्य विशेषता नहीं माना जा सकता है। इसी कारण कुछ लेखक फ्रायड के इस मत से सहमत हैं कि ''झूठ बोलना इस आत्मकथा की विधा में निहित है।''[20] इसी तरह बर्नार्ड शॉ ने दो टूक शब्दों में कहा है कि ''सभी आत्मकथाएँ असत्य हैं।''[21] इसी सन्दर्भ में बीसवीं शताब्दी के महत्त्वपूर्ण आत्मकथाकारों ने यह माना है कि स्व और सत्य का सम्बन्ध अपूर्ण, पक्षपातपूर्ण तथा बहुआयामी है। अतः वे पाठकों से इस बात की आजादी चाहते हैं कि आत्मकथा में वे केवल इस बात का प्रयास कर सकते हैं कि वे स्पष्ट रूप से पाठकों को बता सकें कि वे अपने स्व से सम्बन्धित सत्य के किस हिस्से को चित्रित करना चाहते हैं क्योंकि आत्मकथाकार यह मान सकता है कि ''यह भ्रम हो जाना बहुत आसान है कि कुछ चीजें जो बहुत दूर से याद आती हैं लेखक के जीवन में बहुत महत्त्वपूर्ण हैं।''[22]

इन विभिन्न मतों से एक बात स्पष्ट है कि आत्मकथा, लेखक को अपने स्व की सीमा में अपने बारे में सत्य उद्घाटित करने का एक अवसर है। लेखक अपने आपको ऐतिहासिक सत्यापित तथ्य के रूप में नहीं देखता है बल्कि वह स्पष्ट रूप से महसूस करता है कि उसके लिए तथ्य से ज्यादा महत्त्वपूर्ण घटनाओं से जुड़े अर्थ का है जो वह पाठक को सम्प्रेषित करना चाहता है। उसके लिए अकेले एवं एकाकी तथ्य का कोई मूल्य नहीं है। किसी भी स्थिति में केवल तथ्य के द्वारा एक जीवंत आत्म की पुनर्रचना नहीं की जा सकती है, ''एक आत्मकथा विशुद्ध रिकॉर्ड, एक खाता या एक लॉग बुक नहीं हो सकती है, क्योंकि इस प्रकार का रिकॉर्ड चाहे कितनी भी बारीकी से क्यों न लिखा गया हो वास्तविक जीवन का कॉर्टून खींचने के बराबर होगा।''[23] यह बात इससे भी स्पष्ट है कि आत्मकथा के लिए आवश्यक स्रोत वस्तुएँ जरूरी नहीं हैं कि वे साहित्यिक मूल्य भी रखती हों। प्रत्यक्षतः ''आत्मकथात्मक प्रतिबिम्ब में जीवन के तथ्यात्मक वर्णन की जगह है। तथ्यात्मक संकेत पाठक के लिए सूचना के अमूल्य स्रोत हैं जो लेखक के बारे में रुचि रखते हैं। किन्तु यही अतिरिक्त तथ्य स्व चित्रण में सामान्यतया साहित्यिक आनन्द को सन्तुष्ट करने में विफल रहता है।''[24] स्पष्टतः आत्मकथा में तथ्य और सौन्दर्य के बीच सन्तुलन की समस्या होती है। ''अच्छी

आत्मकथा कलारहित नहीं हो सकती। कला में चमत्कार निहित है किन्तु तथ्य की व्याख्या उतनी ही सत्य या असत्य हो सकती है, जितने कि तथ्य स्वयं।''[25] इस प्रकार आत्मकथा में उद्घाटित सत्य वास्तविक यथा-तथ्यता से ज्यादा बड़ा और जटिल हो सकता है। बावजूद इसके 'आत्मकथाकार से यह उम्मीद की जाती है कि अपनी जानकारी में जहाँ तक सम्भव हो सके वह तथ्यों की पूर्ण और सत्य सूचना प्रस्तुत करे।''[26] पर महत्त्वपूर्ण तथ्य यह है कि अधिकांश आत्मकथाकार अपने को स्मृति के सुरंगक्षेत्र में पाते हैं। स्मृति ''आत्मकथा के लिए सबसे महत्त्वपूर्ण और प्राथमिक कच्ची सामग्री है। यद्यपि आत्मकथाकार अपनी सामग्री के लिए पत्रों और डायरी का उपयोग करता है, फिर भी यह मुख्यतः स्मृति ही है जो घटनाओं और तथ्यों को जीवन प्रदान करती है।''[27] स्मृति ही आत्मकथा में संवेदना और भाव का प्रवाह कर उसे आत्मकथा का रूप देती है। पर ''स्मृति तथ्य चयन का अचेतन माध्यम है और स्मृति भयानक रूप से अविश्वसनीय है।''[28] अधिकतर आत्मकथाकार स्मृति की इस अविश्वसनीयता के प्रति जागरूक होने की कोशिश करते हैं, फिर भी सबसे ज्यादा वे इसी पर निर्भर रहते हैं। कुछ आत्मकथाकार स्मृति के प्रति लापरवाही और स्वच्छन्दता का प्रदर्शन करते हैं। जैसा कि एंड्रे मौरिस ने कहा है कि ''स्मृति स्वयं में एक महान कलाकार है।''[29] दूसरी तरफ कुछ आत्मकथाकार स्मृति को लेकर सन्दिग्ध और भ्रम की स्थिति में अपने आप को पाते हैं। अपनी आत्मकथा की शुरुआत में जी.के. कीसटेर्टन ने कई पृष्ठों में पाठकों के सम्मुख स्मृति के अन्तर्विरोधों पर प्रकाश डाला है, क्योंकि अपनी आत्मकथा के लिए वे स्मृति पर सबसे ज्यादा निर्भर रहे हैं, ''वस्तुतः जिन चीजों को हम याद करते हैं वह वही चीजें होती हैं जिन्हें हम भूल चुके होते हैं।...वस्तुतः घटनाओं की स्मृति अपनी और बिल्कुल अपनी स्मृति हो जाती है न कि उन वस्तुओं की स्मृति जिनको स्मरण करने की कोशिश की जाती है...यह किसी भी चीज को स्मरण करने में सबसे बड़ी समस्या है।''[30] अतः स्मृति का कोई भी काम पुरातात्त्विक पुनर्निर्माण है। इस पुनर्निर्माण का उद्देश्य वास्तविक घटना और भावना से भिन्न होता है। इस मत को माननेवाले आत्मकथाकार यह विश्वास करते हैं कि इससे रचनात्मक दृष्टि से नया सर्जन और आविष्कार करने की सम्भावना बढ़ जाती है। फ्रायड ने चेतन स्मृतियों को उस अतीत का अंग माना है जो अभी भी अहं द्वारा दमित उन स्मृतियों से जो मनोद्वेष उत्पन्न करती हैं, अलग बची हैं। इसी कारण आत्मकथाकारों के लिए दमित स्मृतियों का चित्रण दुष्कर होता है। इसके बावजूद आत्मकथाकार डायरी, पत्र, समाचार-पत्र, पुस्तक आदि के माध्यम से स्मृति की समस्या का समाधान करने की कोशिश करते हैं। यद्यपि आत्मकथाकारों ने यह मान लिया है कि अतीत जैसा जिया है वैसा याद नहीं किया जा सकता है। वे केवल स्मृति से अपने अतीत का वर्तमान में पुनर्निर्माण करना चाहते हैं। स्मृति के इस अन्तर्विरोध से यह बात

स्पष्ट है कि आत्मकथा विशुद्ध तथ्य हो ही नहीं सकती। ऐतिहासिक यथार्थ और आत्मकथा के अन्दर चित्रित यथार्थ का सम्बन्ध हमेशा सन्दिग्ध हो सकता है। इसी कारण तथ्यों के प्रति पूर्ण जागरूक रहते हुए भी कई आत्मकथाकारों ने अपनी तकनीक में उपन्यास की विशेषताओं का उपयोग किया है। ब्रायन फिने ने अपने अध्ययन में दिखाया है कि जॉर्ज मूर, डेविस, ऑरवेल आदि ने अपनी आत्मकथाओं में हैरतअंगेज कहानियों, अरबीयन कथाओं और औपन्यासिक तकनीक का भरपूर उपयोग किया है। फिने ने कहा है कि "उपन्यासकारों द्वारा लिखित आत्मकथाओं की यह विशेषता रही है कि इन आत्मकथाओं में लेखकों ने पाठकों के सम्मुख अपने आपको पूरा नहीं खोला है।"[31] उपन्यासकारों द्वारा आत्मकथा लेखन के प्रयत्न की गहरी दुविधा बेरेसफोर्ड ने गम्भीरता से समझी है। अपने समकालीन उपन्यासकारों के समान वे इस बात से सहमत हैं कि "उनकी प्रत्येक काल्पनिक रचना अर्द्ध आत्मकथात्मक है। यहाँ तक कि मेरी घटिया किताबों में भी एक विचार है जो मेरे व्यक्तिगत संघर्ष को बताता है।"[32] 'राइटिंग एलाउड' में वे वर्णन करते हैं कि कैसे एक उपन्यास की रचना की योजना चार-पाँच वर्षों तक होती रही। इस योजना के वर्णन में उन्होंने अपने जीवन और विश्वासों का अच्छा विवरण दिया है। उनके अनुसार "यह किताब उनकी आत्मा और विधि की प्रतिकृति है और जैसा कि यह एक विवेकसम्मत और ईमानदार आत्मकथा का अंश है।"[33] अन्ततः बेरेसफोर्ड ने महसूस किया है कि "उपन्यास के नायक का व्यक्तित्व उनके स्वयं के बौद्धिक और आध्यात्मिक मूल्यों से बना है।"[34] यह किताब एक उपन्यासकार की कल्पना शक्ति का आकर्षक एवं लुभावना पक्ष प्रस्तुत करती है जिसमें 'फिक्शन' के अन्दर लेखक की जीवनी प्रवेश कर गई है।

आत्मकथा में कल्पना का प्रवेश केवल लेखक के सामाजिक सरोकारों से सम्बन्धित नहीं है बल्कि वह कला की एक आवश्यक माँग भी है। आत्मकथाकार के लिए प्रमुख समस्या यह है कि एक तरफ उसे ईमानदारी के साथ आत्म के छुपे स्तरों को उजागर करना होता है। साथ ही उसी समय उसे रूप, संरचना, ध्वनि आदि साहित्यिक सौन्दर्य की कलात्मक पूर्ति का भी प्रयास करना होता है। यथार्थ और तथ्य अपने आप में कलात्मक नहीं होते हैं, उन्हें लेखक अपनी सर्जनशील कल्पना के साँचे में कच्ची सामग्री की तरह प्रयुक्त करता है। अतः साहित्यिक आत्मकथा के निर्माण में कल्पना का सक्रिय होना स्वाभाविक है। इसी कारण "अक्सर देखा गया है कि आत्म अन्वेषण के गम्भीर क्षणों में भी लेखक कलात्मक रूप से सचेत रहता है। साहित्यिक आत्मकथाओं की कलात्मक उपलब्धि का मतलब यह नहीं है कि वे दूसरी आत्मकथाओं से श्रेष्ठ हैं। राजनीतिज्ञों, पत्रकारों, तानाशाहों आदि ने भी आत्मकथा के क्षेत्र में उपलब्धि हासिल की है। पर उनका मूल्य व्यक्ति विशेष के सन्दर्भ में जानकारी

और उनकी कार्य शैली और परिस्थितियों तक ही सीमित है। वे साहित्यिक दृष्टि से बहुत महत्त्वपूर्ण नहीं हैं।"[35]

इतिहास के विभिन्न दौर में प्रत्येक विधा ने दूसरी विधा को अलग-अलग समय में प्रभावित किया है। आधुनिक संरचनावाद के मत के अनुसार एक पाठ अपने अर्थ के लिए दूसरे पाठ पर अन्तःनिर्भर करता है। बार्थ ने अपनी आत्मकथा में इसको और जटिल बनाते हुए कहा है कि आत्म अपने आप में पहले से ही विद्यमान दूसरे पाठों का अनेकत्व है। इस प्रकार की घटना का सामान्य दृष्टान्त कोनार्ड की आत्मकथा में देखने को मिलता है, "जिनको समुद्र देखने की इच्छा पहली बार ह्यूगो की किताब पढ़ने पर जगी। जब अपनी आत्मकथा में उन्होंने इस पाठ का उल्लेख किया तो इस किताब और दूसरी किताबों का पाठ उनकी आत्मकथा से जुड़ा हुआ है, यह स्पष्ट रूप से देखा जा सकता है।"[36] पाठों की अन्तःनिर्भरता के कारण रूसो को आधुनिक आत्मकथा का जनक माना जाता है क्योंकि रूसो में "पाठों के बारे में एक पाठ है।"[37]

आत्मकथा सम्भवतः सर्वाधिक आत्मनिष्ठ साहित्यिक विधा है। आत्मकथाकार स्मृतियों के पीछे छिपकर एक पर्यवेक्षक का काम करता है। पुनर्जागरण से पूर्व किसी की व्यक्तिगत पहचान की खोज के उद्‌देश्य को बहुत कम प्रोत्साहन दिया जाता था। उस समय व्यक्ति के सार्वजनिक जीवन के चित्रण पर ही अधिक जोर दिया जाता था। लेखक के व्यक्तिगत जीवन के चित्रण को प्रोत्साहन बहुत कम था। यदि चित्रण था भी तो बहुत सांकेतिक भाषा में। जॉर्ज मिस्च ने स्पष्ट लिखा है कि "कुछ विशिष्ट अर्थ में आत्मकथा का इतिहास मानव के स्वजागरण के विकास का इतिहास है।"[36] वस्तुतः स्व की खोज की प्रक्रिया स्व की अनुभूति बन जाती है, "इसलिए आत्मकथा अपने आप स्व के अनुसन्धान से स्व के निर्माण में बदल जाती है। इस बात का अहसास कि अतीत में जो कुछ हो गया उसे मिटाया नहीं जा सकता है। आत्मकथाकार का ध्यान वर्तमान में स्मृतियों के लिखित रूप में पुनः एकत्रीकरण की ओर अधिक हो जाता है।"[39] आत्मकथा का सबसे बड़ा विरोधाभास यह है कि "इसमें लेखक को अपने अन्दर को जानने की इच्छा अपने बाहर से होती है। अपनी आत्मपरकता को वह निर्वैयक्तिक ढंग से जानना चाहता है।"[40] अतः बिना किसी सायास प्रयास के आत्मकथा लेखन में अनायास ही औपन्यासिकता आने का भय रहता है क्योंकि कभी लेखक अपने वास्तविक उद्‌देश्य, प्रेरणा और मन्तव्यों को मनोवैज्ञानिक कारणों से स्पष्ट भी नहीं कर पाता है और कभी लेखक स्वयं भी अपने उद्‌देश्यों, प्रेरणाओं और मन्तव्यों के बारे में अज्ञान में रहता है। यहाँ यह भी ध्यातव्य है कि लेखक जब अपने बारे में कुछ छिपाता है तब भी वह अपने बारे में कुछ बता रहा होता है क्योंकि छिपाया हुआ भी बताए हुए जितना ही महत्त्वपूर्ण होता है। लेखक का किसी महत्त्वपूर्ण

को छिपाना भी लेखक के बारे में कुछ बताता है। हमें जीवनी लेखन जितनी वस्तुनिष्ठता आत्मकथा लेखन में करनी भी नहीं चाहिए। जीवनी मनोविश्लेषणात्मक हो सकती है परन्तु आत्मकथा का मनोविश्लेषणात्मक होना अत्यन्त दुष्कर है। लेखक स्वयं के बारे में ही लिखते समय मनोविश्लेषक व मनोरोगी दोनों का काम एक साथ नहीं कर सकता है। कोई भी लेखक यह दोहरी भूमिका विभाजित व्यक्तित्व की कीमत पर ही निभा सकता है। किन्तु अपने बारे में सतर्क होकर लिखी गई आत्मकथा भी मनोविश्लेषणात्मक दृष्टिकोण से पढ़ी जा सकती है। इसी सन्दर्भ में महत्त्वपूर्ण है कि बचपन की आत्मकथा केवल उसी सत्य की कथा है जिसे आप याद कर सकते हैं। बचपन के सन्दर्भ में कोई शुद्ध सत्य नहीं है जबकि आत्मकथा में बचपन का चित्रण एक महत्त्वपूर्ण अंग रहा है।

सामान्यतया अधिकांश रचनात्मक लेखकों व विशिष्टतः आत्मकथाकारों की यह धारणा होती है, जैसा कि डी.एच. लॉरेंस ने दावा किया है कि ‘‘व्यक्ति अपनी कुंठाओं को अपनी पुस्तकों में बहा देता है। और अपनी भावनाओं पर अधिकार भाव रखने के लिए उनको दोहराता और प्रदर्शित करता रहता है।’’[41] अनेक आत्मकथाकार अपने को अतीत से मुक्त करने की इच्छा के कारण आत्मकथा की तरफ जाते हैं जैसा कि जॉन लेहमान ने कहा है कि ‘‘मैं एक ऐसे मोड़ पर आ चुका हूँ जबकि मैं अपने आप को अपने अतीत के विश्लेषण से जानना चाहता हूँ।’’[42] यह सवाल उठ सकता है कि लॉरेंस या लेहमान अतीत या आत्म को समझने में सफल रहे हैं या नहीं। लॉरेंस ने जीवन के मध्यकाल में यह स्पष्ट रूप से कहा है कि वे इस समय दूसरा ‘संस एंड लवर्स’ लिखते। जबकि पहले वे मान चुके थे कि इस रचना में वे अपनी बचपन की स्मृतियों और भावनाओं को पकड़ने में सफल रहे हैं। उसी तरह लेहमान की खोज अधूरी प्रतीत होती है। यह अपने आप से पराजित हो जाना है क्योंकि वह अपने निजी जीवन के बहुत बड़े हिस्से को छुपा लेती है। स्पष्टतः अतीत को हू-ब-हू दोबारा चित्रित करना असम्भव है। प्रौढ़ावस्था के विचार और उसका लिखा हुआ आख्यान अपने आप में नया जीवन प्राप्त कर लेता है अर्थात् रचना अपने आप में एक जीवन प्राप्त कर लेती है और अतीत की वस्तुनिष्ठता नष्ट हो जाती है। अतीत की सामग्री का ‘‘वर्तमान समय में पर्यवेक्षण और अंकित करनेवाला आत्म अनायास ही अतीत पर वर्तमान की जरूरतों को आरोपित कर देता है।’’[43] वस्तुतः आत्मकथा और स्मृतियों में केवल आत्म का पर्यवेक्षण ही नहीं होता है बल्कि इसमें आत्म का परिष्कार भी निहित होता है। लेखक अपनी आत्मकथा में अपने स्व की समझ को विकसित करना चाहता है। ब्रायन फिने ने सही सवाल उठाते हुए पूछा है कि ‘‘क्या ऐसा नहीं है कि वह अपने आत्म को उन्नत और संशोधित भी करना चाहता है? यदि ऐसा है तो वह फिर आत्म का पर्यवेक्षण करने की उम्मीद कैसे कर सकता है?’’[44]

सम्भवतः "एक आत्मकथा के मूल में एक संघर्ष निहित है कि यह अपने बारे में जानने के लिए अपने ऊपर सम्पूर्ण स्वामित्व भी चाहती है और इसमें अपने अहं की रक्षा की भी इच्छा रहती है। यह अहं अपने जीवन को इस रूप में प्रस्तुत करना चाहता है जिसमें यह रुचिकर और आकर्षक तो हो ही, साथ ही स्वयं को और दुनिया को स्वीकार्य भी हो।"[45] यह बात "अपराध स्वीकार करनेवाली आत्मकथाओं में देखी जा सकती है जहाँ अतीत के अपराधों को कबूल करने के बाद वर्तमान को सुरक्षित रखने का प्रयास दिखाई देता है।"[46]

आलोचकों और रचनाकारों ने यह बात स्वीकार की है कि आत्मकथा में केवल तथ्य और यथार्थ की प्रस्तुति नहीं होती है बल्कि इसमें मिथकों और स्वप्नों का भी समावेश होता है। स्वप्न हमेशा से ही अपनी रहस्यमयता और सम्मोहन शक्ति से व्यक्ति को अपनी ओर आकर्षित करते रहे हैं। स्वप्न हमेशा ही इस बात का संकेत करता है कि एक दूसरा जीवन या जीवन का अर्थ व्यक्ति की प्रतीक्षा कर रहा है। व्यक्ति की यह कोशिश होती है कि वह स्वप्न के संकेतों को पढ़ सके। फ्रायड ने स्पष्ट कहा है कि मिथक और स्वप्न दोनों ही व्यक्ति की दमित इच्छाओं की अभिव्यक्ति हैं। फ्रायड ने महसूस किया है कि व्यक्ति के स्वप्न को यथार्थ की भाषा में दूसरे को सम्प्रेषित करना कठिन है। फिर भी कुछ आत्मकथाकारों ने यह माना है कि उनका यथार्थ स्वप्न के माध्यम से ही व्यक्त हो सकता है। इस शताब्दी के बहुत से आत्मकथाकारों ने अपनी आत्मकथा में स्वप्न को केन्द्रीय भूमिका में रखा है जितनी कि उनकी केन्द्रीयता वास्तविक जीवन में नहीं है। समस्या यह है कि जब आत्मकथाकार की भाषा स्वप्नों का अर्थ बताने में अपने को अक्षम पाती है तो आत्मकथाकार या तो स्वप्नों की रिपोर्टिंग करता है या उस पर टिप्पणी। सपने की रिपोर्टिंग सपने के वास्तविक अर्थ को नहीं पकड़ पाती है और सपने पर की गई टिप्पणी सपने को भ्रामक बनाती है। स्पष्टतः जाग्रत अवस्था में किसी व्यक्ति के लिए सपने का अर्थ करना अत्यधिक कठिन है। और फिर हू-ब-हू बता देना भी सपने का अर्थ नहीं बता सकता है। ऐसा नहीं है कि सपनों और मिथकों के माध्यम से आत्मकथा लिखनेवालों का बाहरी दुनिया से कोई मतलब नहीं होता है बल्कि वे इसे अपने अवचेतन जीवन के बहुआयामों में ही समाहित कर लेते हैं। युंग ने अपनी आत्मकथा में अपने आन्तरिक सत्य को ज्यादा महत्त्व दिया है। इसके लिए उसने अपने अवचेतन मन के स्वप्नों और दृष्टियों को बाह्य यथार्थ से ज्यादा प्रमुखता दी है। युंग ने लिखा है कि "हमारे अन्दर एक अजनबी है। वह हमसे सपने में बात करता है और बताता है कि जिस प्रकार से हम अपने को जानते हैं उससे अलग ढंग से वह अजनबी हमको जानता है।"[47] इसके विपरीत कुछ आत्मकथाकारों की दृष्टि बाह्य जगत पर ज्यादा होती है। आत्म कोई निर्जन द्वीप नहीं है जिसका बाह्य समाज से प्रत्यक्ष सम्बन्ध न

हो। इस कारण आत्मकथा में अन्तः और बाह्य दोनों जगत् का चित्रण सम्भव हो सकता है। जब कोई आत्मकथाकार अपने लेखन का केन्द्र स्वयं से हटाकर अन्य व्यक्तियों या घटनाओं जिनका कि वह गवाह है पर केन्द्रित करता है तो वह यह मानता है कि पाठकों के लिए उससे अधिक वे व्यक्ति या घटनाएँ अधिक आकर्षक होंगी और वह संस्मरण और रेखाचित्र जैसी विधाओं के क्षेत्र में प्रवेश करता है। पर संस्मरण और रेखाचित्र में यह खतरा रहता है कि लेखक पात्रों और घटनाओं के पीछे छिप जाता है, वहीं आत्मकथा में हर चीज उसके अपने अतीत पर दिए गए जोर के चलते सामने नहीं आ पाती है।

दरअसल आत्मकथा दोहरे परिप्रेक्ष्य से सम्बन्धित है। पास्कल के शब्दों में 'यह आत्म और बाह्य दुनिया' के बीच सन्तुलन या ब्रायन फिने के शब्दों में 'आत्मपरकता' और 'वस्तुपरकता' के बीच सन्तुलन है। इस विवाद का केन्द्रीय-बिन्दु यह है कि आत्मकथाएँ स्थानीय और भौतिक जीवन का कितना परिणाम हैं और उनसे कितनी स्वतन्त्र हैं। इस सन्दर्भ में हिन्दी में दलितों और स्त्रियों की आत्मकथाओं की बात की जा सकती है। दलितों और स्त्रियों द्वारा लिखी गई आत्मकथाएँ सम्बन्धित वर्ग की सामूहिक कथाएँ हैं। इस वर्ग की कथाओं में आत्म को एक सामाजिक-सांस्कृतिक पृष्ठभूमि में रखकर देखा गया है।

बावजूद इसके कोई पाठ पाठक के लिए तभी महत्त्वपूर्ण होता है जब कि वह उसके जीवन के उद्वेगों, स्मृतियों, आशाओं, फंतासियों, इच्छाओं जैसे मनोभावों में उतर जाता है। दूसरे शब्दों में कहें तो उसे केवल 'आत्म' की कथा न कहकर 'आत्मा' की कथा कहनी होगी और यहीं आकर आत्मकथा और उपन्यास की दूरी मिट जाती है।

अधिकांश पाठक यह मानते हैं कि आत्मकथाएँ जीवन के इतिहास के वास्तविक तथ्यों पर आधारित होती हैं। इस अधूरी और अपर्याप्त समझ के साथ यह मान लिया जाता है कि आत्मकथा का सौन्दर्यशास्त्र विकसित हो गया है। जहाँ "इतिहासकार और समाज वैज्ञानिक आत्मकथा के वस्तुगत तथ्यों को इसके कल्पनात्मक आख्यान से अलग करने का प्रयास करते हैं वहीं साहित्य के आलोचकों का एक वर्ग आत्मकथा को ऐतिहासिक तथ्यपूर्ण दस्तावेज के रूप में इसे साहित्य की दूसरी विधाओं से अलग करता है।"[48] दूसरी तरफ ऐसे भी आलोचक हैं जो आत्मकथा को एक कल्पनाप्रसूत कला मानते हैं एवं आत्मकथा और उपन्यास को अभिन्न मानते हैं। इस असमंजस की स्थिति के लिए आत्मकथाकार भी जिम्मेदार हैं। आत्मकथाकार एक ही समय कलाकार और इतिहासकार दोनों होना चाहता है। वह अपनी कहानी कहने के लिए एक तरफ काल्पनिक सर्जक की स्वच्छन्दता भी हासिल करता है और दूसरी तरफ जीवनीगत तथ्यों को भी उद्घाटित करता है। अतः कल्पना और यथार्थ के इस

विवादास्पद मुद्‌दे पर विचार करने के लिए जिससे आत्मकथा का पाठक प्रत्यक्ष होता है, हमें उस मानसिक स्थिति का विश्लेषण करना होगा जिसके तहत आत्मकथात्मक विमर्श होता है।

इस सन्दर्भ में पॉल जॉन एकिन ने स्पष्ट कहा है कि ''आत्मकथा का सत्य स्थिर और निश्चित नहीं होता है बल्कि वह आत्मान्वेषण और आत्मसर्जन की विकासशील प्रक्रिया का जटिल चित्रण होता है। विशेष यह कि 'आत्म' जो हर आत्मकथा की कहानी का केन्द्रबिन्दु होता है अनिवार्य रूप से अपनी संरचना में कल्पनामूलक होता है।''[49] कहने का मतलब यह नहीं है कि 'आत्मकथा और सत्य परस्पर विरुद्ध हैं' और 'आत्मकथा' केवल 'कहानी' है। कोई आत्मकथा और दूसरे कथा रूपों को एक कह सकता है केवल तब जब वह जानबूझकर इस तथ्य की अनदेखी करे और आत्मकथाकार को आत्मकथा के पाठ से बाहर कर दे। यह आश्चर्यजनक नहीं है कि आत्मकथा की समस्या पर परम्परागत दृष्टिकोण अपने को सत्य और कल्पना के परस्पर विरुद्ध बिन्दुओं पर केन्द्रित करता है जो कि जीवन इतिहास के तथ्यों को कहानी के रूप में कहने से अनिवार्य रूप से उठती है। आत्मकथा को सत्य का दस्तावेज माननेवालों के लिए सत्य एक समस्या रहा है। सत्य के उद्‌घाटन में 'चयन' और 'साहस' का केन्द्रीय महत्त्व है। ''यूरोप के परम्परागत आत्मकथ्य की सोच सत्य को केन्द्रीय मानकर चलती है। बीसवीं शताब्दी के आत्मकथाकार इस विमर्श को सत्य से अलग हटा रहे हैं। वे इस कथन में विश्वास करते हैं कि आख्यान और इसके निर्माण की प्रक्रिया किसी भी जीवन सत्य का अनिवार्य अंग है और यह प्रक्रिया इसी जीवन का चित्रण करनेवाली कला से सम्बन्धित है।''[50] इस प्रकार इन आत्मकथाकारों के लिए स्मृति केवल अतीत की घटनाओं और मनोस्थितियों को सुरक्षित रखने का माध्यम है जिसको आगे कभी भी प्रगट किया जा सकता है। उनके लिए स्मृति बीती घटनाओं का मानसिक संग्रह है जिसकी जाँच-पड़ताल वे भविष्य में करते हैं। वे यह नहीं मानते हैं कि ''आत्मकथा में ऐतिहासिक रूप से प्रमाणित अतीत का विश्वसनीय और अपरिवर्तित चित्रण होता है। इसके विपरीत यह आत्मकथात्मक कला को ही व्यक्त करती है जिसमें अतीत की वस्तुओं को वर्तमान चेतना की जरूरत से स्मृति और कल्पना के सहारे रूप दिया जाता है।''[51] यूरोप में, वर्तमान में पहले की अपेक्षा अब कहीं ज्यादा यह महसूस किया जा रहा है कि ''आत्मकथा स्मृति के कलात्मक रूप के साथ-साथ कल्पना की सर्जनशीलता भी है।''[52] वस्तुतः स्मृति और कल्पना का कलात्मक आत्मकथात्मक लेखन से इतना घनिष्ठ सहसम्बन्ध हो गया है कि आत्मकथाकारों और पाठकों को दोनों में अन्तर करना मुश्किल हो गया है। रूसो ने आत्मकथा की अवधारणा में जहाँ 'सत्य' को केन्द्रीय महत्त्व दिया था वहीं रूसो की आत्मकथा के लगभग दो सौ वर्षों बाद विलियम मैक्सवेल ने 'सो लौंग, सी यू टूमौरो'

जो संस्मरण और उपन्यास दोनों है, में आत्मकथा की प्रकृति पर लिखा है कि "...यह सम्भव है कि मैं केवल स्मरण कर रहा हूँ जबकि वास्तविक अनुभव ऐसा नहीं था। हम क्या हैं? या मैं कौन हूँ? स्पष्टतः यह गोपनीय स्मृति है...मतलब एक क्षण, एक दृश्य है...एक विषयगत तथ्य जो स्थिर है और इस कारण विस्मृति से बचा हुआ है–वास्तव में कहानी कहने का रूप है जो अनवरत रूप से मन में चलता रहता है और साधारणतः कहानी कहने की प्रक्रिया में बदल जाता है...किसी भी स्थिति में अतीत पर बात करते समय हम प्रत्येक साँस में वर्तमान में ही होते हैं।"[53] इस प्रकार बीसवीं शताब्दी में आत्मकथा पर काम करनेवालों ने आत्मकथा के बारे में हमारी समझदारी पर परिवर्तनकारी प्रभाव डाला है। वे इस मत को सहर्ष स्वीकार करते हैं कि 'उपन्यास' और 'उपन्यास-निर्माण' की प्रक्रिया किसी भी जीवन के सत्य को जीने और उसको प्रस्तुत करने की कला का केन्द्रीय तत्त्व है। वे इस बात को स्वीकार नहीं करते हैं कि आत्मकथा ऐतिहासिक रूप से सत्यापित किसी विश्वसनीय अतीत को प्रस्तुत करती है। बल्कि यह आत्मकथात्मक नाटक का मंचन है जिसमें स्मृति और कल्पना के सहारे अतीत की सामग्री से वर्तमान चेतना की आवश्यकतापूर्ति की जाती है। वर्तमान समय में आत्मकथा को स्मृति व कल्पना की कला माना जाता है। वास्तव में ये दोनों इतने पूरक हैं कि इन्हें अलग कर देखना असम्भव है।

इस सन्दर्भ में ज्याँ पाल सार्त्र का मत एक प्रतिनिधि मत है। उन्होंने एक साक्षात्कारकर्त्ता के एक प्रश्न के उत्तर में जो कहा वह आत्मकथा और उपन्यास के मध्य किसी प्रकार का अन्तिम रूप से स्वीकार्य वर्ग विभाजन प्रस्तुत करने की कोशिश की सीमाओं पर प्रकाश डालता है। साक्षात्कार लेनेवाले ने प्रश्न किया कि " 'दि वर्ड्स' की तुलना में रोक्वेतां या मैथ्यू के माध्यम से आप अपने आत्म सत्य के ज्यादा करीब हैं।"[54] सार्त्र का उत्तर आत्मकथा और उपन्यास के सतही और अवास्तविक अन्तर को ध्वस्त कर देता है जो परम्परागत रूप से माना जाता रहा है। सार्त्र ने उत्तर में कहा है कि "सम्भवतः या वास्तव में मैं सोचता हूँ कि 'दि वर्ड्स' (सार्त्र की आत्मकथा) नौसीया या द रोड्स ऑफ फ्रीडम (दोनों उपन्यास) से ज्यादा सत्य नहीं है। ऐसा नहीं है कि 'दि वर्ड्स' में जो तथ्य मैंने दिए हैं वे सत्य नहीं हैं बल्कि 'दि वर्ड्स' एक ऐसा उपन्यास है जिसमें मेरा विश्वास है।"[55]

केवल सार्त्र ही नहीं मैरी मैकार्थी, हेनरी जेम्स और मैक्सकीन हॉग किंगस्टन भी इसी तरह खुले तौर पर स्वीकार करते हैं कि उनकी आत्मकथा में कहानी भी है। पूर्व के विचारकों के इस मत को ये अस्वीकार करते हैं कि कहानी सफल आत्मकथा की विरोधी है। इसके बिल्कुल विपरीत वे कहानी को अपनी आत्मकथा में सम्मानपूर्ण जगह देते हैं और उसे जीवन चेतना और उसके सत्य का ऐसा अनिवार्य तथ्य मानते हैं जिससे भागा नहीं जा सकता है। मैरी मैकार्थी का लेखन हमें बताता है कि कहानी

एक आत्मकथाकार के लिए एक स्मरण किए गए तथ्य की हैसियत रखता है। यह भी महत्त्वपूर्ण है कि आत्मकथाकार के आत्म-अन्वेषण और उस संस्कृति के स्वीकृत 'आत्म' के प्रतिमानों के अन्तर्विरोधों और द्वन्द्वों को समझा जाए। मैकार्थी और सार्त्र के उदाहरण हमें बतलाते हैं कि आत्मकथा में आत्म-अन्वेषण की प्रक्रिया केवल आत्म के चित्रण की प्रक्रिया नहीं है बल्कि इसमें यह भी निहित है कि आत्मकथाकार जिस आत्म की खोज अपनी कला द्वारा करता है वह बनी-बनाई परिपाटी पर न होकर मानव व्यक्तित्व के विकास के दौरान हुआ है। आत्मान्वेषण की क्रिया सबसे पहले जीवन में होती है और कभी-कभी यह लेखन में रूप प्राप्त करती है। महत्त्वपूर्ण यह है कि आत्मकथा-लेखन मूलतः पुनः पहचान स्थापित करना ही है। इस स्थिति में आत्मकथा-लेखन भाषा द्वारा एक द्वितीयक उत्पादन है—आत्म अस्तित्व का भाषायी रूपक।

हमलोग यह तो बिना झिझक मान लेते हैं कि उपन्यास में आत्मकथात्मक तत्त्व उपस्थित रहता है और कोई भी पाठक जो लेखक के जीवन में रुचि रखता है उसे इन अंशों को पहचानने में आनन्द आता है। थोरो ने तार्किक ढंग से हमें याद दिलाया है कि उपन्यास में निश्चित एवं अनिवार्य रूप से आत्मकथ्य उपस्थित रहता है जब उसने महसूस किया कि 'अन्ततः वहाँ पर भी वह प्रथम पुरुष ही है जो संवाद कर रहा है।' वहीं आत्मकथा में कल्पना या औपन्यासिकता की चर्चा मात्र हमें विचलित कर देती है। हम मानते हैं कि आत्मकथा का मूल चरित्र उसका उपन्यास न होना है। हम आत्मकथा से सत्य की उम्मीद करते हैं और अधिकांशतः आत्मकथा की इस घोषणा को बिना जाँचे सन्तुष्ट हो जाते हैं कि यह प्रामाणिक तथ्य पर आधारित है। भले ही हम इस तथ्य की सत्यता जान सकें अथवा नहीं। और वैसे भी हम अधिकतर समय तथ्य की सत्यता जानने की स्थिति में नहीं होते हैं। वैसी स्थिति में जब हमें यह पहचानने के लिए बाध्य किया जाता है कि कोई आत्मकथा मात्र उपन्यास है तो हम महसूस करते हैं कि जीवनगत सत्य की घोषणा के वादे के साथ लेखक ने विश्वासघात किया है।

पर समस्या यह है कि आत्मकथा से सत्य और तथ्य की उम्मीद को छोड़ने का मतलब है कि हम आत्मकथा की ही उम्मीद छोड़ दें। यदि हम यह स्वीकार कर लेते हैं कि आत्मकथा में सत्य का होना आवश्यक नहीं है तो हम आत्मकथा पढ़ेंगे ही क्यों? इसी कारण से अधिकांश लेखक ऐसे किसी व्यवहार से दूर ही रहते हैं जो लेखक और पाठक के नाजुक संवेदनशील रिश्ते जिसे फिलिप लेजेन ने 'आत्मकथात्मक समझौता' कहा है, को तोड़ने का प्रयास करे।

पर मैरी मैकार्थी ने अपनी आत्मकथा (मेमोरीज ऑफ ए कैथोलिक गर्लहुड) के आरम्भिक पृष्ठों पर ही इस 'आत्मकथात्मक समझौते' को रद्द करने का खतरा

उठाया है। उन्होंने कहा है कि प्रत्येक आत्मकथाकार भले ही कितने ही विश्वास के साथ क्यों न लिखे वह एक ऐसा आख्यान प्रस्तुत करेगा जिसमें उपन्यास का होना निश्चित है। उनके अनुसार आत्मकथा में आख्यान (उपन्यास) का होना ऐसी चीज नहीं है जिससे बचने की जरूरत है या इसे बौद्धिकता प्रदान की जाए या फिर जिसके लिए माफी माँगी जाए बल्कि "ज्यादा तार्किक यह मान लेना है कि सब आत्मकथाएँ कुछ औपन्यासिकता रखती हैं जैसे कि सभी उपन्यास एक दृष्टि से अनिवार्यतः आत्मकथात्मक होते हैं।"[56]

मैरी मैकार्थी ने स्वयं आख्यान (कहानी या उपन्यास) और आत्मकथा में उपस्थित दोहरे अर्थों को नाटकीय ढंग से अपने 'मेमोयर्स' में लिखा है, "यह कहानी कहने का एक उदाहरण है, मैंने वास्तविक घटनाओं को व्यवस्थित किया ताकि उनमें से एक अच्छी कहानी निकल सके। एक कहानी के आकर्षण से बाहर निकलना कठिन है यदि आपको कहानी लिखने की आदत है, कोई भी इसे अधिकतर अनायास ही करता है।"[57] मैरी मैकार्थी छोटी कहानियों की जानी-पहचानी लेखिका थीं। 1944 से शुरुआत करते हुए उन्होंने रेखाचित्रों की एक श्रृंखला लिखी थी। इसमें आठ खंड थे। तेरह साल बाद उन्होंने इन खंडों को एक में मिलाकर प्रस्तुत किया जिसे उन्होंने 'मेमोरीज ऑफ ए कैथालिक गर्लहुड' नाम दिया। इस बार उन्होंने विभिन्न रेखाचित्रों और शब्दचित्रों को कालक्रमानुसार व्यवस्थित कर प्रत्येक के साथ कुछ वक्तव्य या टिप्पणी लिखी और पाठकों के लिए एक लम्बी भूमिका भी जिसमें उन्होंने आत्मकथात्मक कार्य अभियान की समस्या और उद्देश्य का वर्णन किया है।

मैरी मैकार्थी के 'मेमोरीज' का रचना रूप ही असामान्य है। आत्मकथा के सन्दर्भ में मैरी मैकार्थी की समझ और प्रतिबद्धता केवल पाठ की संरचना में ही स्पष्ट नहीं है बल्कि किताब की भूमिका में भी स्पष्ट दृष्टिगोचर होती है। रोचक बात यह है कि रेखाचित्रों के रूप में मैरी मैकार्थी ने अपनी रचना को कहानी कहा था और पाठकों ने इसे कहानी के रूप में पढ़ा भी था। पर रेखाचित्रों की आत्मकथा के रूप में प्रस्तुत करते हुए उन्होंने स्पष्ट लिखा कि "यह विवरण ऐतिहासिक होने का दावा करता है, जो कि यह है—इसके अधिकांश भागों को जाँचा जा सकता है।"[58] आगे वह किसी को भी अन्वेषण के लिए आमन्त्रित करती हुई लिखती हैं कि "इसमें मैं जितना जानती हूँ उससे कहीं अधिक कल्पना है।"[59] स्पष्टतः ऐतिहासिकता सम्बन्धी अपने कथन में उन्होंने सुधार किया है। यह स्पष्ट करता है कि स्मृतियाँ कभी इतिहास को आख्यान बना देती हैं तो कभी आख्यान इतिहास-सा लगने लगता है और यह सब इतना अनायास और अचेतन ढंग से होता है कि सर्जनकर्त्ता के लिए भी इतिहास और आख्यान के बीच स्पष्ट विभाजन रेखा खींचना असम्भव हो जाता है। मैरी मैकार्थी ने स्वयं पहले सूचित किया है कि उनके चित्रण में आख्यान उपस्थित

है। उदाहरण के लिए संवाद "अधिकांशतः आख्यानमूलक हैं।"[60] एक रेखाचित्र में वे कहती हैं, "इस स्मृति में अनेक अनिश्चित और सन्देहास्पद तथ्य हैं।"[61] अन्तिम से पहले के रेखाचित्र में कहती हैं, "शहर और व्यक्तियों के नाम को छोड़कर यह कहानी पूर्णतः सत्य है।"[62] कुछ आलोचक 'शेखर : एक जीवनी' के सन्दर्भ में यही महसूस करते हैं कि शहरों और व्यक्तियों के नाम को छोड़कर वह एक सच्ची आत्मकथा है। कभी-कभी मैरी मैकार्थी के लिए यथार्थ और कल्पना में विभेद करना कठिन हो गया है, "यह कहानी इस हद तक सत्य है कि इसमें से अनुमानित और आधी-अधूरी स्मृति को निश्चित और पूर्ण यथार्थ से अलग करना असम्भव है।"[63] अतः एक कहानी 'पूर्ण यथार्थ' के बिना भी 'सम्पूर्ण सत्य' हो सकती है। जब हम आत्मकथा में आख्यान की उपस्थिति पर विचार कर रहे हैं तब यह बात इस समस्या के सन्दर्भ में कुछ महत्त्वपूर्ण प्रतिमान प्रस्तुत करती है।

हमें यह विचार करना है कि मैरी मैकार्थी ने अपनी आत्मकथा की रचना प्रक्रिया के सम्बन्ध में जो स्वीकारोक्ति दी है, क्या वह आत्मकथा के सौन्दर्यशास्त्र के विरुद्ध है या उसे पुष्ट करती है। इस सम्बन्ध में मैरी मैकार्थी स्वयं किसी गलतफहमी में नहीं हैं। अपने सम्बन्ध में 1944 में लिखी गई आठ कहानियों को संग्रह करते वक्त मैरी मैकार्थी ने गहरा विश्वास व्यक्त किया है कि वह वस्तुतः अपनी आत्मकथा के लिए सामग्री एकत्रित कर रही हैं। इन टुकड़ों को निश्चित आत्मकथात्मक क्रम में व्यवस्थित कर उनके सम्बन्ध में अपनी टिप्पणी करते हुए मैरी मैकार्थी जिस तनाव और अनुभूति से गुजरी हैं उसे वह आत्मकथात्मक लेखन प्रक्रिया का अंग मानती हैं। मैरी मैकार्थी द्वारा 'मेमोरीज' में सर्वत्र आख्यान की उपस्थिति की ईमानदार स्वीकारोक्ति आत्मकथा के नए सौन्दर्यशास्त्र को प्रगट करती है। क्या यह ईमानदारी कहीं ज्यादा बड़ी ईमानदारी नहीं है!

मैरी मैकार्थी ने जिस स्मृतिगत संसार की पुनर्रचना की है उसमें आत्मकथात्मक तथ्य और आख्यान की सीमाएँ टूट गई हैं। अपनी कहानियों के माध्यम से मैरी मैकार्थी ने अपने व्यक्तित्व की निर्माण प्रक्रिया का अन्वेषण किया है जो आत्मकथाकार का लक्ष्य होता है।

हिन्दी की आत्मकथाओं में "लोकप्रियता की दृष्टि से बच्चन की आत्मकथा हिन्दी की सर्वश्रेष्ठ आत्मकथा है।"[64] इस आत्मकथा की विशेषता थी कि "यह उस तरह पढ़ी गई जिस तरह उपन्यास पढ़ा जाता है।"[65] आलोचक आत्मकथा से ईमानदारी और तटस्थता की माँग करते हैं पर "बच्चन ने अपनी आत्मकथा में बहुत कुछ कहने के साथ ही बहुत कुछ छिपाया भी है। तीसरे-चौथे खंड में जहाँ पं. जवाहरलाल नेहरू के साथ बच्चन का जीवन प्रसंग है, बहुतों की दृष्टि में न तटस्थ है न ईमानदार और न साहसिक।"[66] अगर यह सच है तो स्पष्टतः आत्मकथा से

आलोचकों और पाठकों की माँग और आत्मकथा द्वारा उसकी पूर्ति में गहरा असन्तुलन है। क्या यह असन्तुलन यह संकेत नहीं करता है कि आत्मकथा से हमारी माँग ही असन्तुलित है जिसकी पूर्ति आत्मकथा कर ही नहीं सकती। इसी कारण ब्रूस ने महसूस किया है कि "अपने मूलभूत स्वरूप में विशुद्ध आत्मकथा जैसी कुछ भी नहीं है।"[67] और जेम्स ओल्ने ने आत्मकथा को "आत्म निर्माण के सार का रूपक"[68] कहा है।

परम्परागत आलोचना दृष्टि यह मानती है कि जहाँ ऐतिहासिक आत्म की निश्चित पहचान के निश्चित और सत्यापित संकेत हों वहीं आत्मकथा होगी। पर उपरोक्त विमर्श के पश्चात् हम कह सकते हैं कि सत्यापित और निश्चित संकेतों के बिना भी आत्म की रचना हो सकती है। और यह रचना अपने अन्तिम रूप में एक कलाकृति ही है। कलाकृति क्योंकि किसी घटना और उससे जुड़े तथ्य को स्थायी सामान्य भाव में रूपान्तरित करने के लिए उसको "यथार्थ से जुदा करना आवश्यक हो जाता है।"[69] क्योंकि अस्थायी अनुभूतिपूर्ण क्षणों के सन्दर्भ में "कौन जानता है कल उसका ज्वार नहीं उतरने लगेगा और वह दूसरी क्षुद्र, बासी भावनाओं के नीचे दम नहीं तोड़ देगी। यह यथार्थ की सीमा है–हर लेखक इस सीमा को अस्वीकार करके लिखता है।"[70] और हर रचनात्मक कलाकृति किसी विशिष्ट घटना, स्मृति, भाव, विचार या सौन्दर्य के क्षणिक अस्थायी भाव को सामान्य और अनश्वर बना देने की कोशिश है। कला की दूसरी विधाओं के समान आत्मकथा और "साहित्य का यह दूसरा विरोधाभास है कि उसमें मनुष्य अपनी औसत औकात से हटकर अतिरेक में जीता है–और इस अतिरेक के माध्यम से हम उसके मनुष्यतत्व के असली मर्म की तह में जा पाते हैं।"[71] और रचनाकार यह काम यथार्थ और कल्पना के समन्वय से करता है।

सन्दर्भ-सूची

1. दि इनर आई ब्रिटिश लिटररी ऑटोबायोग्राफी ऑफ दि ट्वेंटींथ सेंचुरी : ब्रायन फिने, पृ. 67, फेबर एंड फेबर, 1985
2. ऑटोबायोग्राफी इन सेवनटींथ सेंचुरी इंगलैंड : डीन एबनर, पृ. 155, कैम्ब्रिज, 1982
3. व्हेयर वाज रूसो? एप्रोचेज टू विक्टोरियन ऑटोबायोग्राफी : फीलिस ग्रौसवुर्थ, पृ. 171, ओहियो यूनिवर्सिटी प्रेस, 1979
4. दि इनर आई ब्रिटिश लिटररी ऑटोबायोग्राफी ऑफ दि ट्वेंटींथ सेंचुरी : ब्रायन फिने, पृ. 66, फेबर एंड फेबर, 1985
5. जनरल II : फ्रैंकोस मौरिक : पृ. 138, पेरिस, 1937
6. दि इनर आई ब्रिटिश लिटररी ऑटोबायोग्राफी ऑफ दि ट्वेंटींथ सेंचुरी : ब्रायन फिने, पृ.

67, फेबर एंड फेबर, 1985
7. इट इज मी, ओ लॉर्ड : ई. कोपार्ड, पृ. 9, लन्दन, 1972
8. वही, पृ. 247
9. कलेक्टेड एसे : वर्जीनिया उल्फ, Vol. : IV, पृ. 221, होगार्थ प्रेस, 1966
10. दि इनर आई ब्रिटिश लिटररी ऑटोबायोग्राफी ऑफ दि ट्वेंटींथ सेंचुरी : ब्रायन फिने, पृ. 12, फेबर एंड फेबर, 1985
11. सिक्सटीन सेल्फ स्केचेज : बर्नार्ड शॉ, पृ. 6 कॉनशटेबल, 1949
12. इम्पॉरटेंट टू मी : पामेला हैंसफोर्ड जॉनसन, पृ. 9, न्यूयार्क स्क्रीबनर, 1974
13. दि कम्पलीट वर्क्स ऑफ मांटेगेनी : इडीटेड डोनाल्ड फ्रेम, पृ. 504, स्टेनफोर्ड यूनिवर्सिटी प्रेस, 1980
14. दि फॉर्म्स ऑफ ऑटोबायोग्राफी : विलियम सी. स्पेंगमान, पृ. 168, येल यूनिवर्सिटी प्रेस, 1980
15. वही, पृ. 180
16. दि इनर आई ब्रिटिश लिटररी ऑटोबायोग्राफी ऑफ दि ट्वेंटींथ सेंचुरी : ब्रायन फिने, पृ. 49, फेबर एंड फेबर, 1985
17. दि समिंग अप : समरसैट मौगम, पृ. 10, पैन बुक, 1976
18. एसपेक्ट्स ऑफ बायोग्राफी : एंड्रे मौरोइस, पृ. 57, पैन बुक, 1981
19. कलेक्टेड एसेज : जॉर्ज ऑरवेल, इडिटेड एस. ऑरवेल, पृ. 156, सेकर एंड वारबर्ग, 1968
20. लेटर्स ऑफ सीगमंड फ्रायड : सीगमंड फ्रायड : इडीटेड : एरनेस्ट फ्रायड, पृ. 391, होगार्ड, 1971
21. सिक्सटीन सेल्फ एस्केचेज, पृ. 42
22. फार अवे एंड लौंग एगो : डब्ल्यू. एस. हडसन, पृ. 2, डेंट, 1939
23. कंडीशन एंड लिमिट ऑफ ऑटोबायोग्राफी : जॉर्ज जे गोस्फोर्ड, पृ. 42, प्रिंसटन यूनिवर्सिटी प्रेस, 1980
24. दि इनर आई ब्रिटिश लिटररी ऑटोबायोग्राफी ऑफ दि ट्वेंटींथ सेंचुरी : ब्रायन फिने, पृ. 51, फेबर एंड फेबर, 1985
25. वही, पृ. 44
26. वही, पृ. 44
27. वही, पृ. 45
28. वही, पृ. 45
29. एसपेक्ट्स ऑफ बायोग्राफी : एंड्री मौरिस, पृ. 142, पैन बुक, 1981
30. आटोबायोग्राफी : जी. के. केसटेर्टन, पृ. 35, हचीसन, 1936
31. दि इनर आई ब्रिटिश लिटररी ऑटोबायोग्राफी ऑफ दि ट्वेंटींथ सेंचुरी : ब्रायन फिने, पृ. 66, फेबर एंड फेबर, 1985
32. राइटिंग एलाउड : जे. डी. बेरेसफोर्ड, पृ. 80, कौलिंस, 1928
33. वही, पृ. 201
34. वही, पृ. 203
35. दि इनर आई ब्रिटिश लिटररी ऑटोबायोग्राफी ऑफ दि ट्वेंटींथ सेंचुरी : ब्रायन फिने, पृ.

66, फेबर एंड फेबर, 1985

36. वही, पृ. 92
37. वही, पृ. 92
38. ए हिस्ट्री ऑफ ऑटोबायोग्राफी इन एंटीक्यूटि : जॉर्ज मिस्च, पृ. 8, ऑक्सफोर्ड प्रेस, लंदन
39. दि इनर आई ब्रिटिश लिटररी ऑटोबायोग्राफी ऑफ दि ट्वेंटींथ सेंचुरी : ब्रायन फिने, पृ. 118, फेबर एंड फेबर, 1985
40. वही, पृ. 118
41. दि लेटर्स ऑफ डी. एच. लॉरेंस : इडिटेड जी. टी. जायट्रक, पृ. 90, कैम्ब्रिज, 1981
42. दि व्हिसपरिंग गैलरी : जॉन लेहमान, पृ. vii, लौंगमान्स ग्रीन, 1955
43. दि इनर आई ब्रिटिश लिटररी ऑटोबायोग्राफी ऑफ दि ट्वेंटींथ सेंचुरी : ब्रायन फिने, पृ. 162, फेबर एंड फेबर, 1985
44. वही, पृ. 163
45. वही, पृ. 163
46. वही, पृ. 169
47. दि क्लेक्टिव वर्क्स ऑफ सी. जी. युंग, vol. 10, पृ. 325, पारा, 1970
48. फिक्शन इन ऑटोबायोग्राफी : पॉल जॉन एकिन, पृ. 3, प्रिंसटन यूनिवर्सिटी प्रेस, 1985
49. वही, पृ. 3
50. वही, पृ. 4
51. वही, पृ. 4
52. वही, पृ. 5
53. सौ लौंग, सी यू टूमोरो : विलियम मैक्सवेल, पृ. 27, नॉफ न्यूयार्क, 1980
54. लाइफ सिचुएशन : एस्से रीटेन एंड स्पोकेन, अनुवाद–पॉल ऑस्टर एंड लिडिया डेविस, पृ. 15, न्यूयार्क, पैंथन, 1977
55. वही, पृ. 15
56. मेमोरीज ऑफ ए कैथोलिक गर्लहुड : मैरी मैकार्थी, पृ. 10, हारकोर्ट न्यूयॉर्क, 1957
57. वही, पृ. 164
58. वही, पृ. 5
59. वही, पृ. 5
60. वही, पृ. 6
61. वही, पृ. 162
62. वही, पृ. 192
63. वही, पृ. 124
64. गोपेश्वर सिंह : कसौटी : अंक 5, पृ. 394, रेनबो पब्लिशर्स
65. वही, पृ. 396
66. वही, पृ. 398
67. ऑटोबायोग्राफिकल एक्टस दि चेंजिंग सिचुएशन ऑफ ए लिटररी जेनर : ब्रूस, पृ. 15, जॉन हॉफकिंस यूनिवर्सिटी प्रेस, 1976
68. मेटाफर्स ऑफ सेल्फ : दि मीनिंग ऑफ ऑटोबायोग्राफी : जेम्स ओलने, पृ. 35, प्रिंसटन

यूनिवर्सिटी प्रेस, 1972
69. लेखक की आस्था : निर्मल वर्मा, सं. नन्दकिशोर आचार्य, पृ. 189, वाग्देवी पॉकेट बुक्स बीकानेर, 2001
70. वही, पृ. 192
71. निर्मल वर्मा, साहित्य वार्षिकी : इंडिया टुडे, पृ. 8, 1997

उपन्यास में यथार्थ और कल्पना

परम्परागत आलोचना दृष्टि की यह मान्यता रही है कि आत्मकथा तथ्यात्मक होती है और उपन्यास कल्पनाप्रसूत। हम अपने अध्ययन में देख चुके हैं कि कल्पना और यथार्थ के आधार पर आधुनिक विधाओं के बीच सुस्पष्ट विभाजन रेखा नहीं खींची जा सकती है। आत्मकथा के सन्दर्भ में यह बात स्पष्ट हो चुकी है कि तथ्यात्मक जीवन के चित्रण में यथार्थ और कल्पना एक साथ सक्रिय होते हैं। अधिकांश आलोचक उपन्यास को आत्मकथा से भिन्न मानते हैं और इसमें कल्पना की क्रियाशीलता की अत्यधिक सम्भावना को स्वीकार करते हैं। हम जानते हैं कि उपन्यास कहानी कहने की एक विधा है और कहानी कहने की परम्परा अत्यन्त प्राचीन है, पर ''व्यक्ति की जिस अन्तरात्मा को उपन्यास ने अपना केन्द्रबिन्दु बनाया था, उसी चीज ने उपन्यास को कथ्यात्मक बिरादरी की अन्य समस्त विधाओं से अलग भी कर दिया। एपिक, आख्यायिका, दन्तकथा, फेबल, लोककथाएँ, किस्से- कहानियाँ– ऊपर से देखने पर लगता है कि उपन्यास इन्हीं प्राचीन कथात्मक शैलियों की आधुनिक और परिष्कृत उत्पत्ति है। इस भ्रम का कारण शायद यह है कि उपन्यास और इन कथ्यात्मक शैलियों में यदि एक चीज समान रहती है तो वह है कहानी। ये समस्त कथ्यात्मक विधाएँ किसी-न-किसी रूप में कोई किस्सा-कहानी सुनाती हैं, लेकिन क्या उपन्यास सिर्फ कहानी सुनाने का माध्यम है? यदि ऐसा होता तो उपन्यास जैसे विशिष्ट कार्य को अन्वेषित करने की क्या आवश्यकता थी। मनुष्य की कहानी को अभिव्यक्त करने के लिए क्या पुरातन काल से चलती आई कथ्यात्मक शैलियाँ काफी नहीं थीं?''[1] स्पष्टतः पुरातन शैलियाँ काफी नहीं थीं क्योंकि पुरातन मानव अब मिथक में तब्दील हो चुका था और यह सन्दिग्ध था कि मिथकों को चित्रित करनेवाली कथाशैली आधुनिक मानव के चरित्र को दिखा सकती थी क्योंकि ''किस्सागो के सुरक्षित संसार में जो मनुष्य बसता था, उपन्यास का व्यक्ति उस संसार की हदों से कहीं दूर जा पड़ा था।''[2] आधुनिक समय से पहले ''ऐसा पहले कभी नहीं हुआ था कि मनुष्य सिर्फ एक व्यक्ति में बदल जाए और समाज एक ऐसी भीड़ में जिसका अपना कोई चेहरा नहीं। मनुष्य का एक व्यक्ति में सिकुड़ जाना और दूसरी तरफ

समाज का इस हद तक फैल जाना जहाँ व्यक्तित्वहीनता ही उसका संस्कार हो, उपन्यास की तकलीफ इन दो पाटों के बीच फँसे मनुष्य की बदहवासी, लक्ष्यहीनता और अकेलेपन को प्रतिबिम्बित करती थी।''[3] इसी कारण ''उपन्यास से पहले की कथ्यात्मक विधाओं में पात्रों पर घटनाएँ घटती हैं किन्तु उपन्यास में व्यक्ति पात्र अपनी इच्छाओं और संकल्पों से किसी-न-किसी रूप में इस घटनाचक्र में अपना हस्तक्षेप करना चाहते हैं, इसमें वे असफल हों, पराजित हों, घटनाओं के रथ तले कुचले जाएँ, यह बात दूसरी है—बल्कि यही बात उपन्यास को कहानी-किस्सों से अलग करती है, उपन्यास भी कथ्यात्मक विधा है किन्तु वह कहानी कहने का शुद्ध माध्यम नहीं है।''[4] पुराने कथा रूपों से अलग ''उपन्यास शुद्ध रूप से सेक्यूलर विधा है, जिसमें से समस्त देवी-देवताओं, प्रकृति के अलौकिक चमत्कारों और नियति की भविष्यवाणियों को बहिष्कृत कर दिया गया है। वहाँ सब-कुछ व्यक्ति के स्वायत्त स्वेच्छाचारी निर्णयों पर निर्भर है इसलिए सब कुछ आकस्मिक और सांयोगिक है।''[5] पर कहना न होगा कि पुरानी कथा परम्परा का उपन्यास में रूपान्तरण आकस्मिक नहीं है बल्कि यह नए व्यक्ति की नई खोज है। वस्तुतः उपन्यास ''पूँजीवादी समाज की अनिवार्य उपज है यानी पूँजीवादी सभ्यता में यथार्थ के जो नए स्तर, नए आयाम और भौतिकवादी चिन्तन, मूल्य, प्रश्न उभरे उन्हें व्यक्त करने में परम्परा से चली आती हुई अन्य कलाएँ पूर्णरूपेण समर्थ नहीं थीं।''[6] अतः नए व्यक्ति सत्य और सामाजिक यथार्थ को पकड़ने के क्रम में उपन्यास विधा का अनिवार्यतः दूसरी पुरानी विधाओं से अलगाव जरूरी था और ''उपन्यास अपने मूल में यथार्थवादी है। जब हम कहते हैं कि उपन्यास आधुनिक युग का महाकाव्य है तो इसका अर्थ यह है कि जैसे महाकाव्य में जगत-जीवन की विराटता अपने समस्त वैविध्य, गहरे भावबोध, विशिष्ट दर्शन, मानव मूल्य और प्रश्नों के साथ अंकित होती है उसी प्रकार उपन्यासों में भी।''[7] पर एपिक और उपन्यास एक नहीं हैं क्योंकि उपन्यास में अलौकिक सत्ता की जगह नहीं है, इसी कारण ''बड़े से बड़े उपन्यास को पढ़ते हुए क्यों यह तकलीफ मन को कोंचती रहती है कि घटनाएँ नितांत दूसरी तरह से घट सकती थीं कि उसके पीछे कोई दैवी या प्राकृतिक सेंक्शन नहीं, जो उन्हें किसी दूसरे क्रम में सँजोने से रोक सकता हो। क्यों यह सन्देह मन को सालता रहता है कि यदि अन्ना केरेनिना चाहतीं तो अपने जीवन की घटनाओं के पहिये विपरीत दिशा में मोड़ सकती थीं, उनके क्रम को बदल सकती थीं और इस तरह अपने को आत्महत्या के भयावह अन्त से बचा सकती थीं।''[8] दरअसल पुराने समय की आदर्शवादी, सम्पूर्णतावादी और अखंडित जीवन-दृष्टि और आधुनिक व्यक्ति के बीच एक दूरी आ गई थी जो उपन्यास में उभर सकती थी और ''पूँजीवादी सभ्यता के विविध जीवन-सत्यों को कथा के माध्यम से व्यक्त करने के लिए ही इसकी उत्पत्ति हुई है। यह मात्र कहानी नहीं है। कहानी यानी

कथा तो इसका माध्यम मात्र है, मूल वस्तु है वर्तमान जीवन की जटिल यथार्थवादिता। जीवन मूल्यों का संक्रमण, समाज के नए सम्बन्धों की निर्मिति, उसके बीच उठते हुए अनेक प्रश्नों को भौतिक या वैज्ञानिक दृष्टिकोण से समझने की आकुलता, नवीन भौतिक सत्यों के बीच बनती हुई मानव-चरित्र की नई दिशाएँ, ये सारी बातें मानो उपन्यास नामक विधा के माध्यम से फूट पड़ने के लिए आकुल थीं।''[9] यथार्थ के प्रति सचेत होने के कारण ''उपन्यास जीवन के हर गली-कूचे में घूम सकता है, आवश्यकतानुसार हर छोटी-बड़ी चीज का चित्र अंकित कर सकता है अर्थात् उसका मूल उद्देश्य होता है यथार्थ का विश्वास दिलाते हुए आगे चलाना।''[10] उपन्यास में जीवन के यथार्थ चित्रण की सम्भावना अत्यधिक है क्योंकि यह विधा इतनी लचीली और सम्भावनाशील है कि इसमें ''साहित्य की सारी विधाओं की छवियों को सन्निहित कर लेने की शक्ति है। उपन्यास में कथा तो है ही, साथ ही साथ अवसर-अवसर पर वह काव्य की-सी भावुकता और संवेदना जगाकर पाठकों को अपने में तल्लीन करता है। प्रकृति और प्रकृत्येतर दृश्यों और रूपों की योजना का सौन्दर्य जगाता है। इसमें निबन्ध की-सी चिन्तनमूलकता भी है। लेखक स्वयं निबन्धकार की तरह प्रश्नों के ऊपर विचार करता चल सकता है। चरित्रों का विश्लेषण कर सकता है यानी वह स्वयं उपन्यास से संपृक्त और असम्पृकत दोनों रह सकता है। इसमें नाटक की सी संवाद योजना होती है और चरित्र अधिकांश रूप से अपना या औरों का विश्लेषण अपने कार्य-व्यापारों और पारस्परिक संवादों या स्वगत चिन्तनों से करते रहते हैं। इसमें नाटक के रंगमंच विधान की तरह परिवेश विधान यानी देशकाल विधान होता है।''[11]

ऐसा नहीं रहा है कि उपन्यासों में यथार्थ का चित्रण अचानक से और बाद के सारे उपन्यासों में एक समान हुआ है। इस बात को हिन्दी साहित्य के सन्दर्भ में देखा जा सकता है। उपन्यास में यथार्थ चित्रण की प्रवृत्ति और कौशल का क्रमशः विकास हुआ है। हम जानते हैं कि ''प्रेमचन्द के पूर्व उपन्यासों की सबसे प्रमुख और सामान्य विशेषता है उनका घटनाप्रधान होना। यानी ये उपन्यास घटना-चमत्कार का प्रदर्शन कर या तो मात्र मनोरंजन करना चाहते हैं या कोई उपदेश देना चाहते हैं। हम देखें तो पाएँगे कि प्रेमचंद के पूर्व जासूसी, तिलस्मी, ऐयारी, ऐतिहासिक, सामाजिक सभी तरह के उपन्यास लिखे गए किन्तु ये सभी घटना-चमत्कार पर आधारित हैं। घटना, चमत्कार पर आधारित रहनेवाला उपन्यास जीवन यथार्थ की चिन्ता कम करता है। इसमें पात्रों की योजना चारित्रिक विशिष्टताओं, मानसिक सत्य की निगूढ़ताओं, सामाजिक परिवेश के साथ उनके विभिन्न सम्बन्धों के चित्रण के लिए नहीं होती, घटनाएँ भी गहन जीवन सत्यों और पात्रों की पारस्परिक क्रिया-प्रतिक्रियाओं से प्रभावित नहीं होतीं, वे जीवन के विभिन्न प्रश्नों, समस्याओं और आकांक्षाओं की

जटिलताओं से उलझी नहीं होतीं। सनसनी पैदा करनेवाली, कौतूहलवर्धन करनेवाली या किसी विशेष सुधारवादी अन्त तक पाठक को पहुँचानेवाली घटनाओं को लेखक अपने ढंग से सजाता चलता है।''[12] लेखकों में यथार्थ दृष्टि के अभाव के कारण ''घटनाओं की सम्भाव्यता-असम्भाव्यता पर भी लेखक का बहुत कम ध्यान रहता है। प्रेमचन्द के पूर्व के उपन्यासों की घटनाएँ इसी तरह देश-काल, पात्र के जटिल यथार्थ को समझे बिना, उन्हें चित्रित किए बिना नियोजित होती चली हैं।''[13] इन उपन्यासों और पुरानी कथा परम्पराओं में विशेष अन्तर नहीं दिखाई देता है क्योंकि ''घटना प्रधानता प्राचीन कथाओं की एक खास विशेषता रही है चाहे वे कथाएँ दादी-नानी के मुँह से बुनी गईं कहानियाँ हों चाहे वैताल पचविंशति, सिंहासन द्वाविंशति, हितोपदेश और पंचतंत्र की कहानियाँ हों। घटना का एक अबाध प्रवाह होता है इसमें। और ये घटनाएँ मानव और मानवेतर जगत सभी को अपना क्षेत्र और पात्र बनाती हैं। इन कथाओं में देशकाल की यथार्थता की रक्षा नहीं होती है। एक था राजा, उसके सात बेटे थे; सात रानियाँ थीं। पाठक या श्रोता इन पात्रों का नाम-धाम जाने बिना, उसके परिवेश को समझे बिना कहानी सुनाता चला जाएगा—घटनाएँ उसे अबाध गति से बहाती जाएँगी। कहानी में परियाँ भी आएँगी, देवता भी आएँगे, राक्षस भी आएँगे, चिड़िया, हिरण, कछुआ, नेवला, सियार आदि सभी मानव-पात्रों की तरह व्यवहार करते आएँगे और पाठक या श्रोता इन पर अविश्वास किए बिना पढ़ता या सुनता जाएगा। वह नहीं पूछेगा कि उस पक्षी का नाम क्या था? या राजा का नाम क्या था? वह नहीं प्रश्न करेगा कि राजा का देशकाल क्या था? वह शंका नहीं करेगा कि चिड़िया या हिरन या पेड़ नहीं बोल सकते, वह यह सन्देह नहीं करेगा कि यह घटना संसार में घटित नहीं हो सकती है। उसे कहानी सुनने से प्रयोजन है—देशकाल की वास्तविकता से विच्छिन्न कहानी।''[14] यथार्थ परिवेश की उपस्थिति के अभाव में ''इन घटना-प्रधान कथाओं में पात्रों की कोई निजी विशेषता नहीं होती, ये टाइप होते हैं। अर्थात् नाम, ग्राम और विशिष्ट व्यक्तित्व से विहीन वे अमुक प्रकार के कार्य-व्यापार करने के लिए, अमुक प्रकार की सिद्धियाँ प्राप्त करने के लिए लेखक की ओर से स्थापित किए गए प्रतीक पात्र होते हैं। मानवेतर प्राणी भी पात्र के रूप में आते हैं। अतः इन पात्रों में मानव की गहरी संवेदना, जटिल भाव-बोध और चिन्तन शक्ति को प्रभावित करने की क्षमता नहीं होती। वे हमारे राग-विराग के ऊपरी स्तर को छूते हुए विस्मय, कौतूहल पैदा करते हुए चलते रहते हैं।''[15] जबकि यथार्थ सामान्यीकृत मनोरंजन और कौतूहला से अलग मानव-जीवन के बुनियादी प्रश्न, उसके अनेकानेक बाहरी-भीतरी स्वरूपों और उसको बदलनेवाली परिस्थितियों और समस्याओं से सम्बन्धित है। अर्थात् ''यथार्थ एक व्यापक और संश्लिष्ट वस्तु है जिसमें मानव समाज के सामूहिक और व्यक्तिगत, बाहरी और प्रकाशमयी सभी प्रकार के सत्य

एक-दूसरे से मिले-जुले होते हैं।"[16]

आलोचकों ने माना है कि उपन्यास आधुनिक यथार्थ चेतना की अभिव्यक्ति का सशक्त माध्यम है पर "साहित्यिक अभिव्यक्ति के दो छोरों पर कल्पना और यथार्थ सदा से विद्यमान रहे हैं और कभी एक पर अधिक बल दिया गया है तो कभी दूसरे पर। हम देखते हैं कि विश्व साहित्य न तो पूर्णरूपेण कल्पित और स्वप्निल है और न नितान्त यथार्थमूलक। अन्तर केवल इस बात से उत्पन्न होता है कि कल्पना और यथार्थ का सम्मिश्रण किस अनुपात में किया गया है।"[17] साहित्य में यथार्थ नई दृष्टि न थी फिर भी "अनेक कारणों से यथार्थवाद ने 19वीं शताब्दी में अभिनव रूप ग्रहण किया। नवीनता केवल इस बात में थी कि अब उसका स्वरूप अधिक निश्चित और सुस्पष्ट हो गया था तथा विचारकों द्वारा उसके आधारभूत तत्त्वों की व्याख्या होने लगी थी। वह अब अभिव्यक्ति की सहज शैली न रहकर सैद्धान्तिक तथा सप्रयास व्यवहृत होनेवाला शिल्प-विधान बन गया था।"[18] 19वीं शताब्दी का "यथार्थवादी आन्दोलन मुख्यरूपेण पूर्वगामी स्वच्छन्दतावादी आन्दोलन की प्रतिक्रिया में प्रकट हुआ। स्वच्छन्दतावादी आन्दोलन जैसे-जैसे अग्रसर हुआ, अधिकाधिक उच्छृंखल बनता गया और कतिपय कवियों और लेखकों की रचनाओं में रोमांस तत्त्व का अतिरेक अत्यन्त खटकनेवाला था।"[19] वैसे भी स्वच्छन्दतावादी कल्पना की अतिरिक्त उड़ान के "प्रचलन के बाद उसके विरुद्ध प्रतिक्रिया और यथार्थ की खोज स्वाभाविक थी। इसके अतिरिक्त औद्योगिक क्रान्ति, भौतिक और जीव-विज्ञान में नवीन प्रगति, निश्चयवादी दर्शन आदि ने परिवर्तन के लिए भूमिका तैयार की। सबसे अधिक महत्त्वपूर्ण था एक नवीन प्रकार के सामाजिक दर्शन का आविर्भाव। अर्थशास्त्र के नवीन मत और सिद्धान्त अपना प्रभाव डाल रहे थे और अनेक विचारकों ने समाज की सत्ता और उसको परिचालित करनेवाले प्रभावों को अत्यधिक महत्त्व प्रदान किया। मार्क्स ने हेगेल के आदर्शवादी दर्शन को भौतिकवादी रूप देते हुए द्वन्द्वात्मक प्रक्रिया को सामाजिक प्रसंग में घटित किया। अव्यक्त आदर्शों और अमूर्त्त तत्वों को छोड़कर मार्क्स ने समाज के भौतिक अस्तित्व को ही प्रत्यक्ष और यथार्थ माना। समाज में चलनेवाले वर्ग संघर्ष की उन्होंने व्याख्या की और सर्वहारा वर्ग की भावी विजय में अपनी अमोघ आस्था व्यक्त की। मार्क्स के अतिरिक्त अन्य विचारकों ने भी किसी-न-किसी रूप में समाजवादी दृष्टिकोण को अपनाया तथा इतिहास और अर्थशास्त्र के सहारे सामाजिक गति और प्रगति को समझने और समझाने का प्रयत्न किया। आदर्शवादी दार्शनिकता से हटकर सामाजिक समस्याओं में लोक-अभिरुचि अधिक रमने लगी और इस प्रकार यथार्थवाद के आगमन के लिए परिस्थिति अनुकूल बन गई।"[20]

उपन्यास में यथार्थ का क्या स्थान है? यह प्रश्न अत्यन्त गम्भीर है। यह स्पष्ट

है कि लेखक अपनी सामग्री वस्तुतः जगत, समाज तथा वास्तविक जीवन से प्राप्त करता है। ''कवि एवं लेखक को जीवन की वास्तविकता पर निर्भर रहना ही पड़ता है चाहे वह आदर्शवादी हो अथवा यथार्थवादी।''[21] अन्तर केवल यथार्थ और कल्पना के उपयोग की मात्रा में है। आदर्शवादी ''यथार्थ के साथ कल्पना को मिलाकर उसे सुन्दर बना देता है, उसके लिए यथार्थ से भी अधिक महत्त्व कल्पना का है। यथार्थवाद में कल्पना गौण हो जाती है और वास्तविकता का आग्रह उससे कहीं अधिक मूल्य रखता है।''[22] यथार्थवादी कला के लिए यथार्थ केवल सामग्री ही नहीं, वरन् सफलता का मानदंड भी प्रस्तुत करता है। ऐसी कला में यथार्थ जीवन की आकृति दिखाई देती है और उसकी उत्कर्षावस्था में हमें अनुकृति से यथार्थ का भ्रम हो जाता है। '' 'रियलिज्म' और 'रियलिटी' के इस घनिष्ठ सम्बन्ध को ध्यान में रखकर कुछ ऐसे मत प्रकट किए गए हैं, जिनमें इनकी एकता पर बहुत अधिक बल दिया गया है। यदि हम गार्क्स के सिद्धान्तों को भलीभाँति देखें तो उनमें भी प्रच्छन्न रूप से यही मत निहित मिलता है।''[23] प्रकृतिवादियों ने तो इस मत को स्पष्ट रूप से व्यक्त किया है। ''जोला और अन्य प्रकृतिवादियों ने यथार्थ के सच्चे निरूपण को ही साहित्य का परम उद्देश्य माना है। उनके विचार फोटोग्राफी के कैमरा के नवीन आविष्कार से प्रभावित थे और उन्होंने अपनी कृतियों में कैमरा की पद्धति पर ही जीवन खंडों के यथार्थ चित्रण का प्रयास किया है। स्लाइस ऑफ लाइफ, कॉर्नर ऑफ लाइफ आदि वाक्यांश इसी दृष्टिकोण के द्योतक हैं।''[24] यदि हम मान भी लें कि प्रकृति में और समाज में अपनी निजी व्यवस्था है और उपन्यासकार ''फोटोग्राफर की भाँति उसी को अंकित करता है तथा उसको अपनी ओर से नवीन व्यवस्था आरोपित करने का अधिकार नहीं तब भी कतिपय कठिनाइयाँ सामने आती हैं। निरूपण की क्रिया परिवर्तन की धात्री है, चाहे अन्तर कम हो अथवा अधिक। जब फोटोग्राफर छायाचित्र खींचता है तब वह यथार्थ की प्रतिकृति-मात्र तैयार नहीं करता। प्रत्येक छायाचित्र का एक विशिष्ट विन्यास होता है, उसकी अपनी पृष्ठभूमि होती है और जो दृश्य वह प्रस्तुत करता है, वह स्थिर एवं सीमाओं में बँधा होता है।''[25] जबकि ''यथार्थ इससे बिलकुल भिन्न है। इसी प्रकार साहित्य-निरूपण और यथार्थ में अन्तर अनिवार्य है। निरूपण सामग्री को शैली में निबद्ध करता है।''[26]

सामान्यतः यह मानने में आपत्ति नहीं हो सकती कि यथार्थ की अभिव्यक्ति में अभिरुचि और कल्पना सक्रिय रहती है। सामग्री के चयन तथा उसकी नियोजना में कल्पना अनिवार्यरूपेण अपेक्षित होती है। ''रूपहीन कला का आदर्श अग्राह्य है क्योंकि रूप तत्त्व को हम बिल्कुल छोड़ नहीं सकते। बिना इच्छा और कल्पना के रूप की सृष्टि नहीं हो सकती। अतः मानना पड़ेगा कि यथार्थ निरूपण तथा यथार्थ जीवन के बीच किसी अंश में कल्पना की मध्यस्थता अनिवार्य है। फिर भी, इतना तो स्पष्ट ही है कि

यथार्थवाद में कल्पना का वह महत्त्व नहीं, जो आदर्शवाद में।''[27]

यथार्थवादी उपन्यास में यथार्थ जीवन और उसके प्रत्यक्ष अनुभवों का विशेष महत्त्व है, यह तो निर्विवाद है। उसमें कल्पना उसी अंश तक समाविष्ट होती है, जितना अनिवार्य है। लेखक की चेष्टा यही होती है कि वह यथातथ्य निरूपण करे, यद्यपि ''कला के माध्यम तथा कतिपय अन्य परिस्थितियों से अंश रूप में वह कल्पना की सहायता लेने के लिए बाध्य हो जाता है।''[28] संसार के यथार्थवादी उपन्यासों के परीक्षण से यह पता चलता है कि ''आदर्श और काल्पनिक अनुरंजन सदा यथार्थ के साथ मिश्रित होने के लिए सचेष्ट रहते हैं।''[29] स्पष्टतः ''यथार्थ जीवन के अनुभवों को हम बहुत देर तक कल्पना से पृथक नहीं रख सकते। मानव मन की विभिन्न प्रवृत्तियाँ एक-दूसरे से इतनी मिली-जुली रहती हैं कि एक के जागने पर अन्य प्रवृत्तियाँ भी सचेष्ट होने लगती हैं। ऐसा कम होता है कि मन का एक भाग सक्रिय हो और अन्य भाग नितान्त जड़ बने रहें। अतएव उपन्यास में यथार्थ के साथ कल्पना का सम्मिश्रण हमें चकित नहीं करता।''[30] विशिष्ट यथार्थवादियों की कृतियों में यह सम्मिश्रण मिलता है और अत्यन्त आकर्षक प्रतीत होता है। उदाहरणार्थ हम बालजाक अथवा प्रेमचन्द के उपन्यासों को ले सकते हैं। इसी को आदर्शोन्मुख यथार्थवाद कहते हैं। कल्पना यथार्थ को किस प्रकार अपने रंग में रँग देती है, यह देखने के लिए हम डिकेंस, तुर्गनेव और गाल्सबर्दी के उपन्यासों का अध्ययन कर सकते हैं। ''आदर्शोन्मुख अथवा कल्पना-सम्पृकत यथार्थवाद का सीधा विरोध उस प्रणाली से है, जिसके अन्तर्गत वैज्ञानिक पद्धति पर तथ्यों का निरीक्षण एवं निरूपण होता है। आदर्श और कल्पना के पुट उसके लिए निष्प्रयोजन एवं अनर्गल सिद्ध होते हैं, नैतिकता अथवा आदर्शवादिता का प्रश्न ही नहीं उठता। इस प्रकार के आत्यन्तिक यथार्थवाद के अनुयायियों का विश्वास है कि वैयक्तिक और सामाजिक जीवन में कुरूपता और अश्लीलता ही सत्य है, शेष सब कुछ काल्पनिक, मनगढ़न्त।''[30] इसी धारणा के कारण घोर यथार्थवादियों ने साहित्य में अश्लीलता की हिमाकत की है और उनकी रचनाओं में अनेक स्थल मिलते हैं जो शालीन अभिरुचियोंवालों को असह्य मालूम पड़ते हैं। जब कभी साहित्य में अश्लीलता का प्रकाशन होता है अथवा विचारकों द्वारा उनका समर्थन किया जाता है, तब यही बात दुहराई जाती है कि जीवन का गर्हित पक्ष ही सत्य है और साहित्य का एकमात्र कार्य है वास्तविकता का निरूपण।

शिल्प-विधान की दृष्टि से यथार्थवाद के अन्तर्गत दिक्-काल का कैसा उपयोग होता है, यह प्रश्न भी महत्त्वपूर्ण है। यथार्थवादी ''अभिव्यक्ति में तात्कालिकता होती है, अर्थात् जो कुछ हमारे निकट है, वह हमारे मन के लिए सरलता से यथार्थ बन जाता है, इसके अतिरिक्त दूरस्थ पदार्थों और व्यक्तियों की यथार्थ प्रतीति कठिनाई से होती है। इसलिए अधिकांश यथार्थवादी उपन्यास समसामयिक परिस्थितियों और घटनाओं

को चित्रित करते हैं और पृष्ठभूमि ऐसी होती है, जिससे लेखक और पाठक भलीभाँति परिचित रहते हैं। उपन्यासकार अपनी कृतियों में जानकारी के साथ एवं अधिकारपूर्वक जिन समकालीन तथा निकटवर्ती तथ्यों को व्यवहृत करता है, वे अध्ययन अथवा प्रेक्षण द्वारा सहृदय के मानसपटल पर निरन्तर उभरते जाते हैं। जो देश और काल में हमसे दूर हैं, उनमें हमारी कल्पना रमती है और उनसे स्वच्छन्दतावादी अनुभूतियों की सृष्टि होती है।''[31] अतः चित्रित होनेवाले परिवेश का काल और स्थान भी यथार्थ और कल्पना की मात्रा को निर्धारित करते हैं।

साथ ही ''सामान्यतः तात्कालिकता एवं दिक्-काल में समीपवर्ती होना यथार्थवाद का सहायक है, किन्तु यथार्थवाद का ऐतिहासिक रूप भी होता है, जिससे प्राचीन युगों को साकार बना दिया जाता है।''[32] यह बात हम ऐतिहासिक उपन्यासों में देख सकते हैं।

यथार्थपरक ''उपन्यासों में डिटेल्स अर्थात् सूक्ष्म एवं विस्तृत विवरणों से बड़ी सहायता मिलती है। सूक्ष्म एवं नगण्य तथ्यों और तिथियों द्वारा चित्रण को पूर्ण और विश्वसनीय बनाया जाता है। विवरणों द्वारा पाठक का विश्वास जगाया और तृप्त किया जाता है। किसी स्थान विशेष अथवा घटना विशेष से सम्बद्ध यदि केवल थोड़ी सी सामान्य बातें कही जाएँ तो वृत्तान्त नहीं स्फुट होगा और न सुननेवाले अथवा पढ़नेवाले का विश्वास ही पूरी तरह जमेगा। छोटे-छोटे तथ्यों के प्रचुर उपयोग द्वारा चित्रण समृद्ध बनता है और मन की शंकाएँ मिट जाती हैं। इसलिए सभी सफल उपन्यासकारों ने किसी स्थान, काल, वर्ग-विशेष की बहुत सी छोटी-छोटी बातों को लेकर अपने निरूपण को सफल बनाया है। सूक्ष्म निरीक्षण एवं साधारण तथ्यों के उपयोग में सक्षम होना यथार्थवादी लेखक के लिए परमावश्यक होता है। वह अपने चित्रण में केवल रेखाएँ नहीं खींचता, वरन् विवरणों से सारे स्थान को भर देता है। यह विवरण उसके प्रमाण हैं और प्रमाण द्वारा ही आस्था सुदृढ़ होती है।''[33] प्रमाण के अन्य साधन भी वह काम में लाता है, जैसे पत्र, दैनन्दिनी के पन्ने आदि। इस प्रकार का दस्तावेजी सबूत, डॉक्यूमेंटेशन, यथार्थवादी निरूपण का अत्यन्त महत्त्वपूर्ण अंग बन जाता है और अनेक उपन्यासों और कहानियों में उसका सफल उपयोग किया गया है।

यथार्थपरक उपन्यासों में स्थानीय वातावरण निर्माण करने की प्रवृत्ति देखी जाती है। ''स्थानीय वातावरण आंचलिकता से कुछ भिन्न है। उसमें प्राकृतिक शक्तियों, वंश-परम्परा आदि का उतना विस्तृत एवं विशद उपयोग नहीं होता जितना आंचलिक निरूपण में। प्रकृति के प्रत्यक्ष स्वरूप, प्रचलित प्रथाओं और विश्वासों, जन-साधारण के कार्य और संवाद आदि की सहायता से स्थानीय वातावरण का विधान होता है। स्थानीय वातावरण की व्यवस्था में जन-साधारण में प्रचलित बोलियों, डायलेक्ट्स का

विशेष स्थान होता है। यथार्थपरक उपन्यासों में जन-बोलियों का समावेश निःसंकोच किया जाता है, क्योंकि वे यथार्थ जीवन में व्यवहृत होते हैं और उनके समावेश से साहित्यिक रचनाओं में यथार्थ की प्रतीति होने लगती है।"[34]

यथार्थ निरूपण की जो विभिन्न पद्धतियाँ अभी तक स्वीकृत हो चुकी हैं उनकी चर्चा आवश्यक है। "इन्द्रिय प्रत्यक्ष जगत के दृश्यों और उनसे उत्पन्न अनुभूतियों के यथातथ्य निरूपण की स्वाभाविक इच्छा यथार्थवाद में प्रतिफलित होती है।"[35] सामाजिक विकास की गतिशील प्रतिक्रिया को सबसे अधिक महत्त्व मार्क्स तथा उनके साम्यवादी अनुगमियों ने दिया। उन्होंने इतिहास की एक नवीन व्याख्या प्रस्तुत की तथा अपने भौतिकवादी द्वन्द्वात्मक दर्शन की आधारशिला पर साम्यवादी यथार्थ की घोषणा की। इतिहास सीधी रेखा में अग्रसर नहीं होता, अपितु द्वन्द्वों और उनके समाधान द्वारा ही वह आगे बढ़ता है। वर्ग-संघर्ष और उसका निराकरण, यही क्रम चलता रहेगा, जब तक वर्गहीन समाज का आविर्भाव नहीं होता। इन्हीं विश्वासों और स्थापनाओं की बुनियाद पर साम्यवादी यथार्थवाद का सर्जन हुआ है। उसमें इतिहास, अर्थशास्त्र, भौतिक विज्ञान और सामाजिक दर्शन का संघात मिलता है। उसके क्षेत्र से अपूर्व आदर्शवादी तत्त्व निकाल दिए गए हैं। मार्क्स स्वयं प्रत्यक्ष वस्तुजगत को ही सत्य मानते थे और मानसिक प्रत्ययों को विशेष महत्त्व नहीं देते थे।

प्रत्यक्ष दृश्यों तथा अनुभवों से यथार्थ का तादात्म्य माननेवाले सभी युगों में हुए हैं, इसलिए यथार्थवाद अपने सामान्य रूप में "प्रत्यक्ष यथार्थ का कलात्मक चित्रण है। उदाहरणार्थ इतिहास और साहित्यिक रचना का निकट-सम्बन्ध अब स्वीकृत किया जाता है। अब यह सामान्य धारणा है कि साहित्य के विविध रूप और उनकी विशेषताएँ समकालीन ऐतिहासिक एवं सामाजिक परिस्थितियों से निर्धारित होती हैं। इतिहास में अनेक युग हुए हैं, जैसे प्राचीन युग, मध्य युग, आधुनिक युग आदि। ऐसे ही समाज अपने आर्थिक विकासक्रम में आदिम साम्यवाद से सर्वहारा के अभ्युदय तक निम्न अवस्थाओं से होकर गुजरा है।"[36] उपन्यास में इन्हीं ऐतिहासिक एवं आर्थिक एवं सामाजिक अवस्थाओं का प्रकाशन होता है। "इस प्रकार देखने से यह बात सिद्ध होती है कि साहित्य का मूल सदैव यथार्थ परिस्थिति और परिवेश में निबद्ध रहता है। ऐसे साहित्य की कल्पना करना जो इतिहास और सामाजिक प्रभावों से विच्छिन्न होकर किसी दूरस्थ स्वप्नलोक में अवस्थित हो, केवल प्रवंचना-मात्र है।"[37] इस प्रकार का मनगढ़ंत साहित्य यदि हो भी तो, क्षणिक मनोरंजन के अतिरिक्त उसका और कोई प्रयोजन नहीं होगा।

ऐतिहासिक तथ्यों की ही अभिव्यक्ति किसी-न-किसी प्रकार साहित्य में होती है। यहाँ हम इतिहास को उसके उस विस्तृत अर्थ में ले रहे हैं, जिसके अन्तर्गत सभी आर्थिक, सामाजिक एवं राजनीतिक शक्तियों एवं प्रभावों का सन्निवेश हो जाता है।

ऐतिहासिक यथार्थवाद का एक अपेक्षाकृत संकुचित अर्थ भी है। कतिपय उपन्यासों में "इतिहास का सीधा उपयोग किया जाता है, अर्थात् इतिहास के किसी काल विशेष, किसी परिस्थिति विशेष, अथवा किसी घटना विशेष का यथार्थ निरूपण होता है। विश्व साहित्य में ऐसे अनगिनत उपन्यास हैं, जिनमें बीते हुए युगों का चित्र खींचा गया है और उनको साकार करने का प्रयास हुआ है। ऐतिहासिक तथ्य लेखक से देश और काल में दूरस्थ होते हैं, अतएव उनका सफल यथार्थवादी निरूपण कठिन होता है और प्रतिभावान लेखक ही उसे सम्पन्न कर पाते हैं।"[36]

उपन्यास के क्षेत्र में सामाजिक यथार्थवाद के साथ-साथ मनोवैज्ञानिक यथार्थवाद ने भी विशेष उन्नति की है। इनकी मौलिक स्थापना है कि केवल भौतिक और दृश्य पदार्थ मात्र यथार्थ नहीं होते। कुछ बातों में उनसे भी महत्त्वपूर्ण कहीं अधिक वास्तविक एवं सत्य हमारी मानसिक क्रियाएँ और अवस्थाएँ होती हैं। इन सूक्ष्म विचारों और अनुभूतियों को हम ज्ञानेन्द्रियों द्वारा वैसे ही नहीं ग्रहण करते, जैसे बाह्य वस्तुओं को। "किन्तु उनकी प्रतीति, उनका ज्ञान तो सम्भव है। कभी अन्तर्निरीक्षण द्वारा और कभी व्यवहार, विश्लेषण द्वारा। हमारे सुषुप्त और जागृत अवस्था के स्वप्नों में हमारे अन्तरतम में निहित विचार और भाव प्रकट होते रहते हैं।"[39] आधुनिक मनोविज्ञान ने चेतन, अवचेतन और अचेतन मन के बारे में ऐसी नई बातें खोज निकाली हैं जिनकी जानकारी मन को चकित कर देती है। मनोवैज्ञानिक यथार्थपरक उपन्यास इसी नवीन आधारभूत ज्ञान को साहित्य में निबद्ध करता है।

सभी साहित्यिक विधाओं में यथार्थ-निरूपण शैली व्यवहृत हुई है, किन्तु कविता की अपेक्षा कथा-साहित्य में उसका प्रयोग अधिक हुआ है। "कविता का सीधा सम्बन्ध मानव की मूल प्रवृत्तियों से है। कथा-साहित्य का सामाजिक एवं आर्थिक परिस्थितियों से निकटतम सम्बन्ध है। उपन्यास का जन्म ही सामाजिक कारणों से हुआ है। और उसमें सामाजिक अवस्थाओं की अभिव्यक्ति का प्रयास निरन्तर होता आया है। कविता मुख्य रूप से आत्मनिष्ठ होती है और उपन्यास में वस्तुनिष्ठ सामाजिक चित्रण की प्रेरणा अनिवार्य रूप से काम करती रहती है।"[40] काल्पनिक कथाओं को हम केवल रोमांस मात्र कहकर उपन्यास से पृथक कर देते हैं। "निरूपण-शैली में उपन्यास नाटक की अपेक्षा कहीं अधिक स्वतन्त्र है। उपन्यास की सीमा के भीतर जीवन की प्रभूत सामग्री अधिक संकोच अथवा परिवर्तन के बिना निबद्ध की जाती है। कभी-कभी यथार्थ का आग्रह अथवा चाप इतना प्रबल होता है कि कथा की सीमा-रेखाएँ विनिष्ट होने अथवा धुँधली पड़ने लगती हैं।"[41] वे रेखाएँ बनती और बिगड़ती रहती हैं। यह भी उपन्यास के उन्मुक्त रूप और अपेक्षाकृत अनियन्त्रित निरूपण शैली का द्योतक है। यहाँ "यथार्थ की यथासम्भव यथातथ्य अभिव्यक्ति होती है क्योंकि अन्य विधाओं की तुलना में रूढ़ियों और बन्धनों की कमी रहती है।

यहाँ तक कि एक विचारक ने उपन्यास की तुलना राजमार्ग पर स्वतः परिचालित एक ऐसे विशाल दर्पण से की है, जिसमें आसपास के दृश्य निरन्तर प्रतिबिम्बित होते रहते हैं।"[42]

उपन्यास और लोक-जीवन के निकटतम सम्बन्ध पर आधुनिक समीक्षकों ने काफी बल दिया है। उपन्यास "कला का एक नया रूप है। आधुनिक सभ्यता–जिसका प्रारम्भ रेनेसाँ काल से होता है–से पहले इसका अस्तित्व नहीं था, अगर था भी तो अत्यन्त प्राथमिक रूप में था।"[43] उपन्यास को अनुप्राणित तो "महाकाव्य ने ही किया था, किन्तु इसका लक्ष्य था नए मानव की आवश्यकताओं को पूरा करना, उसकी आशा-आकांक्षाओं को व्यक्त करना तथा उसकी तूफानी दुनिया को चित्रित करना।"[44] पर "महाकाव्य द्वारा समाज की जैसी पूर्ण अभिव्यक्ति हुई है वैसी उपन्यास द्वारा न तो कभी हुई और न ही हो सकती है। महाकाव्यों के पात्रों तथा उस समाज के बीच जिसमें कि वे रहते थे, एक सन्तुलन था, जो अब विलुप्त हो चुका है।"[45] स्पष्टतः उपन्यास का विषय है व्यक्ति। यह समाज के विरुद्ध, प्रकृति के विरुद्ध, व्यक्ति के संघर्ष का महाकाव्य है। और यह "उसी समाज में विकसित हो सकता था जिसमें व्यक्ति और समाज के बीच सन्तुलन नष्ट हो चुका हो और जिसमें मानव का अपने सहजीवी साथियों अथवा प्रकृति से युद्ध ठना हो।"[46]

रामविलास शर्मा ने भी यथार्थ चित्रण में कल्पना की भूमिका को स्वीकार किया है और कहा है कि "वस्तुतः साहित्य में फोटोग्रैफिक चित्रण असम्भव है। (वैसे फोटोग्राफी करनेवाला भी व्यक्ति ही होता है और उसका कार्य भी पूर्णरूप से वस्तुगत नहीं होता)। यथार्थ के चित्रण में विषयवस्तु का निर्वाचन कुछ तत्त्वों का चित्रण, कुछ की उपेक्षा यह साहित्य का मूल नियम है।"[47] साहित्य में यथार्थ के द्वन्द्वों और अन्तर्विरोधों को स्पष्ट करते हुए उन्होंने कहा है कि "यथार्थवाद के बारे में बहुत सी आपत्तियाँ उन लोगों की होती हैं जिनका दृष्टिकोण पुराने तर्कशास्त्र पर निर्भर होता है, जो भौतिक या मानसिक व्यापारों का परस्पर सम्बन्ध नहीं देखते, जो किसी प्रक्रिया का अध्ययन करते समय उसके एक ही पक्ष को देखते हैं, उनके विरोधी लगनेवाले पक्ष को छोड़ देते हैं। इस तरह का एकांगी विश्लेषण कभी-कभी उन लोगों के यहाँ भी मिलता है जो द्वन्द्वात्मक पद्धति अपनाते हैं। इसमें दोष उस पद्धति का नहीं है, दोष उनके विश्लेषण का है। वे प्रश्न करते हैं–व्यक्ति और समाज इनमें किसका चित्रण करें? वास्तव में यह प्रश्न ही गलत है। समाज से बाहर व्यक्ति का अस्तित्व नहीं है और व्यक्ति का चित्रण किए बिना समाज का चित्रण करना असम्भव है।"[48] रामविलास शर्मा यथार्थ के अन्तर्गत बाह्य और आन्तरिक दोनों सत्यों को स्वीकार करते हैं। "कभी रूस के कुछ अराजकतावादी लेखकों ने व्यक्ति को छोड़कर जनसमूह का चित्रण करने की कोशिश की थी लेकिन शीघ्र ही प्रवृत्ति खत्म हो गई। व्यक्ति का

चित्रण यथार्थवाद के विरोधी भी करते हैं। वे उसे सामाजिक संघर्ष, समाज के वर्ग-सम्बन्धों से दूर रखकर देखते हैं। वे चेतना की गहराइयों का चित्रण करने के नाम पर उसकी मानसिक विकृतियों का चित्रण करते हैं और इन विकृतियों का कारण समाज में न देखकर उसके निरपेक्ष मानस में ढूँढते हैं। उनकी कला विशेष रूप से असम्बद्ध मूर्त विधानवाली कविता और रेखाओं और त्रिकोणोंवाली चित्रकला-वास्तविक जगत के तारतम्य को चित्रित न करके मनगढ़न्त प्रतीकों में ऐसा सम्बन्ध स्थापित करती है जो बस रचयिता को ही मालूम रहता है।''[49] इसके विपरीत ''यथार्थवादी कला में व्यक्ति सामाजिक जीवन के सन्दर्भ में चित्रित किया जाता है, वह समाज-निरपेक्ष इकाई न होकर एक साथ ही व्यक्ति और टाइप दोनों होता है। जैसे होरी पिछड़े किसान का टाइप है, साथ ही अपनी व्यक्तिगत विशेषताओं के कारण जीता-जागता व्यक्ति भी है, यान्त्रिक प्रतीति नहीं। और यह बिल्कुल आवश्यक नहीं है कि सामाजिक संघर्ष का चित्रण करते हुए हम व्यक्ति के भाव जगत, उसके मानसिक संघर्ष का चित्रण न करें''[50]

उनके अनुसार ''यथार्थ चित्रण और कल्पना—इन दोनों में भी परस्पर विरोध नहीं है। मनुष्य आज जो कुछ है, वह अपने समस्त पूर्व विकास का परिणाम है। इसमें उसका प्राग्मानवीय प्राणिरूप में विकास भी शामिल है। उसका इन्द्रियबोध, उसकी कल्पना—सभी यथार्थवाद के अन्तर्गत आते हैं। यथार्थवादी लेखक कल्पना द्वारा टाइप रचता है, अपने अनुभव की सामग्री से काम की चीजें चुनता और सजाता है और उनमें ऐसी कल्पित घटनाएँ, पात्र आदि जोड़ता है जो ऐतिहासिक रूप से सत्य न होकर भी यथार्थ के अनुरूप होते हैं। इसके विपरीत पलायनवादियों की कल्पना संसार से भागने और सुनहले स्वप्न देखने या कल्पित पीड़ा के कारण आँसू बहाने में चरितार्थ होती है।''[51]

उनकी दृष्टि में 'आदर्श और यथार्थ'—इनमें भी अनिवार्य विरोध नहीं है। ''यथार्थ-चित्रण वास्तविक जगत के हमारे ज्ञान पर निर्भर होता है। यदि यह जगत गतिशील है और हमें उस गति की दिशा का ज्ञान है या हम उस दिशा के महत्त्व को समझते हैं जिसकी ओर हम उसे अग्रसर करना चाहते हैं तो यह आदर्श हमारे यथार्थवाद में निहित होगा।''[52] वे मानते हैं कि ''भारतेन्दु से लेकर प्रेमचन्द तक का हिन्दी साहित्य स्वाधीनता और समाजसुधार के आदर्श से अनुप्रमाणित रहा है क्योंकि वास्तविक जगत की प्रतीति में पराधीनता की अनुभूति शामिल थी और इस प्रतीति के फलस्वरूप स्वाधीनता के आदर्श को प्राप्त करने की भावना भी विद्यमान थी। इसी कारण इस साहित्य में जड़ मानवता नहीं, एक आदर्श की ओर गतिशील मानवता के आदर्श होते हैं।''[53]

एक विधा के रूप में उपन्यास के अध्ययन में विशेष कठिनाइयाँ आती हैं।

इसका कारण स्वयं विषय की मौलिकता है। यही बात उपन्यास सिद्धान्त को अत्यधिक कठिन बनाती है। सारतः इस सिद्धान्त में अध्ययन का विषय दूसरी विधाओं के सिद्धान्त के विषय से पूर्णतः भिन्न होता है। वह "बहुत पहले से निरूपित और अंशतः मृत विधाओं के बीच एकमात्र विकासमान, निर्माणाधीन विधा है। उपन्यास वह एकमात्र विधा है, जिसे विश्व इतिहास के नए युग ने जन्मा और पोषित किया है और इसलिए वह उसका सजातीय है, जबकि अन्य बृहद विधाएँ इस युग ने तैयार रूप में ही धरोहर में पाई हैं और वे अपने अस्तित्व की नई परिस्थितियों के अनुकूल अपने को ढालती हैं–कोई ऐसा अधिक अच्छी तरह कर पाती है, कोई कम।"[54]

किसी एक काल के साहित्य की समग्रता में विधाओं की अन्योन्यक्रिया की समस्या भी बहुत महत्त्वपूर्ण और रोचक है। "सोपानक्रम में संगठित साहित्य की अविभाज्य इकाई में केवल तैयार विधाएँ आती हैं, जिनकी अपनी निश्चित और सुस्पष्ट पहचान बन चुकी होती है। ये विधाएँ अपनी विधागत प्रकृति बनाए रखते हुए एक दूसरी को परिसीमित कर सकती हैं, एक दूसरी की अनुपूरक हो सकती हैं। अपनी गहन संरचनात्मक विशेषताओं में वे सजातीय होती हैं, एक होती हैं।"[55]

आधुनिक युग में स्पष्टतः दूसरी विधाओं का भी औपन्यासीकरण हुआ है जिससे ये विधाएँ अधिक स्वतन्त्र हो जाती हैं, पहले की भाँति ये निश्चित सीमाओं में बँधी नहीं रहतीं इनमें अधिक लोच आ जाती है। "साहित्य-इतर विविध भाषाओं तथा साहित्यिक भाषा के 'औपन्यासिक' संस्तरों से उनकी भाषा का नवीकरण होता है। इनमें संवाद होने लगते हैं, हास्य, व्यंग्य, विनोद और आत्म-पैरोडी के तत्त्व बड़े पैमाने पर इनमें स्थान पाते हैं। अन्ततः और यही बात सबसे अधिक महत्त्वपूर्ण है। उपन्यास इन विधाओं को समस्याप्रधान बनाता है, अर्थसम्बन्धी एक विशिष्ट अपूर्णता प्रदान करता है और इन्हें विकासमान समसामयिकता के सजीव सम्पर्क में लाता है।"[55]

निस्सन्देह औपन्यासीकरण की व्याख्या स्वयं "उपन्यास के ही सीधे और प्रत्यक्ष प्रभाव से नहीं की जा सकती। उन मामलों में भी जहाँ यह प्रभाव निश्चित रूप से पाया जाता है। यह स्वयं जीवन में आए उन परिवर्तनों के प्रभाव के साथ अटूट रूप से जुड़ा होता है जो उपन्यास को भी निर्धारित करते हैं तथा जो युग विशेष में उपन्यास का प्रभुत्व सुनिश्चित करते हैं। उपन्यास एकमात्र विकासमान विधा है इसलिए वह स्वयं जीवन के यथार्थ के विकास का प्रतिबिम्बन अधिक तीव्रता और गहराई से करता है। यह प्रतिबिम्बन सारपूर्ण होता है और इसमें उपन्यास अधिक संवेदनशीलता का परिचय देता है।"[56] उपन्यास नूतन युग के साहित्यिक विकास का नायक बन ही

इसलिए पाया है कि वह नूतन युग की विकास की प्रवृत्ति को सबसे अधिक अच्छी तरह अभिव्यक्त करता है।

उपन्यास के मामले में ''साहित्य का सिद्धान्त बिल्कुल असहाय सिद्ध होता है। शेष विधाओं के साथ उसे कोई कठिनाई नहीं होती–वे एक सुनिश्चित और सुस्पष्ट, पूर्णतः संगठित और तैयार विषय हैं। अपने मानक विकास के सभी युगों में ये विधाएँ अपनी स्थिरता और नियमानुरूपता बनाए रखती हैं, युगों, धाराओं और सम्प्रदायों में इनके जो रूपभेद बनते हैं वे सतही ही होते हैं, सुगठित विधागत ढाँचा इनसे प्रभावित नहीं होता।''[57] उपन्यास एक बहुआयामी विधा है ''लेकिन कई अच्छे-अच्छे एक आयामी उपन्यास भी हैं, उपन्यास एक सुघड़, घटनाप्रधान कथानाकवाली विधा है, लेकिन ऐसे भी उपन्यास हैं जो शुद्धतः वर्णनात्मक हैं। उपन्यास समस्याप्रधान विधा है, लेकिन बड़े पैमाने पर लिखे और पढ़े जानेवाले 'लोकप्रिय' उपन्यासों में जो शुद्ध मनोरंजनात्मकता और विचारहीनता पाई जाती है और वह अन्य किसी भी विधा की रचना में देखने में नहीं आती। उपन्यास प्रेमकथा है, लेकिन कई श्रेष्ठतम उपन्यासों में प्रेमतत्त्व है ही नहीं। उपन्यास गद्य विधा है लेकिन कई उत्कृष्ट पद्य उपन्यास भी हैं। उपन्यास के ऐसे और भी कितने ही 'विधागत लक्षण' गिनाए जा सकते हैं, जो ईमानदारी से उनके साथ जोड़ी गई उपाधि से निरर्थक हो जाते हैं।''[58]

नई काल-अभिमुखता तथा नए सम्पर्क क्षेत्र के साथ ही उपन्यास के इतिहास में एक दूसरी, नितान्त महत्त्वपूर्ण परिघटना जुड़ी हुई है। यह है ''साहित्य-इतर विधाओं–दैनन्दिन जीवन की और वैचारिक विधाओं के साथ उपन्यास का विशेष सम्बन्ध। अपने विकास के नए चरण में उपन्यास ने पत्रों, डायरियों, स्वीकारोक्तियों के रूपों, इत्यादि का व्यापक उपयोग किया है। एक विकासमान विधा के नाते ये सभी बातें उपन्यास के लिए अत्यन्त लाक्षणिक हैं। क्या कलात्मक है, क्या कलात्मक नहीं है, कहाँ साहित्य है, कहाँ साहित्य नहीं है, उनके बीच सदा के लिए कोई अमिट अटल सीमा रेखा तो खींची नहीं जा सकती। प्रत्येक क्षेत्र-विशेष इतिहासपरक होता है। साहित्य का विकास क्षेत्र-विशेष की अडिग सीमाओं में उसकी सम्बृद्धि और परिवर्तन मात्र नहीं है, यह विकास स्वयं इन सीमाओं को भी छूता है।''[59]

उपन्यास एक परिस्थिति विशेष में संघर्षरत मानव को चित्रित करता है, अतः वह मानव को सम्पूर्णता में नहीं पकड़ पाता है, वह उसके भविष्य की नियति कल्पना द्वारा चित्रित करता है। अतः ''अपूर्ण वर्तमान और परिणामतः भविष्य के साथ सम्पर्क का क्षेत्र ही यह आवश्यक बनाता है कि मनुष्य स्वयं अपने से भिन्न हो। उसमें सदा ऐसी क्षमताएँ और अपेक्षाएँ बनी रहती हैं जो मूर्तित नहीं हो पाईं। भविष्य तो है सो ऐसा नहीं हो सकता कि इस भविष्य का मनुष्य के बिम्ब से कोई वास्ता न हो, उसमें इसका मूल निहित न हो। मनुष्य आद्योपांत ठोस रूप में मूर्तित नहीं हो सकता है। ऐसे कोई

रूप नहीं हैं जो उसकी सभी मानवीय सम्भावनाओं, क्षमताओं और अपेक्षाओं के अन्त तक मूर्तित कर पाएँ, जिनमें वह अपने को पूरी तरह अन्तिम शब्द तक महाकाव्य या त्रासदी के नायक की भाँति व्यक्त कर सके जिन्हें वह पूरी तरह लबालब भर दे और साथ ही उनसे बाहर छलके भी नहीं। मानवीय स्वरूप सदा शेष बचा रहता है, भविष्य की आवश्यकता और इस भविष्य के लिए आवश्यक स्थान सदा बचा रहता है। सभी विद्यमान परिधान मनुष्य के तंत्र हैं। किन्तु यह अतिरिक्त मानवीयता नायक में मूर्तित न होकर, रचनाकार के दृष्टिकोण में मूर्तित हो सकती है।"[60]

अतः उपन्यास का यथार्थ भी संभाव्य यथार्थों में से एक है, वह अनिवार्य नहीं, सांयोगिक है, उसमें दूसरी सम्भावनाएँ भी निहित हैं।

अन्ततः उपन्यास में मनुष्य वैचारिक और भाषाई पहल पाता है, जो उसके बिम्ब का स्वरूप बदलती है। संक्षेप में उपन्यास में मनुष्य का बिम्ब उभरता है। आरम्भ से ही उपन्यास का निर्माण निरपेक्ष अतीत के दूरस्थ पटल पर नहीं, बल्कि इस अनिरूपित, अनिर्मित समकालीनता के साथ सीधे सम्पर्क के क्षेत्र में हुआ। व्यक्तिगत अनुभव और स्वतन्त्र सृजनात्मक कल्पना इसका आधार बने। नए कलात्मक-गद्यात्मक औपन्यासिक बिम्ब और नई अनुभवाश्रित, आलोचनात्मक वैज्ञानिक संकल्पना का निरूपण साथ-साथ हुआ।

निष्कर्ष के तौर पर कहा जा सकता है कि उपन्यास साहित्य की सबसे नवीनतम विधाओं में से एक है। जबकि अनिवार्यतः साहित्य मानव चरित्र को ही चित्रित करता है, तब नवीनतम साहित्यिक विधा के होने के कारण उपन्यास में यथार्थ तत्त्व की प्रमुखता स्वाभाविक है। पर उपन्यास का यथार्थ कलात्मक यथार्थ होता है, उसमें निर्जीव तथ्यों को सजीव बिम्बों में बदलने की कोशिश होती है। इस अर्थ में उपन्यास का यथार्थ वस्तुगत यथार्थ न होकर यथार्थ का औसत या अतिरिक्त यथार्थ होता है। और इसी अतिरिक्त चित्रण से वह सामान्य या सार्वभौमिक होने की कोशिश करता है और इस कोशिश में यथार्थ को कल्पना से संयुक्त होना पड़ता है। मूलतः कल्पना ही किसी विशेष देश-काल के सीमित यथार्थ को सार्वभौमिक और शाश्वत बनाती है। चूँकि उपन्यास साहित्य की नवीनतम विधा है अतः उपन्यास पर दूसरी विधाओं का प्रभाव स्वाभाविक है। इसी तरह साहित्य की दूसरी विधाओं का भी औपन्यासीकरण हुआ है। इस तथ्य का यह मतलब नहीं है कि सारी विधाओं को औपन्यासिकता के आधार पर जाँचा जाए, बल्कि यह है कि रचना में अर्थ की अनन्त सम्भावना को खोजने के लिए विधाओं का परस्पर अन्तःसम्बन्ध और अन्तःव्याप्ति की अवधारणा अर्थ की एक नवीन सम्भावना प्रस्तुत कर सकती है।

अतः यथार्थ और कल्पना के सतही विभाजन से हटकर आत्मकथा में उपन्यास और उपन्यास में आत्मकथा की खोज हो सकती है।

सन्दर्भ सूची

1. लेखक की आस्था : निर्मल वर्मा, सं. नन्दकिशोर आचार्य, पृ. 117, वाग्देवी पॉकेट बुक्स, बीकानेर, 2001
2. वही, पृ. 117
3. वही, पृ. 115
4. वही, पृ. 118
5. वही, पृ. 118
6. हिन्दी उपन्यास : एक अन्तर्यात्रा : रामदरश मिश्र, पृ. 13, राजकमल प्रकाशन, दिल्ली, 1992
7. वही, पृ. 13
8. लेखक की आस्था : निर्मल वर्मा, सं. नन्दकिशोर आचार्य, पृ. 14, वाग्देवी पॉकेट बुक्स, बीकानेर, 2001
9. हिन्दी उपन्यास : एक अन्तर्यात्रा : रामदरश मिश्र, पृ. 12, राजकमल प्रकाशन, दिल्ली, 1992
10. वही, पृ. 12
11. वही, पृ. 14
12. वही, पृ. 17
13. वही, पृ. 17
14. वही, पृ. 18
15. वही, पृ. 18
16. वही, पृ. 18
17. साहित्य सिद्धान्त : डॉ. रामअवध द्विवेदी, पृ. 124, बिहार राष्ट्रभाषा परिषद्, पटना, 1983
18. वही, पृ. 124
19. वही, पृ. 125
20. वही, पृ. 127
21. वही, पृ. 127
22. वही, पृ. 129
23. वही, पृ. 130
24. वही, पृ. 130
25. वही, पृ. 131
26. वही, पृ. 132
27. वही, पृ. 133
28. वही, पृ. 133
29. वही, पृ. 134
30. वही, पृ. 135
31. वही, पृ. 136
32. वही, पृ. 137

33. वही, पृ. 139
34. वही, पृ. 140
35. वही, पृ. 140
36. वही, पृ. 141
37. वही, पृ. 141
38. वही, पृ. 142
39. वही, पृ. 142
40. वही, पृ. 142
41. वही, पृ. 134
42. वही, पृ. 143
43. उपन्यास और लोकजीवन : रैल्फ फॉक्स, अनुवाद : नरोत्तम नागर, पृ. 31, पीपुल्स पब्लिशिंग हाउस, 1980
44. वही, पृ. 31
45. वही, पृ. 32
46. वही, पृ. 33
47. आस्था और सौन्दर्य : रामविलास शर्मा, पृ. 10, राजकमल प्रकाशन, दिल्ली, 1980
48. वही, पृ. 10
49. वही, पृ. 11
50. वही, पृ. 11
51. वही, पृ. 11
52. वही, पृ. 12
53. वही, पृ. 13
54. साहित्य और सौन्दर्यशास्त्र : मिखाइल वख्तीन : अनुवाद : योगेन्द्र नागपाल, पृ. 262, रादुगा प्रकाशन, मास्को, 1987
55. वही, पृ. 264
56. वही, पृ. 270
57. वही, पृ. 267
58. वही, पृ. 271
59. वही, पृ. 274
60. वही, पृ. 275

बाणभट्ट की आत्मकथा : चरित, कथा और आत्म-दर्शन

अपने अध्ययन में हम देख चुके हैं कि आत्मकथा में औपन्यासिकता का प्रवेश सम्भव है। इस अर्थ में आत्मकथा अन्ततः एक 'कथा' ही है। साथ ही यह भी महत्त्वपूर्ण है कि आत्मकथा की 'कथा' में औरों की 'कथा' कही जा सकती है। यहाँ 'आत्मकथा', 'जीवनी' जैसी लग सकती है। इस निष्कर्ष के बाद अब हम आचार्य हजारीप्रसाद द्विवेदी की रचना 'बाणभट्ट की आत्मकथा' का अध्ययन करेंगे।

'बाणभट्ट की आत्मकथा' के स्थापत्य में चरित, कथा और आत्मदर्शन (जीवनी, उपन्यास और आत्मकथा) ये सभी तत्त्व आनुषंगिक आनुपातिक रूप में कलात्मक ढंग से नियोजित हैं। आत्मकथा के शिल्प में लिखी गई यह रचना आलोचकों की दृष्टि में 'वस्तुतः एक उपन्यास' ही है। नलिन विलोचन शर्मा ने इस रचना के सन्दर्भ में कहा है कि " 'बाणभट्ट की आत्मकथा' एक महान ऐतिहासिक उपन्यास बन पड़ा है। आत्मकथा जैसी लगनेवाली यह जीवनी वस्तुतः एक उपन्यास ही है और द्विवेदीजी यहीं एक कुशल कलाकार के रूप में प्रकट भी होते हैं। उन्होंने केवल ऐतिहासिक पृष्ठभूमि या केवल ऐतिहासिक पात्र को ही नहीं चुना है बल्कि दोनों की संकीर्ण परिधि में अपने को आबद्ध रखा है। फिर भी आत्मकथा में आद्यंत औपन्यासिकता का अकृत्रिम निर्वाह हुआ है। द्विवेदीजी ने ऐतिहासिक यथा-तथ्य और सूक्ष्म बाह्य वर्णन के साथ बाणभट्ट के अभ्यंतर द्वन्द्व और संघर्ष के विश्लेषण को जिस विलक्षणता के साथ गुम्फित किया है वह उनके निर्माण कौशल का परिचायक है।"[1] स्पष्टतः नलिन विलोचन शर्मा यह मानते हैं कि द्विवेदीजी ने बाणभट्ट की जीवनी प्रस्तुत की है जिसमें कल्पना के योग के कारण औपन्यासिकता का समावेश हो गया है। उन्होंने इस रचना के गद्य की तारीफ करते हुए कहा है कि "बाण की अत्यन्त कृत्रिम और आलंकारिक गद्य शैली के बदले आधुनिक आदर्श के अनुरूप गद्य के सहारे ही लेखक बराबर बाण की याद दिलाते रहने में सफल हुआ है। स्वयं बाण, अपने सारे पांडित्य प्रदर्शन के रहते हुए भी भावानुरूप परिवर्तनक्षम तथा लयपूर्ण गद्य लिख सकते थे। कई-कई पृष्ठों तक फैले हुए वाक्यों के बदले जब दो-दो चार-चार शब्दों के लघु, सरल वाक्य आने लगते हैं और फिर कुछ दूर बाद पहले का क्रम चल निकलता है तो पाठक

एक शैलीगत विस्तार और संकोच की लय में बह चलता है। गद्य की यह लयपूर्णता, द्विवेदीजी की शैली की बाण प्रेरित विशेषता है।''[2]

पर 'बाणभट्ट की आत्मकथा' बाणभट्ट की जीवनी नहीं है और अगर है भी तो इसे हम औपन्यासिक जीवनी कह सकते हैं क्योंकि इसका ''कथासंसार इतिहास पर आधारित है पर उसमें इतिहास बहुत कम और कल्पना तथा लोकश्रुति से प्राप्त प्रसंगों का बाहुल्य है। इतिहास केवल इतना ही है कि हर्षवर्द्धन के राजदरबार में बाणभट्ट को राजकवि के रूप में, कुछ प्रारम्भिक कठिनाइयों के बाद, प्रतिष्ठा मिली थी। शेष कथासंसार कल्पना का इन्द्रजाल है जो समकालीन साहित्य, संस्कृति और लोकश्रुतियों के आधार पर निर्मित हुआ है।''[3] कल्पना के नवोन्मेष द्वारा ''इतिहास के क्षीण आधार पर ऐतिहासिक कथासंसार निर्मित करने की जो परम्परा राहुल सांकृत्यायन ने आरम्भ की थी, उसे द्विवेदीजी ने सर्जनात्मक पूर्णता पर पहुँचा दिया। यह ऐतिहासिक उपन्यास लेखन की नई दिशा थी जो उपन्यास में इतिहास के उपयोग को सार्थकता और सर्जनात्मकता से सम्पन्न करनेवाली थी।''[4] नलिन विलोचन शर्मा भी मानते हैं कि ''परिमाण में सीमित इतिहास के आधार पर परिपूर्ण जीवनी-जैसी बाणभट्ट की आत्मकथा है—लिखने के लिए कवित्व शक्ति आवश्यक है। एक कवि ही, मैं ऐसा मानता हूँ, जीवनी लिख सकता है। यहाँ आशय कल्पना शक्ति के उद्भव से है।''[5] उनके अनुसार ''आत्मकथा लिखना सबके बूते की बात नहीं है—पर कुछ लोगों को दूसरों की जीवनी लिखने में ऐसी सफलता मिल सकती है कि वह आत्मकथा ही मालूम पड़े। दूसरी कोटि के लेखकों के लिए इतिहास के सूक्ष्म अध्ययन के साथ कवि की शक्ति और उपन्यासकार की स्थापत्य-कुशलता भी आवश्यक है। लेखक और उसके चरितनायक के व्यक्तित्व की समानता तो जीवनी लेखन के लिए अनिवार्य है।''[6] और चूँकि द्विवेदजी और बाणभट्ट ''के व्यक्तित्व में एक से अधिक समान तत्त्व हैं, दोनों में ही शास्त्र के ज्ञान और जीवन के अनुभव, पांडित्य और विनोद, संयम और सहृदयता, गाम्भीर्य और परिहास-प्रेम का दुर्लभ संयोग है।''[7] इसलिए ''कोई आश्चर्य नहीं कि द्विवेदीजी की लिखी बाणभट्ट की जीवनी बाणभट्ट की आत्मकथा ही बन गई है।''[8] निःसन्देह द्विवेदीजी द्वारा लिखी गई बाणभट्ट की जीवनी ''परकाया प्रवेश का उत्कृष्ट उदाहरण है। द्विवेदजी को बाणभट्ट बन जाने में पूरी सफलता मिली है।''[9] अगर ''द्विवेदीजी ने प्रगल्भ परिहास न भी किया होता तो शोध-प्रेमी यह सन्देह कर सकते थे, इन महाशय को कदाचित कोई प्राचीन पांडुलिपि मिल गई हो।''[10] द्विवेदीजी द्वारा लिखित बाणभट्ट की जीवनी की सफलता के कारणों को खोजते हुए नलिन विलोचन शर्मा ने कहा है कि ''बाणभट्ट के इतिहास के विषय में भी, सौभाग्य से लेखक को पर्याप्त सामग्री सुलभ थी। सौभाग्य से इसलिए कि क्योंकि संस्कृत के प्राचीन लेखकों का इतिहास, इतिहास नहीं, अनुमान मात्र है। बाणभट्ट उन अपवादों

में से हैं जिनके विस्तृत और प्रमाणित जीवनवृत्त उपलब्ध हैं। इससे भी ज्यादा तो यह कि बाण का जीवन-वृत्त उन्हीं के द्वारा लिखा गया है। 'कादम्बरी' और 'हर्षचरित' में बाण ने अपने बारे में जितना और जो कुछ लिखा है वह क्या कम है? बाणभट्ट के काल-निर्णय जैसे नीरस शास्त्रीय प्रश्नों पर भले ही उनकी आत्मकथा से प्रकाश नहीं पड़ता हो किन्तु उससे उनके व्यक्तित्व का अन्तःदर्शन सम्भव हो जाता है जो उनकी जीवनी लिखने के प्रयास को काफी सरल बना देता है।''[11] हम जानते हैं कि ''बाणभट्ट ने बिना भावुक हुए और निर्मम तटस्थता के साथ लिखा है कि एक अभिजात ब्राह्मण वंश में जन्म लेने के बावजूद वे यौवन में, सन्देहास्पद चरित्रवाले समवयस्कों के साथ आवारागर्दी करते रहे, फिर सँभले और घर-गिरस्ती की ओर ध्यान दिया और साहित्य रचना में जुटे, राजा के यहाँ पहुँचने पर पहले तो उपेक्षा ही हुई, पर बाद में उनकी प्रतिभा के कारण यथोचित आदर भी हुआ।''[12] द्विवेदीजी के सम्मुख अगर ''व्यक्ति के जीवन के इतिहास के लिए इतनी सामग्री है तो काफी है। द्विवेदीजी ने इस सामग्री की सम्भावनाओं को देखा और उनका सफाई के साथ उपयोग किया।''[13] बाणभट्ट अपनी रचनाओं में कवित्वपूर्ण होते हुए भी आत्मकथा के सन्दर्भ में असत्य नहीं हैं। अतः 'हर्षचरित्' और 'कादम्बरी' में ''बाण ने आत्मकथा लिखते हुए भी वस्तुतः जीवनी लिखी। द्विवेदीजी ने जीवनी लिखी और उसे आत्मकथा कहा और हमने उसे ऐसा पाया भी, कुछ लोगों ने तो शब्दशः।''[14] द्विवेदीजी की 'बाणभट्ट की आत्मकथा' ऐतिहासिक बाणभट्ट की आत्मकथा इस कारण प्रतीत होती है कि द्विवेदीजी ने इसमें बाणभट्ट की शैली को जीवंतता से प्रस्तुत कर दिया है। अपनी रचना में द्विवेदीजी ने ''बाण की तरह बहुत गहरे रंगों का तो प्रयोग नहीं किया है, फिर भी गहरे रंगों का प्रयोग उन्होंने भी अवश्य ही किया है। गहरे रंगों की पृष्ठभूमि में यह खतरा बना रहता है कि कहीं तस्वीर ओछी न पड़ जाए। बाण कहीं-कहीं अपने चित्रों को उनकी पृष्ठभूमि के फलस्वरूप हल्का ही छोड़ देने को बाध्य हो गए। द्विवेदीजी ने अपने चरित-नायक की कुशलता और असफलता दोनों से ही सीख ली है। बाणभट्ट की आत्मकथा में शायद ही ऐसा कहीं हुआ हो कि पृष्ठभूमि प्रधान और चित्र गौण हो गया हो। लेकिन द्विवेदीजी की तस्वीरें भी सार्थक पृष्ठभूमि पर ही उभरी हैं। और सार्थक पृष्ठभूमि के लिए कवित्व-शक्ति की ही अपेक्षा रहती है। पुस्तक के आरम्भ में ही बाणभट्ट के जो विशद चित्र उपस्थित किए गए हैं उनकी परिपूर्णता के पीछे लेखक की कवित्व-शक्ति ही काम करती है। 'बाणभट्ट की आत्मकथा' निस्सन्देह एक कवि चित्रकार की रचना है।''[15] मानना होगा कि ''बाणभट्ट के उपन्यासों के समान ही उनकी इस जीवनी में भी कवित्वपूर्ण वर्णनों के एक विशेष प्रभाव को उत्पन्न करने के लिए विन्यास पाया जाता है। विस्तृत एवं सजीव वर्णनों की सहायता से, कुल मिलाकर वह वातावरण तैयार कर दिया गया है जो चरित्र निर्माण को विश्वास्य बना

पाया है।''[16] इसी कारण 'बाणभट्ट की आत्मकथा' बाणभट्ट के चरित या जीवनी को प्रभावशाली एवं कलात्मक ढंग से चित्रित कर सकी है। इसका उदाहरण हम पहले पन्ने पर ही देख सकते हैं, जब 'बाणभट्ट' 'आत्मकथा' की शैली में अपना परिचय प्रस्तुत करते हुए कहता है कि ''यद्यपि बाणभट्ट नाम से ही मेरी प्रसिद्धि है, पर यह मेरा वास्तविक नाम नहीं है। इस नाम का इतिहास लोग न जानते तो अच्छा था। मैंने प्रयत्नपूर्वक इस इतिहास से लोगों को अनभिज्ञ रखना चाहा है, पर नाना कारणों से अब मैं उस इतिहास को अधिक नहीं छिपा सकता। मेरी लज्जा का प्रधान कारण यह है कि मेरा जन्म जिस प्रख्यात वात्स्यायन वंश में हुआ है, उसके धवल कीर्ति-पट पर यह कहानी एक कलंक है। मेरे पितृ-पितामहों के गृह वेदाध्यायियों से भरे रहते थे। उनके घर की शुक-सारिकाएँ भी विशुद्ध मंत्रोच्चारण कर लेती थीं, और यद्यपि लोगों को यह बात अतिशयोक्ति जँचेगी, परन्तु यह सत्य है कि मेरे पूर्वजों के विद्यार्थी उनकी शुक-सारिकाओं से डरते रहते थे। वे पद-पद पर उनके अशुद्ध पाठों को सुधार दिया करती थीं। हमारे पूर्वजों के घर यज्ञ-धूम से निरन्तर धूमायित रहते थे। परन्तु यह सब मेरी सुनी हुई कहानी है। अपने पिता चित्रभानु भट्ट को तो मैंने स्वयं देखा है। यदि मैं कहूँ कि सरस्वती स्वयं आकर अपने पाणि-पल्लवों से मेरे पितृदेव के होमकालीन श्रम सीकरों को पोंछा करती थीं, तो इसमें कुछ भी अत्युक्ति नहीं होगी, क्योंकि उषाकाल से लेकर सूर्योदय के दो मुहूर्त्तों तक निरन्तर हवन करने के बाद जब मेरे पिता पसीने से तर होकर उठते थे, तो सीधे अध्यापन के कुशासन पर जा बैठते थे। यही उनका विश्राम था। इसी समय विद्यार्थियों को वेदाभ्यास कराते-कराते उनके श्रम बिन्दु सूखते थे। इसे सरस्वती का पसीना पोंछना न कहूँ, तो क्या कहूँ? ऐसे ही कृति-पिता का मैं पुत्र था—जन्म का आवारा, गप्पी, अस्थिरचित्त और घुमक्कड़। मैं घर से जब निकल भागा था, तो अपने साथ गाँव के अन्य अनेक छोकरों को भी फोड़ ले गया था। वे सब अन्त तक मेरे साथ नहीं रहे, तो भी मैं गाँव में बदनाम तो हो ही गया था। मगध की बोली में 'बंड' पूँछ-कटे बैल को कहते हैं। वहाँ यह कहावत मशहूर है कि—बंड आप आप गए, साथ में नौ हाथ का पगहा भी लेते गए। सो लोग मुझे 'बंड' कहने लगे। इसी को बाद में संस्कृत शब्द 'बाण' द्वारा संस्कार करके मैंने इस नाम की कुछ इज्जत बढ़ा ली। भट्ट तो लोगों ने बाद में जोड़ा। वैसे मेरा असली नाम दक्ष था। इधर मेरे प्रति लोगों का आदर और स्नेह का भाव बढ़ गया है, वे चाहें तो दक्ष भट्ट कह लें। बड़ी होशियारी से मैंने यह नाम अन्यत्र सुरक्षित रख छोड़ा है। उसकी कहानी मैं अभी बताऊँगा।''[17] महत्त्वपूर्ण यह भी है कि 'बाणभट्ट की आत्मकथा' में ''बाण के पर्यटन-काल से सम्बन्ध-काल से सम्बद्ध देश, तत्कालीन आचार-व्यवहार आदि के जो वर्णन आए हैं वे अपने में ही महत्त्वपूर्ण नहीं हैं किन्तु बाण के अमर्यादित जीवन के अनिवार्य वातावरण की सृष्टि करते हैं। 'बाणभट्ट की

आत्मकथा' पढ़ते हुए सम्राट हर्षवर्द्धन के समय के भारतवर्ष में पहुँच जाते हैं।''[18] इस रचना को पढ़ने के बाद हम इस निष्कर्ष पर पहुँच सकते हैं कि ''इतिहासकार कवि नहीं होते हुए भी इतिहास लिख सकता है जबकि जीवनी लेखक कवि हुए बिना इतिहास ही लिख सकता है जीवनी नहीं।''[19]

पर दूसरे आलोचकों ने माना है कि बाणभट्ट की घटनाएँ ऐतिहासिक नहीं हैं, अतः 'बाणभट्ट की आत्मकथा' को हम आधुनिक अर्थ में 'जीवनी' नहीं कह सकते हैं। पर ऐतिहासिक पृष्ठभूमि के यथार्थ चित्रण के कारण कुछ आलोचकों ने इस रचना को 'ऐतिहासिक उपन्यास' माना है। इसी सन्दर्भ में भगवतशरण उपाध्याय ने लिखा है कि ''आत्मकथा की घटनाएँ ऐतिहासिक नहीं हैं, परन्तु उनकी पृष्ठभूमि सर्वथा ऐतिहासिक है, उसका सामाजिक तथ्य दर्पण की भाँति सातवीं सदी के भारतीय समाज को प्रतिबिम्बित करता है।''[20] ऐतिहासिक उपन्यास में चूँकि तथ्य के साथ कल्पना का भी समावेश होता है अतः इस विधा की सृजन प्रक्रिया कठिन हो जाती है क्योंकि ''उसे कला और इतिहास के सम्मिलित अनुशासन के मध्य से अपना रास्ता बनाना होता है। ऐतिहासिक उपन्यासों के प्रति जो गहरा असन्तोष समय-समय पर व्यक्त किया जाता रहा है उसके मूल में भी यही बात सर्वोपरि है कि उसकी पैमाइश बहुधा ही बहुत भिन्न और किसी हद तक परस्पर विरोधी पैमानों से होती रही है। साहित्य और कला में रुचि रखनेवाले सामान्य पाठक के लिए उसकी ऐतिहासिकता नीरस और बोझिल लगती है जबकि इतिहास के तथाकथित विद्वानों को यह शिकायत रहती है कि उसमें इतिहास को भ्रष्ट किया गया है।''[21] चूँकि ''ज्यों का त्यों इतिहास कभी भी किसी सृजनात्मक कृति के लिए किसी भी रूप में उपयोगी नहीं होता। हिन्दी में ही नहीं अन्य भाषाओं में भी ऐसे ऐतिहासिक उपन्यासों की संख्या बहुत कम है जो इतिहास और कला दोनों के धर्मों को पूरा करते हों और दोनों के कठोर अनुशासन के बीच से सुगमतापूर्वक अपना रास्ता तय कर सके हों।''[22] इस दृष्टि से 'बाणभट्ट की आत्मकथा' कलात्मक रूप से तो साहित्यिक है ही इसमें बहुत हद तक ऐतिहासिकता की सुरक्षा भी की गई है। इस रचना में ''इतिहास की प्रामाणिकता के लिए...बहुविध सन्दर्भों को गूँथा गया है। बाणभट्ट की आत्मकथा के लिए जरूरी था कि बाणभट्ट की शैली का पैटर्न भी अपनाया जाता, इसके अभाव में प्रामाणिकता सन्दिग्ध हो जाती है।''[23] लेकिन द्विवेदीजी द्वारा रचित यह पैटर्न ''अनुकृति के रूप में न होकर लेखक के सहायक के रूप में अपनाया गया है। बहुविध सन्दर्भों और पैटर्न विशेष के माध्यम से जिस विशाल सांस्कृतिक पट का निर्माण किया गया है, वह स्वयं ही कथा है। इसकी बनावट और बुनावट में अद्भुत सतर्कता दिखाई देती है। इसका फल यह हुआ कि इसमें आन्तरिक परिपक्वता के साथ अभूतपूर्व 'फिनिश' का सौन्दर्य भी आ गया है। इसके लिए जिस रियाज और तराश की आवश्यकता होती है वह भी यहाँ मौजूद

है। इस तराश के कारण इसकी गत्यात्मकता में कहीं कमी नहीं आती बल्कि चमक बढ़ जाती है। शिल्प की पूर्णता लेखक का लक्ष्य नहीं है क्योंकि वह कथ्य के अतिरिक्त और कुछ नहीं है। बाणभट्ट की भाँति सूक्ष्म-संश्लिष्ट वर्णनों में सन्दर्भित पांडित्यपूर्ण संस्कृति के साथ ऊर्ध्वोमुख दृष्टिकोण का कहीं लोप नहीं होता।''[24] फलतः 'बाणभट्ट की आत्मकथा' ऐतिहासिक उपन्यास के दायित्व को निबाहने में पूर्णतः समर्थ है। इसमें द्विवेदीजी ने ''इतिहास में प्राप्त हर्षकालीन स्थूल आँकड़ों को आधार न बनाकर तत्कालीन साहित्यों में चित्रित सत्यों को आधार बनाया है। इन बिखरे हुए सत्यों को गूँथकर लेखक ने बहुत सशक्त और सुन्दर वातावरण तैयार किया है। मध्यकालीन सामन्तशाही, उसकी हीनता, उसका पाप, उसकी छाँह में पलती हुई नागरिक सभ्यता की निर्वीर्यता, राजमहलों के अन्य गह्वरों में बन्दी तड़पता हुआ नारीत्व, आश्रय पाता हुआ विलासी क्रूर समुदाय, मिथ्या दर्प, ईर्ष्या-द्वेष और स्वार्थ पर ठहरा हुआ धर्म और पांडित्य तथा मानव-मूल्यों को गलत ढंग से आँकनेवाली पनपती हुई दृष्टियाँ, ये सभी 'आत्मकथा' के परिवेश में बड़ी जीवन्तता से उभरे हैं।''[25] 'बाणभट्ट की आत्मकथा' की कथावस्तु सम्राट हर्षवर्धन के काल से ली गई है और इसके कुछ ही पात्र ऐतिहासिक हैं जैसे—बाण, हर्षवर्द्धन, कृष्णवर्द्धन, शीलभद्र, राज्यश्री और जयन्त भट्ट। महत्त्वपूर्ण यह है कि इस रचना 'के कार्य और घटनाएँ काल्पनिक हैं' पर ''घटनाएँ काल्पनिक होती हुई भी उस युग और समाज के अनुरूप हैं।''[26] द्विवेदीजी ने ''तत्कालीन ग्रन्थों के अध्ययन के आधार पर ही किसी स्थान, घटना या त्योहार का चित्र खींचा है। ऐतिहासिक पात्रों के जीवन की घटनाएँ इतिहास में कहीं वर्णित नहीं हैं किन्तु लेखक ने उन पात्रों के अनुरूप उनसे सम्बन्धित घटनाओं की सृष्टि कर ली है।''[27] स्पष्टतः हम इस रचना को 'ऐतिहासिक उपन्यास' नहीं मान सकते हैं क्योंकि यहाँ इतिहास, पात्र, तिथि और घटना की यथा-तथ्यता नहीं है। अतः इसको अधिक से अधिक हम हर्षकालीन भारत की 'कथा' कह सकते हैं। पर इस 'कथा' की ऐतिहासिक प्रामाणिकता के रूप में ''धर्म, दर्शन, उपासना, राजतन्त्र, मूर्तिचित्र आदि के व्यापक सन्दर्भों को, जो अपने सूक्ष्म संश्लिष्ट तथा उन विशेषताओं के साथ जो उस युग की नितान्त अपनी हैं, कलात्मक वर्णन में उकेरित हैं, पेश किया जा सकता है। इस परिवेश में ही वे परिस्थितियाँ उगती हैं, जिनके संघातों में पड़कर पात्र स्वयंमेव क्रियात्मक हो उठते हैं। इस क्रियात्मकता के कई स्तर हैं—अन्तर्वैयक्तिक सम्बन्धों का स्तर, सांस्कृतिक, जातीय स्तर, राजनीतिक स्तर। ये सभी स्तर अलग होकर भी एक हैं। इस समूचे परिवेश और क्रियात्मकता को इतिहास की गत्यात्मकता परिचालित करती है।''[28] 'आत्मकथा' में ''व्यक्ति सत्य और समाज तथा इतिहास सत्य की तात्त्विक और तार्किक मीमांसा नहीं की गई है। बाणभट्ट को परिस्थिति के पेचों में बुरी तरह फँसा हुआ दिखाया गया है। यह लेखकीय कौशल और प्रयोग की

सृष्टि नहीं है, जीवन के भीतर परिस्थितियों के अनिवार्य दबाव से उभरनेवाले एक ठोस मानवीय द्वन्द्व के प्रसंग की पहचान है। इस बिन्दु में यह अहसास महत्त्वपूर्ण है कि मानव-जीवन में कुछ विश्वजनीन समस्याएँ होती हैं और जब वे ऐतिहासिक सामाजिक स्थितियों से निष्पन्न विशिष्ट समस्याओं के साथ मुठभेड़ में घिर जाती हैं तभी उनमें मानवीय सार के रूप में अनुभव व मार्मिक और सर्जनात्मक हो उठता है।. ..विश्वजनीन और ऐतिहासिक सामाजिक समस्याएँ अलग- अलग चाहे कितनी भी महत्त्वपूर्ण हों लेकिन जब तक वे परस्पर किसी अनिवार्य संघर्षात्मक अथवा द्वन्द्वात्मक बिन्दु पर आमने-सामने तन नहीं जातीं तब तक उनमें सर्जनात्मक और अनुभवात्मक ऊर्जा उत्पन्न नहीं होती है। ये संघर्षात्मक द्वन्द्वात्मक बिन्दु हमेशा ही परिस्थिति निर्भर और ऐतिहासिक प्रकृति के होते हैं। उन्हीं के संघर्ष और प्रतिक्रिया के रूप में मानवीय सत्य की निरन्तरता रहती है।''[29] द्विवेदीजी ने बाणभट्ट के व्यक्ति सत्य की उपस्थापना इस आशय से नहीं की है कि उसे अतिरिक्त गौरव अथवा आत्यन्तिक मूल्य के रूप में प्रतिष्ठा मिले। इसके विपरीत बाणभट्ट का ''व्यक्ति सत्य तत्कालीन समाज में प्रचलित प्रतिष्ठित धार्मिक-राजनीतिक विचारधाराओं की सीमाओं का अतिक्रमण करनेवाला एक कला तत्व के रूप में व्यवहृत है। अर्थात् उसके व्यक्ति सत्य का सर्जनात्मक पहलू स्पष्टतः ऐतिहासिक प्रसंग में अपनी भूमिका निबाहने और आत्यन्तिक मूल्य के रूप में प्रतिष्ठा पाने की अपेक्षा परिस्थितियों के बीच जीवन के प्रति एक अन्तर्दृष्टि उभारने भर तक व्यक्ति सत्य अन्तर्दृष्टि है, सक्रिय है।''[30] इस प्रकार ''बाणभट्ट का यह नितान्त निजी प्रतीत होनेवाला अन्तर्द्वन्द्व तत्कालीन समाज की समग्र (धार्मिक-लौकिक, राजनीतिक-मानवीय, सामाजिक-वैयक्तिक) प्रक्रिया को आत्मसात् करता हुआ प्रकाशित करता है। बाणभट्ट की मानसिकता तत्कालीन सामाजिक सम्बन्धों के घनिष्ठ प्रसंग में व्यक्ति सत्य का पक्ष ग्रहण करती है। पूरे उपन्यास में कहीं कोई ऐसा प्रसंग नहीं है जहाँ सामाजिक सम्बन्धों से उसे अलग कर स्वायत्त मूल्य के रूप में प्रतिष्ठा दी गई हो, इस तरह के अन्तर्द्वन्द्व शुद्ध एकान्ततः मनोवैज्ञानिक नहीं होते। यह वैयक्तिक मनोविज्ञान समाजिक प्रतिफलन होता है।''[31] स्पष्टतः द्विवेदीजी ने 'बाणभट्ट' के माध्यम से केवल 'हर्षकालीन' भारत की कथा नहीं कही है। कोई भी लेखक जब ऐतिहासिक उपन्यास या कथा लिखने की बात सोचता है तो स्वभावतः उसके अलग-अलग कारण होते हैं और उसके निर्णय के पीछे उसकी व्यक्तिगत रुचि ही विशेष निर्णायक तत्व होती है। लेकिन ''कोई भी उपन्यासकार क्यों न हो यदि अपने वर्तमान के प्रति थोड़ी सी दायित्व चेतना भी उसमें है तो वह मात्र अतीतजीवी होकर ही नहीं रह सकता। ऐतिहासिक उपन्यास की सबसे बड़ी सफलता ही इस तथ्य में निहित है कि अतीत के परिवेश में वर्तमान को वह कहाँ तक समाहित करके चल सका है।''[32] आधुनिक समकालीन परिवेश और उसकी समस्याओं

की उपस्थिति के कारण 'बाणभट्ट की आत्मकथा' वर्तमान की कहानी लगती है। नवजागरण की दृष्टि से "परिचालित होकर लेखक ने नारी-जीवन को इतनी गरिमा प्रदान की है। व्यक्तित्व की स्थापना नवीन युग की देन है। नारी-व्यक्तित्वों को इतना मूल्य कभी नहीं मिला था। वह देवी जरूर थी, किन्तु उस देवत्व में मानव व्यक्तित्व दब गया था। 'बाणभट्ट की आत्मकथा' में लेखक ने अधिकांश नारी-पात्रों को अन्धकार में उजागर किया है। अन्धी दृष्टि जिसे अन्धकार समझती, विवेकशील दृष्टि उसमें प्रकाश पा लेती है। सत्य-अन्वेषी दृष्टि पात्रों की संश्लिष्टता के भीतर मूल सत्य तक पहुँच जाती है।"[33] 'आत्मकथा' को पढ़ते हुए यह महसूस किया जा सकता है कि द्विवेदीजी ने "बड़ी सहृदयता से अभिशप्त और प्रताड़ित नारी-जाति को समझने की कोशिश की है, उसमें उच्छ्वास और भावावेग की आकुलता भर नहीं है, यथार्थ की मजबूत और गहरी पकड़ भी शामिल है।"[34]

वस्तुतः यह रचना अपनी मार्मिक और यथार्थ दृष्टि के कारण नारी-विमर्श की ज्वलन्त समस्याओं का आधुनिक संवेदनशील दस्तावेज लगता है। नारी विषयक मानवीय दृष्टि के अलावा "वर्तमान की बहुत सी ऐसी समस्याएँ हैं जो उसकी आत्मा में इस प्रकार रच-पच गई हैं।"[35] यह समकालीन जीवन की कहानी लगती है। इसके भीतर "राष्ट्रीय संकट का इतिहास बोध भी सन्निहित है। जिस समय यह उपन्यास लिखा गया था, भारत पराधीन था और द्वितीय विश्वयुद्ध की विनाशलीला अपने चरम पर थी। उपन्यासकार की चेतना में भारत की परतन्त्रता राष्ट्रीय संकट के रूप में विद्यमान थी जिसकी अभिव्यक्ति 'बाणभट्ट की आत्मकथा' में परोक्ष रूप में, हर्षवर्द्धन काल के राष्ट्रीय संकट के रूप में हुई है। महामाया, भैरवी इस राष्ट्रीय संकट से मुक्ति के लिए नौजवानों और बुद्धिजीवियों को ललकारती हैं। वस्तुतः यह आह्वान उपन्यासकार का आह्वान है 'अमृत के पुत्रों! मैं भविष्य देख रही हूँ। राजा-महाराजा और सामन्त स्वार्थ के गुलाम बनते जा रहे हैं। प्रजा भीरु और कायर होती जा रही है। विद्वान और शीलवान नागरिकों की बुद्धि कुंठित होती जा रही है...अपने आपको बचाओ, धर्म पर दृढ़ रहो, न्याय के लिए मरना सीखो, ब्राह्मण से चंडाल तक एक हो जाओ—चट्टान की तरह दुर्भेद्य, एक। यही बचने का उपाय है।' वस्तुतः यह उद्‌बोधन उपन्यासकार का है जो ब्रिटिश शासनकाल में भारतीय जीवन में व्याप्त मतभेद, जड़ता, कायरता और निर्णयहीनता से व्यथित था।"[36] राष्ट्रीय चेतना के साथ-साथ द्विवेदीजी के "विजन में एक ऐसे विश्व समाज की भी परिकल्पना है जिसमें विषमता न हो, युद्ध न हो, अत्याचार न हो, अशान्ति न हो और नारी को समाज में पूर्ण सम्मान प्राप्त हो।"[37]

अभी तक हमने चरित (जीवनी) और कथा (उपन्यास या ऐतिहासिक उपन्यास) की दृष्टि से 'बाणभट्ट की आत्मकथा' का अध्ययन किया है। हम देख चुके हैं कि

इसमें 'बाणभट्ट' को कथा का माध्यम बनाया गया है। इसके बावजूद यह 'बाणभट्ट' की 'आत्मकथा' या 'जीवनी' नहीं है। चूँकि प्रत्यक्षतः इस रचना को 'बाणभट्ट की आत्मकथा' कहा गया है, अतः "यह देखने की जरूरत है कि 'बाणभट्ट की आत्मकथा' का शिल्प अपनी प्रस्तुति में किस दिशा को प्राप्त होता है।"[38]

इस रचना में "नायक बाणभट्ट अपने जीवन के साहसिक कार्यों का विवरण स्वयं ही करता चला गया है। इसके कारण कथा में वास्तविकता का स्वाद आ गया है।"[39] द्विवेदीजी "खूब जानते हैं कि आलोचक और समझ-बूझकर चलनेवाली बुद्धि को भुलावा देने के लिए स्थगित शंकावृत्ति, (सस्पेंशन ऑफ डिस्बिलीफ) की सूरत पैदा कर देने के लिए यह पर्याप्त नहीं है। अतः वे आस्ट्रिया की अशीतिप्राय दीदी की अनुसन्धान-प्रियता की बात सामने लाते हैं और बातें कुछ इस ढंग से करते हैं कि मालूम होता है कि मानो इस कथा की पांडुलिपि उन्हें शोण नदी के तट पर भ्रमण करते मिली थी जिसका सम्पादन भर करके उन्होंने प्रकाशित कर दिया है।"[40] 'आत्मकथा' में द्विवेदीजी ने भ्रम की सृष्टि करते हुए लिखा है कि "एक दिन मैंने सोचा कि बाणभट्ट के ग्रन्थों से मिलाकर देखा जाए कि कथा कितनी प्रामाणिक है। कथा में ऐसी बहुत सी बातें थीं जो उन पुस्तकों में नहीं हैं। इसके लिए मैंने समसामयिक पुस्तकों का आश्रय लिया और एक तरह से कथा को नए सिरे से सम्पादित किया। आगे जो कथा दी हुई है, वह दीदी का अनुवाद है और फुटनोट में जो पुस्तकों के हवाले दिए हुए हैं, वे मेरे हैं।"[41] द्विवेदीजी ने न केवल अपने वक्तव्यों द्वारा पाठकों को भ्रमित करने का प्रयास किया है बल्कि 'आत्मकथा' के अपने रचना शिल्प से भी इस भ्रम को और गहरा किया है। हम जानते हैं कि "'बाणभट्ट' की कोई भी रचना पूरी नहीं है। 'हर्षचरित' एक तरह से अधूरा ही है और 'कादम्बरी' भी। यह आत्मकथा भी पूरी कैसे होती! यह बाणभट्ट की जो है। यदि पूरी होती तो पाठकों को शंका न होती कि यह पूरी कैसे हो गई जब और सब रचनाएँ अधूरी हैं। और आत्मकथा पूरी भी कैसे हो सकती है। प्रायः यह देखा जाता है कि एक लेखक एकाधिक पुस्तकें लिखता है तो प्रायः एक पुस्तक की बातें दूसरी पुस्तकों में ज्यों की त्यों आ जाती हैं। इस आत्मकथा में भी 'कादम्बरी' और 'हर्षचरित' की बातें क्यों न पाई जाएँ, यह तो स्वाभाविक ही है, समानता के ही नहीं मिलने से आत्मकथा की सत्यता में शंका की गुंजाइश हो सकती है।"[42] निस्सन्देह "कितनी सतर्कता से पाठक के लिए जाल बिछाया जा रहा है और कितनी पैंतरेबाजी से उसे घेरने की बन्दिश बाँधी जा रही है! और भाषा? वह तो बाणभट्ट की है न, हिन्दी भले ही हो, पर उमड़ती है तो मानो चली है 'नदी नापने धरती'। हाँ, इतना अवश्य है कि 'हर्षचरित' और 'कादम्बरी' के श्लेष गर्भत्व और विरोधाभास गर्भत्व की कमी अवश्य है पर वह है बाणभट्ट की ही, यही पाठक समझता है।"[43] पर गहराई से 'आत्मकथा' को पढ़ने पर

छिपा नहीं रह जाता है कि "बाणभट्ट भले ही हों 7वीं शताब्दी के पर उनकी आत्मकथा है 20वीं शताब्दी की और उसमें इसी युग का कंठस्वर है।"[44] और "यह कंठस्वर किसी और का नहीं स्वयं लेखक का है। वस्तुतः मिस कैथराइन ही बाणभट्ट की आत्मकथा की चन्द्रदीधति या भट्टनी हैं और बाणभट्ट की प्रेम संवेदना स्वयं उपन्यासकार की ही प्रेम संवेदना है, जिसे कथासंसार का रूप देनेवाली मिस कैथराइन बताई गई है।"[45] अभूतपूर्व रूप से "द्विवेदीजी ने अद्‌भुत कौशल के साथ बाणभट्ट की इतिहास और कल्पना मिश्रित कथा के माध्यम से अपनी प्रेम संवेदना के साथ-साथ युगीन संवेदना को भी व्यक्त किया है।"[46]

हिन्दी साहित्य में "आत्मकथा के रूप में और उपन्यास नहीं है, सो बात नहीं। इलाचन्द्र जोशी का 'पर्दे की रानी', जैनेन्द्र का 'त्यागपत्र', 'रविबाबू का 'घर और बाहर' (घरे बाहिरे) ग्रंथ हैं। पर इन सब ग्रन्थों के पात्र उत्पाद्य हैं, इनका जन्म लेखक की कल्पना में हुआ है। पर द्विवेदीजी का पात्र संस्कृत गद्य लेखक महाराज हर्ष का राजकवि बाणभट्ट है। यह द्विवेदीजी की मौलिकता है कि इस आत्मकथावली प्रकृति को उन्होंने एक ऐतिहासिक यात्रा से सम्बद्ध किया है और पुस्तक का नामकरण किया है 'बाणभट्ट की आत्मकथा'।"[47]

राहुल सांकृत्यायन ने शिल्प की दृष्टि से कथाप्रस्तुति में भ्रम और अप्रत्यक्षता का बोध पैदा करने के लिए "सिंह सेनापति में एक बिल्कुल नया और अनोखा प्रयोग किया है। उन्होंने उपन्यास की भूमिका में पाठकों को सूचना दी है कि वैशाली में खुदाई के क्रम में मिली ईंटों को जोड़ने पर ब्राह्मी लिपि में और संस्कृत भाषा में एक 'आत्मकथा' प्राप्त हुई जिसका अनुवाद ही यह उपन्यास है! इसकी विश्वसनीयता को और भी पक्का करने के लिए उन्होंने लिखा कि वे ईंटें पटना म्यूजियम में सुरक्षित हैं, जिन्हें देखने के लिए कुछ उत्साही पाठक पटना म्यूजियम पहुँच भी गए। बाद में राहुल जी को स्पष्टीकरण देना पड़ा कि यह उपन्यास है, इतिहास नहीं। द्विवेदजी की 'बाणभट्ट की आत्मकथा' के साथ भी ऐसा ही हुआ था, जबकि अनेक प्रबुद्ध पाठकों तक ने उसे बाणभट्ट की वास्तविक 'आत्मकथा' का अनुवाद समझ लिया था।"[48]

स्पष्टतः "इस उपन्यास ने सबसे पहले अपने शिल्प से पाठकों को चौंकाया और आकर्षित किया।...द्विवेदीजी ने सूचना दी कि शान्तिनिकेतन की अन्तेवासिनी मिस कैथराइन को शोणभद्र के प्रान्तर में बाणभट्ट की आत्मकथा की हस्तलिखित पोथी मिली है, जिसका अनुवाद बाणभट्ट की आत्मकथा है। पर द्विवेदीजी ने एक कदम आगे बढ़कर स्वयं को व्योमकेश शास्त्री के रूप में, और मिस कैथराइन को 'आत्मकथा' के अनुवादक नहीं, बल्कि अपनी ही प्रेमकथा को (जो बाणभट्ट की आत्मकथा के रूप में है) 'अनुवाद' कहकर शास्त्रीजी को बरगलानेवाली आस्ट्रियन महिला के रूप में प्रस्तुत किया।"[49]

सही माने में 'बाणभट्ट की आत्मकथा' का उपसंहार पढ़ने पर यह भ्रम दूर हो जाता है कि यह किसकी 'आत्मकथा' है। स्पष्टतः 'बाणभट्ट की आत्मकथा' की कथा अधूरी और अपूर्ण है, क्योंकि द्विवेदीजी को ''बाणभट्ट की आत्मकथा का इतना ही अंश मिला था।''[50] इस ''आत्मकथा और 'कादम्बरी' शैली के साथ कथा की शैली में ऊपर-ऊपर से बहुत साम्य दिखता है, आँखों का प्राधान्य इसमें भी अन्य इन्द्रियों की अपेक्षा अधिक है—रूप का, रंग का, शोभा का, सौन्दर्य का इसमें भी जमकर वर्णन किया गया है।''[51] पर दोनों कथाओं की यह समानता ऊपरी ही है क्योंकि 'बाणभट्ट की आत्मकथा' की शैली ''संस्कृत-साहित्य में...एकदम अपरिचित है।''[52] अपरिचित और नया इस कारण कि 'बाणभट्ट की आत्मकथा' की ''कथा को ध्यान से पढ़नेवाला प्रत्येक सहृदय अनुभव करेगा कि कथा लेखक जिस समय कथा लिखना शुरू करता है उस समय उसे समूची घटना ज्ञात नहीं है। कथा बहुत-कुछ आजकल की 'डायरी' शैली पर लिखी गई है। ऐसा जान पड़ता है कि जैसे-जैसे घटनाएँ अग्रसर होती जाती हैं वैस-वैसे लेखक उन्हें लिपिबद्ध करता जा रहा है। जहाँ उसके भावावेग की गति तीव्र होती है, वहाँ वह जमकर लिखता है, परन्तु जहाँ दुःख का आवेग बढ़ जाता है वहाँ उसकी लेखनी शिथिल हो जाती है। अन्तिम उच्छ्वासों में तो वह जैसे अपने ही में धीरे-धीरे डूब रहा है।''[53] ऐतिहासिक बाणभट्ट की प्रेम-भावना और इस 'आत्मकथा' की प्रेम-भावना में भी अन्तर है। जहाँ ''कादम्बरी में प्रेम की अभिव्यक्ति में एक प्रकार की दृप्त भावना है,''[54] वहीं 'आत्मकथा' की कथा में ''सर्वत्र प्रेम की व्यंजना गूढ़ और अदृप्त भाव से प्रकट हुई है। ऐसा जान पड़ता है कि एक स्त्री जनोचित लज्जा सर्वत्र उस अभिव्यक्ति में बाधा दे रही है।''[55] इसके साथ ही जहाँ ''कादम्बरी में प्रेम के जिन शारीरिक विकारों का—अनुभावों का, हावों का, अयत्नज अलंकारों का प्राचुर्य है उनके स्थान में कथा में मानस विकारों का, लज्जा का, अवहित्था का, जड़िमा का अधिक प्राचुर्य है।''[56] स्पष्टतः दोनों शैलियों की यह विभिन्नता 'खटकनेवाली' है और यह यह खटकती भी है। क्योंकि यहाँ दो विभिन्न शैलियों को एक नाम से संयुक्त करने का सन्दिग्ध प्रयास किया गया है, अतः यह कहना न होगा कि ये दोनों शैलियाँ एक ही व्यक्ति की नहीं हैं। अतः यह निःसन्देह रूप से मानना चाहिए कि 'हर्षचरित' और 'कादम्बरी' की शैली के रचनाकार ने 'बाणभट्ट की आत्मकथा' की रचना नहीं की है। वस्तुतः हजारीप्रसाद द्विवेदी ने स्वयं 'आजकल की डायरी' शैली में 'अपने ही में धीरे-धीरे डूबकर' 'आत्मकथा' की रचना की है। इसमें द्विवेदीजी के ही निजी ''प्रेम की व्यंजना गूढ़ और अदृप्त भाव से प्रकट हुई है।''[57] सामान्यतः ''बाणभट्ट की आत्मकथा' में बाणभट्ट की कहानी से लोग इतने अभिभूत हो जाते हैं कि मुखौटे के रूप में प्रयुक्त दीदी की कहानी के महत्त्व की ओर ध्यान ही नहीं जाता, जबकि स्वयं दीदी की मर्मवेदना-जनित सनकीपन की

कहानी सम्पूर्ण 'उपन्यास का स्वर' निर्धारित करनेवाली है और ध्यान से सुनें तो नेपथ्य में धीमे-धीमे अन्तर्ध्वनि के समान निरन्तर बजती रहती है।"[58] 'आत्मकथा' को पढ़ते हुए देखा जा सकता है कि हजारीप्रसाद द्विवेदीजी ने जिस भौगोलिक परिवेश का वर्णन किया है वह ऐतिहासिक बाणभट्ट से पूर्ण सम्बद्ध नहीं है। दूसरे शब्दों में कहें तो द्विवेदीजी ने 'बाणभट्ट' को अपनी मातृभूमि के सन्दर्भ में चित्रित किया है। 'बाणभट्ट की आत्मकथा' में वर्णित सरोवर, पर्व-त्योहार आदि की भौगोलिक स्थिति द्विवेदीजी की गृह भूमि से ही सम्बन्धित है। इसके अलावा यह भी महत्त्वपूर्ण संकेत है कि निउनिया (निपुणिका) हर्षकालीन ऐतिहासिक चरित्र नहीं है। 'आत्मकथा' में जिस तन्मयता और सहानुभूति के साथ द्विवेदजी ने निउनिया का चित्रण किया है वह यह बतलाने के लिए काफी है कि निउनिया काल्पनिक पात्र न होकर द्विवेदीजी की समकालीन स्त्री है। यही भी कहना चाहिए कि 'आत्मकथा' में जिस गुरु की महिमा का यशोगान किया गया है, वे निश्चित रूप से शान्तिनिकेतन से सम्बद्ध रहे होंगे। कुल मिलाकर कहें तो यह द्विवेदीजी की 1945 तक की अधूरी और अपूर्ण आत्मकथा है। अर्थात् यह शान्तिनिकेतन के प्रवास तक के जीवन अनुभवों का काव्यात्मक चित्रण है।

पर यह 'आत्मकथा' 'आटो-बॉयोग्राफी' नहीं है क्योंकि 'बाणभट्ट की आत्मा शोण नदी के प्रत्येक बालुका कण में वर्तमान है।"[59] और "बाणभट्ट केवल भारत में ही नहीं होते। इस नरलोक से किन्नरलोक तक एक ही रागात्मक हृदय व्याप्त है।"[60] इस अर्थ में यह 'आत्मकथा' खंडित, अहम् केन्द्रित व्यक्तिवादी आत्म की पुनर्रचना नहीं है। अपनी व्यापकता में यह आत्म के बजाए सामान्य 'आत्मा' की कथा है और अपनी सार्वभौमिकता में यह 'विश्वात्मा' का भी प्रतिरूप है, क्योंकि "बाणभट्ट केवल भारत में ही नहीं होते।"[61] इस अर्थ में यह 'आत्मकथा' एक कथा ही है।

निःसन्देह 'बाणभट्ट की आत्मकथा' आत्मकथा के सौन्दर्यशास्त्र के अभिनव प्रतिमान स्थापित करती है। कल्पना और यथार्थ के परस्पर विरोधी बिन्दुओं के प्राचीन परिप्रेक्ष्य से इस 'आत्मकथा' का मूल्यांकन सम्भव नहीं है। और 'आत्मकथा' के मान्य और स्वीकृत 'विधा' के अन्दर इसको 'सीमित' भी नहीं किया जा सकता है। यह 'आत्मकथा' में एक 'अभिनव प्रयोग' है।[62]

सन्दर्भ-सूची

1. शान्तिनिकेतन से शिवालिक : नलिन विलोचन शर्मा : सं. डॉ. शिवप्रसाद सिंह, पृ. 216, नेशनल पब्लिशिंग हाउस, 1980
2. वही, पृ. 216

3. हिन्दी उपन्यास का इतिहास : गोपाल राय, पृ. 189, राजकमल प्रकाशन, दिल्ली, 2002
4. वही, पृ. 189
5. शान्तिनिकेतन से शिवालिक : नलिन विलोचन शर्मा : सं. डॉ. शिवप्रसाद सिंह, पृ. 217, नेशनल पब्लिशिंग हाउस, 1980
6. वही, पृ. 216
7. वही, पृ. 217
8. वही, पृ. 217
9. वही, पृ. 217
10. वही, पृ. 217
11. वही, पृ. 218
12. वही, पृ. 218
13. वही, पृ. 218
14. वही, पृ. 218
15. वही, पृ. 218
16. वही, पृ. 218
17. बाणभट्ट की आत्मकथा : हजारीप्रसाद द्विवेदी, पृ. 11, राजकमल प्रकाशन, पाँचवाँ संस्करण, 1990
18. शान्तिनिकेतन से शिवालिक : नलिन विलोचन शर्मा : सं. डॉ. शिवप्रसाद सिंह, पृ. 218, नेशनल पब्लिशिंग हाउस, 1980
19. वही, पृ. 218
20. शान्तिनिकेतन से शिवालिक : भगवतशरण उपाध्याय, सं. डॉ. शिवप्रसाद सिंह, पृ. 220, नेशनल पब्लिशिंग हाउस, 1980
21. शान्तिनिकेतन से शिवालिक : मधुरेश, सं. डॉ. शिवप्रसाद सिंह, पृ. 235, नेशनल पब्लिशिंग हाउस, 1980
22. वही, पृ. 235
23. शान्तिनिकेतन से शिवालिक : बच्चन सिंह, सं. डॉ. शिवप्रसाद सिंह, पृ. 229, नेशनल पब्लिशिंग हाउस, 1980
24. वही, पृ. 229
25. हिन्दी उपन्यास एक अन्तर्यात्रा : रामदरश मिश्र, पृ. 202, राजकमल प्रकाशन, दिल्ली, 1992
26. वही, पृ. 201
27. वही, पृ. 201
28. शान्तिनिकेतन से शिवालिक : बच्चन सिंह, सं. डॉ. शिवप्रसाद सिंह, पृ. 229, नेशनल पब्लिशिंग हाउस, 1980
29. अपूर्व जनगाथा पत्रिका : नित्यानन्द तिवारी, पृ. 11, जून 1980
30. वही, पृ. 11
31. वही, पृ. 10
32. शान्तिनिकेतन से शिवालिक : मधुरेश, सं. डॉ. शिवप्रसाद सिंह, पृ. 205, नेशनल पब्लिशिंग

हाउस, 1980

33. हिन्दी उपन्यास : एक अन्तर्यात्रा : रामदरश मिश्र, पृ. 205, राजकमल प्रकाशन, दिल्ली, 1992
34. शान्तिनिकेतन से शिवालिक : मधुरेश, सं. डॉ. शिवप्रसाद सिंह, पृ. 236, नेशनल पब्लिशिंग हाउस, 1980
35. वही, पृ. 236
36. हिन्दी उपन्यास का इतिहास : गोपाल राय, पृ. 189, राजकमल प्रकाशन, दिल्ली, 2002
37. वही, पृ. 190
38. शान्तिनिकेतन से शिवालिक : देवराज उपाध्याय, सं. डॉ. शिवप्रसाद सिंह, पृ. 212, नेशनल पब्लिशिंग हाउस, 1980
39. वही, पृ. 212
40. वही, पृ. 213
41. वही, पृ. 214
42. वही, पृ. 214
43. वही, पृ. 214
44. वही, पृ. 214
45. हिन्दी उपन्यास का इतिहास : गोपाल राय, पृ. 188, राजकमल प्रकाशन, दिल्ली, 2002
46. वही, पृ. 188
47. शान्तिनिकेतन से शिवालिक : देवराज उपाध्याय, सं. डॉ. शिवप्रसाद सिंह, पृ. 213, नेशनल पब्लिशिंग हाउस, 1980
48. हिन्दी उपन्यास का इतिहास : गोपाल राय, पृ. 190, राजकमल प्रकाशन, दिल्ली, 2002
49. वही, पृ. 190
50. बाणभट्ट की आत्मकथा : हजारीप्रसाद द्विवेदी, पृ. 232, राजकमल प्रकाशन, पाँचवाँ संस्करण, 1990
51. वही, पृ. 232
52. वही, पृ. 233
53. वही, पृ. 233
54. वही, पृ. 233
55. वही, पृ. 234
56. वही, पृ. 234
57. वही, पृ. 234
58. दूसरी परम्परा की खोज : नामवर सिंह, पृ. 116, राजकमल पेपरबैक्स, 1997
59. बाणभट्ट की आत्मकथा : हजारीप्रसाद द्विवेदी, पृ. 234, राजकमल प्रकाशन, पाँचवाँ संस्करण, 1990
60. वही, पृ. 234
61. वही, पृ. 234
62. वही, पृ. 234

बाणभट्ट की आत्मकथा : उपन्यास विधा में एक नवोन्मेष

निर्मल वर्मा के अनुसार साहित्यिक विधाएँ संस्कृति की अमूर्त चेतना की रचनात्मक अभिव्यक्ति का माध्यम और लक्ष्य हैं। पर समस्या यह है कि "भारतीय लेखक उस विधा के बारे में बहुत कम सोचते हैं, जिसे स्वयं अपने सृजन के लिए चुनते हैं।"[1] अर्थात् "दो शब्दों में कहें कि जिस चीज को हम समाज की आलोचना का औजार मानते हैं, खुद उस औजार का परीक्षण जरूरी नहीं समझते।"[2] यह इस कारण कि "हमारे लिए विधा महज माध्यम है, लक्ष्य कुछ और है, साहित्य, समाज, दर्शन।"[3] जबकि संस्कृति और राष्ट्र के सन्दर्भ में "लेखक की नैतिकता उसके विचारों में या उनकी अभिव्यक्ति की विभिन्न शैलियों में निहित नहीं होती, उसकी नैतिकता इस बात में निहित होती है कि उसका अपनी विधा, अपनी भाषा के प्रति क्या रुख है।"[4]

निर्मल वर्मा ने यह महसूस किया है कि संस्कृति और साहित्यिक विधाओं के ढाँचे में एक अटूट आन्तरिक सहसम्बन्ध है। उनके अनुसार साहित्यिक विधा का ढाँचा संस्कृति विशेष की निजता और उसकी जरूरतों के हिसाब से नियोजित और संघटित होता है। उपन्यास और संस्कृति के सन्दर्भ में विचार करते हुए उन्होंने कहा है कि यूरोपीय उपन्यास का ढाँचा (फॉर्म) यूरोपीय संस्कृति के अन्दरूनी लय के अनुसार हुआ है। उनके अनुसार यूरोपीय औपन्यासिक "ढाँचे के भीतर समय का अपना निश्चित, नियोजित संघटन था। घटनाओं द्वारा व्यक्ति चेतना का विकास होता था और अपनी बारी आने पर खुद यह चेतना घटनाओं को परिभाषित, आलोकित करती थी। यह चेतना आत्मनिर्भर थी, तीव्र रूप से सजग और स्वायत्त और इसी में उसकी यातना, द्वन्द्व, आत्म-मन्थन शामिल थे। बुर्जुआ व्यक्ति की अपने प्रति यह उम्मीद और निराशा, विश्वास और सन्देह के अजीब मिश्रण से ही उस आत्मघाती द्विविधा का जन्म हुआ था, जो फ्लाबेयर से काफ्का तक के उपन्यासों में चली आती है।"[5] इसी सन्दर्भ में निर्मल वर्मा यह मानते हैं कि हिन्दी उपन्यास भारतीय संस्कृति की विशेषताओं और यूरोपीय संस्कृति से इसके मूलभूत अन्तरों की अनदेखी करता है। उनके अनुसार "हमने अपने कथ्यात्मक गद्य के लिए उपन्यास जैसी विधा को चुना, जो नितान्त भिन्न सांस्कृतिक अनुभव क्षेत्र में पनपी और विकसित हुई थी। यह कुछ

ऐसा था कि हम एक ऐसे बने-बनाए मकान में रहने लगें जो दूसरों ने अपनी जरूरतों, संस्कारों, स्मृतियों—एक शब्द में कहें तो अपनी जलवायु के अनुसार बनाया था। हम न केवल उसमें रहने लगे, बल्कि कभी उसमें अनुकूल परिवर्तन करने की जरूरत भी महसूस न की। प्रेमचन्द से लेकर अधुनातन उपन्यासकार ने कभी उपन्यास की विधा पर शंका प्रकट नहीं की, अपने अनुभव के सन्दर्भ में उसका पुनर्निरीक्षण तो दूर की बात थी। बरसों से हमने जिस विधा को सामाजिक यथार्थ के विश्लेषण का सबसे महत्त्वपूर्ण औजार माना, कभी उस औजार की सहायता की जाँच-पड़ताल करने की जरूरत का सामना नहीं किया।''[6]

यहाँ यह उल्लेखनीय है कि निर्मल वर्मा विधा और फॉर्म के बीच स्पष्ट विभेद करते हैं। उनके अनुसार ''हम अक्सर साहित्यिक विधा और फॉर्म को आपस में उलझा देते हैं—एक रूढ़ प्रणाली है, दूसरी उसे तोड़कर अपनी धारा को खोजने की कोशिश—यदि इनमें हम भेद कर पाते तो यूरोप की संस्कृति-सापेक्ष विधा को अपनाते समय उसके फॉर्म को ज्यों-का-त्यों अपनाना जरूरी न समझते।''[7] उनके अनुसार विधा में अन्तर्निहित ''फॉर्म की यह खोज कोई हवाई, एस्थेटिक खोज नहीं है, इसका सीधा सम्बन्ध सांस्कृतिक अनुभव की उस धारा से है, जिसमें हमारे संस्कार, स्मृतियाँ, समय, जीवन और मृत्यु का बोध शामिल है।''[8] और निर्मल वर्मा मानते हैं कि ''यदि इन सब बिन्दुओं के प्रति हमारा रुख, हमारी दृष्टि यूरोपीय मनुष्य से अलग रही है, यदि समय के प्रति हमारा बोध उस ऐतिहासिक समय से बिल्कुल अलग रहा है, जिसे उन्नीसवीं शती के यूरोपीय उपन्यास ने अपना केन्द्र-बिन्दु माना था, यदि व्यक्ति के प्रति हमारा दृष्टिकोण उस यूरोपीय व्यक्ति से बिल्कुल भिन्न हो जो आत्म-सजग है, स्वायत्त है, स्वयं अपनी स्वतन्त्रता में खंडित (हेगल) है—एक ऐसा व्यक्ति, जो अपनी प्राइवेसी में ही अपनी स्वतन्त्रता को हासिल करता हो—यदि हम भिन्नता के इन सब बिन्दुओं को नजरअन्दाज नहीं करते, तो हम एक ऐसे फॉर्म को खोज सकते थे जो ऊपरी कथ्यात्मक विधा के तौर पर शायद उपन्यास की तरह होती, किन्तु जिसकी मूल चालक शक्ति पश्चिम की उपन्यास विधा से बिल्कुल भिन्न होती।''[9] निर्मल वर्मा ने यह भी कहा है कि भारत और यूरोप के सन्दर्भ में न केवल अनुभव की भिन्नता है बल्कि इससे कहीं अधिक भिन्नता संस्कृति, धर्म और इतिहास के प्रति दोनों की दृष्टि में है, और चूँकि उपन्यास संस्कृति और राष्ट्र से अनिवार्यतः सम्बन्धित है अतः भारतीय उपन्यास के ढाँचे की तलाश जरूरी है। इस दृष्टि से भारतीय उपन्यास के ढाँचे को यूरोप से ''भिन्न इसलिए नहीं कि चूँकि भारतीय अनुभव यूरोप के अनुभव से अलग है तो भारतीय उपन्यास भी यूरोपीय उपन्यास से अलग होगा। केवल अनुभव की भिन्नता से अलग-अलग साहित्य विधाएँ उत्पन्न नहीं हो जातीं, वरना फ्रेंच उपन्यास और अंग्रेजी उपन्यास महज़ अनुभवों के आधार पर बिल्कुल अलग होते।

यदि इन भिन्न अनुभवों के बावजूद उपन्यास के विशिष्ट यूरोपीय फॉर्म का आविर्भाव हुआ तो इसलिए कि इन देशों की सांस्कृतिक समानता–धर्म और इतिहास के प्रति व्यक्ति का जुड़ाव, खुद व्यक्ति की आत्मकेन्द्रित इकाई बहुत-कुछ एक सूत्र में बँधी है।''[10] भारतीय मानस से भिन्न, ''यूरोप में संस्कृति का अहसास ही एक आत्म-सजग, विकसित आत्म-चेतना से जुड़ा है। एक ऐसे समाज में ही संस्कृति का बोध होता है, जहाँ मनुष्य का धार्मिक अनुभव उसके सेक्यूलर अनुभव से स्पष्ट रेखा द्वारा विभाजित हो। किन्तु भारतीय सन्दर्भ में इस तरह का कोई विभाजन न था, धर्म की धारा में संस्कृति का उतना ही समावेश था, जितना अध्यात्म का।''[11] स्पष्टतः भारत और यूरोप के जातीय अनुभव में भिन्नता के बावजूद ''साहित्य में प्रश्न अनुभव के विषय (कॉन्टेंट) का नहीं है, बल्कि उस रूप और रास्ते का है, जिसके द्वारा वह अनुभव एक विशिष्ट सांस्कृतिक चेतना में परिलक्षित होता है, दूसरे शब्दों में अनुभव का कॉटेंट चाहे जैसा हो, महत्त्व इस चीज का है कि वह चेतना के किस धरातल और रूप में एक व्यक्ति से जुड़ता है। उदाहरण के तौर पर मनुष्य का अतीत एक सार्वभौमिक अनुभव है, पश्चिम में वैसा ही जैसा भारत में, किन्तु व्यक्ति और अतीत के बीच एक विशिष्ट जुड़ाव, एक सांस्कृतिक सम्बन्ध जिससे स्मृति का जन्म होता है–यह इतिहास का विषय नहीं, संस्कृति का प्रश्न है।''[12] अतः ''आश्चर्य नहीं, एक भारतीय उपन्यासकार इस प्रश्न के दबाव को बहुत तीव्रता से महसूस करे, एक कवि से कहीं अधिक, क्योंकि उपन्यास की कथ्यात्मक गति सीधी समय और कृति के साथ जुड़ी है।''[13] पर हिन्दी की विसंगति यह है कि ''उपन्यास ही वह क्षेत्र है, जहाँ हमने इस दबाव की सबसे अधिक अवहेलना की है।''[14] चूँकि ''उपन्यास की समस्या हमारी समूची संस्कृति के विश्लेषण से जुड़ी है।''[15] तो निस्सन्देह यूरोप की संस्कृति को चित्रित करनेवाली औपन्यासिक विधा भारतीय संस्कृति के सन्दर्भ में अनमेल हो जाती है। ''हम...एक ऐसी विधा से चिपके हैं जो शुरू से ही हमारे सांस्कृतिक अनुभव, हमारी स्मृति और संस्कार, समय और विकास के प्रति हमारी विशिष्ट मर्यादा के प्रतिकूल और अयोग्य रही है।''[16]

अगर निर्मल वर्मा का यह निष्कर्ष सही है तो यह मानना पड़ेगा कि हिन्दी उपन्यास की अस्मिता केवल कथावस्तु की व्यापकता, मौलिकता, गहराई या ऊँचाई से तय नहीं हो सकती है बल्कि इसका सम्बन्ध उपन्यास की विधा और उसके फॉर्म से भी है। अर्थात् उपन्यास की भारतीय अवधारणा और तद्नुकूल ढाँचे की खोज के बिना भारतीय उपन्यासों की उपलब्धि और उसकी गर्वोक्ति हमेशा सन्देहास्पद रहेगी। अतः भारतीय उपन्यासों की भारतीयता की खोज आवश्यक हो जाती है। विजयमोहन सिंह ने भारतीय उपन्यास की अवधारणा पर विचार करते हुए कहा है कि '' 'बाणभट्ट' की रचना का एक और उद्देश्य है : द्विवेदीजी ने बाणभट्ट को ही केन्द्र

में रखकर उपन्यास क्यों लिखा? यह एक ऐतिहासिक तथ्य है कि बाणभट्ट ने 'कादम्बरी' की रचना की थी और 'कादम्बरी' भारत की आद्य गद्य कृति ही नहीं है बल्कि सम्भवतः उसे भारत का पहला उपन्यास भी माना जाता है। अभी कल तक मराठी आदि कुछ भाषाओं में उपन्यास को 'कादम्बरी' ही कहा जाता रहा है। अतः द्विवेदीजी के इस निर्णय के पीछे कदाचित यह उद्देश्य भी रहा हो कि उपन्यास जिसे पश्चिम से आई हुई आधुनिक गद्य विधा माना जाता है, वे उसका भारतीय प्रतिरूप प्रस्तुत करें। आज जो लोग उपन्यास की भारतीय अवधारणा पर बहस करते हुए दिशा को ढूँढ रहे हैं, वे चाहें तो ''बाणभट्ट की आत्मकथा' को भारतीय अवधारणा का पहला उपन्यास भी मान सकते हैं।''[17] इसके ठीक विपरीत निर्मल वर्मा ने लिखा है कि ''उपन्यास का फॉर्म पुरानी कथा-विधाओं से...अलग है। इसीलिए वे आलोचक, जो उपन्यास को विदेशी विधा मानकर भारतीय उपन्यास का उद्धार पुरानी आख्यायिका, लोक-कथाओं और किस्सों की शैली को पुनर्जीवित करने में देखते हैं, शायद समस्या का सीधा-सादा सामना नहीं करते, उपन्यास विदेशी विधा है जरूर, किन्तु भारतीय समाज के उलट-फेर में जो व्यक्ति आज आकार ग्रहण कर रहा है, क्या पुरानी कथ्यात्मक शैलियाँ उसके विकट, संघर्षमय संसार के बीहड़ अन्तर्द्वन्द्वों को अपने में समेट पाएँगी, मुझे इसमें सन्देह है।''[18] अपने इस सन्देह को और गहरा करते हुए उन्होंने कहा है कि ''क्या यह महज संयोग था कि हजारीप्रसाद जी अपनी किस्सागोई गप्प शैली में आधुनिक जीवन पर कोई उपन्यास लिखते हुए हमेशा झिझकते रहे?''[19] इसके बाद निर्मल वर्मा इस निष्कर्ष पर पहुँचते हैं कि उपन्यास विधा के वर्तमान ''विदेशी बोझ से छुटकारा दुर्भाग्यवश हमेशा परम्परा में ही नहीं मिलता जब तक स्वयं परम्परागत शैलियों को आधुनिक दबाव-तले पुनर्निर्मित और परिवर्तित नहीं किया जाता। उपन्यास के भारतीयकरण की समस्या को उपन्यास से पहले की सहज, भोली और अपेक्षाकृत सरल स्थिति में लौटकर नहीं सुलझाया जा सकता।''[20] हजारीप्रसाद द्विवेदी के उपन्यासों के सन्दर्भ में निर्मल वर्मा के मतों से एक बात तो स्पष्ट है कि निर्मल वर्मा स्वयं यह मानते हैं कि द्विवेदीजी के उपन्यासों का ढाँचा आधुनिक यूरोपीय ढाँचे से भिन्न प्राचीन भारतीय कथा विधाओं से मिलता-जुलता है। अतः निर्मल वर्मा का मुख्य मुद्दा यह रह जाता है कि द्विवेदीजी के उपन्यासों की प्राचीन शैली आधुनिक जीवन के चित्रण के लिए उपयुक्त नहीं है। अतः अब हमें 'बाणभट्ट की आत्मकथा' में चित्रित जीवन की पड़ताल करनी होगी। इसी के बाद हम यह तय कर पाएँगे कि द्विवेदीजी के द्वारा स्थापित नवीन औपन्यासिक स्थापत्य ढाँचा आधुनिक मानव के क्रिया-कलापों और आन्तरिक हलचलों को प्रतिबिम्बित करने की क्षमता रखता है या नहीं।

अगर सतही तौर पर 'बाणभट्ट की आत्मकथा' को प्राचीन काल से सम्बन्धित

रचना मान भी लिया जाए तो "भी वह अतीत की पुनःप्रतिष्ठा को ही अपनी सीमा मानने से साफ इनकार कर देती है। वर्तमान की बहुत सी ऐसी समस्याएँ हैं जो उसकी आत्मा में इस प्रकार रच-पच गई हैं कि अलग से उनकी ओर संकेत करना कृति के प्रति अन्याय को प्रश्रय देना हो सकता है।"[21] जैसे कि "नारी के प्रति कुंठाहीन सहृदय दृष्टि, क्रमशः विरल होते हुए मानवीय तत्त्वों की पुनःप्रतिष्ठा का आग्रह, आक्रान्ताओं के पद-प्रहारों से दुर्बल होते हुए राष्ट्र के लिए संजीवनी-सन्देश आदि बहुत सी ऐसी चीजें हैं जो वर्तमान की होकर भी सार्वकालिक हैं।"[22] स्पष्टतः "हर कहीं लेखक की दृष्टि शाश्वत महत्त्व की चीजों की ओर ही अधिक रही है और वैसी हालत में कुछ समीक्षकों को यदि उसमें सामयिक सन्दर्भ का अभाव दिखाई दिया है या लेखक की दृष्टि मात्र सौन्दर्यवादी मालूम हुई है तो यह आश्चर्य की बात नहीं है।"[23] वस्तुतः " 'बाणभट्ट की आत्मकथा' आत्मकथा है, 'शेखर : एक जीवनी' की तरह। इसमें इस बात की पर्याप्त सम्भावना थी कि नितान्त व्यक्तिगत प्रसंगों को जीवनीपरक मनोवैज्ञानिक पहलुओं में चित्रित कर एक अति विशिष्ट कथा की रचना कर दी जाए। लेकिन बाणभट्ट का जीवन समाज के वस्तुगत सम्बन्धों के अनेक प्रसंगों में इस तरह लिपटा और घुला-मिला है कि उसकी व्यक्तिता इन वस्तुगत सम्बन्धों से अलग पहचानी ही नहीं जा सकती। इसी कारण इस रचना में बौद्धिकता, मनोविज्ञान और समाज उस तरह नहीं दिखते जैसे 'शेखर', 'संन्यासी' और 'दादा कामरेड' में।"[24] और इसी कारण 'बाणभट्ट की आत्मकथा' "मनोवैज्ञानिक, सामाजिक, ऐतिहासिक जैसे किसी वर्गीकरण की सुविधा नहीं देती। इसका मनोविज्ञान, सामाजिक स्थितियों, परिवर्तनों के गर्भ से पैदा होता है, इसकी सामाजिक चिन्ताएँ और उसकी विकासमान सम्भावना मनोवैज्ञानिक बिन्दुओं के चरम विस्फोट में झलकती है, इसका इतिहास तथ्यों की अपेक्षा मानवीय अनुभवों और बोध को समर्पित विशिष्ट अन्तर्दृष्टि में उद्भाषित होता है।"[25] अर्थात् "किसी भी कोण या बिन्दु से इस उपन्यास का विश्लेषण किया जाए वह इन सभी का संश्लिष्ट संघात प्रस्तावित कर मानवीय अनुभूति को एक जटिल व्यवस्था के रूप में हमारे सामने लाता है।"[26] और इसमें "उपन्यासकार का इतिहास बोध, प्रेम दर्शन, प्रेम संवेदना और समकालीन चेतना की, इतिहास, निजन्धरी कथाओं और कल्पना के योग से सुगठित और मार्मिक प्रसंगों से भरी कथा के रूप में अभिव्यक्त हुई है।"[27] उपन्यास विधा के क्षेत्र में इस नवीन रचनात्मक प्रयोग के कारण "आचार्य द्विवेदी के उपन्यासों को बार-बार पढ़ते हुए ऐसा प्रतीत होता है जैसे वे निरन्तर अपने सम्पूर्ण अर्थ में भारतीय उपन्यास की तलाश कर रहे हों।"[28] द्विवेदीजी की यह तलाश परम्परा और उसकी निरन्तरता को समग्रता में आत्मसात् करने की प्रक्रिया है, जहाँ परम्परा केवल अतीत न होकर वर्तमान और भविष्य के बीज के रूप में जीवन्त रूप से उपस्थित है। इसी कारण द्विवेदीजी अपने

भारतीय उपन्यास की रचना "प्राचीन भाषाओं के अत्यन्त ललित, सृजनात्मक तथा प्रायः काव्यात्मक पुनःसृजन के द्वारा ही नहीं करते (प्राचीन भारतीय भाषाओं के किसी भी ग्रन्थ की भाषा को काव्यभाषा से नितान्त पृथक मानना असम्भव ही है) बल्कि अतीत और इतिहास के मनुष्यों का समकालीन सन्दर्भ में पुनःसृजन द्वारा भी करते हैं।"[29] द्विवेदीजी द्वारा उपन्यास की भारतीयता की तलाश वस्तुतः भारतीय मनुष्यता की तलाश ही है। इस कारण "उनकी भारतीय उपन्यास की परिकल्पना को उनके द्वारा रचित मनुष्यों के सन्दर्भ में ही विश्लेषित तथा परिभाषित किया जा सकता है। द्विवेदीजी के उपन्यासों के मनुष्य अच्छी तरह जानते हैं कि पुराने मूल्यों का विरासती ढाँचा ध्वस्त हो चुका है या हो रहा है किन्तु वह उन मूल्यों को खोज नहीं सकते, क्योंकि उन्हें ठीक उसी अर्थ में पुनः प्राप्त नहीं कर सकते। अतः इस तलाश में उन मूल्यों के अवशिष्ट अवयव भी होते हैं। अगर यह 'तलाश' ज्यादा गहरी तथा ईमानदार होती है तो उसी अनुपात में रचनाकार का द्वन्द्व भी बढ़ता जाता है। एक-दूसरे स्तर पर इसे पुनर्गठन की प्रक्रिया में पुराने मूल्यों का संसार रचकर और पुनः उसी के भीतर से उनका ध्वस्त होना दिखाकर भी किया जा सकता है।"[30] और इसी बिन्दु पर आकर द्विवेदीजी के उपन्यास "भारतीय उपन्यास की नई अवधारणा तथा नया रूप प्रस्तुत करते हैं।"[30] निस्सन्देह भारतीयता की इस खोज में परम्परा पर अत्यधिक जोर है लेकिन "वे पुनः उत्थानवादी नहीं हैं।"[31] क्योंकि द्विवेदीजी "अतीत में जाकर खो नहीं जाते हैं, 'बाणभट्ट की आत्मकथा', अपने भाषा-विन्यास और कथन-भंगिमा से—हमें उठाकर उस आश्चर्यलोक में पहुँचा देती है या उस आश्चर्यलोक को हमारे बीच उपस्थित कर देती है, जैसे सचमुच इस मोहक लोक में बिंधे हुए हम हर्षवर्धन के राज्यकवि की डायरी की पंक्तियाँ पढ़ रहे हों और उसी के शब्दों में उसके अन्तर्जगत तथा उसके अपने परिवेश में उतर रहे हों।"[32] प्रायः "संस्कृतनिष्ठ भाषा उपन्यास की यथार्थवादी भाषा के अनुरूप नहीं होती। पर 'आत्मकथा' में संस्कृतनिष्ठ और बोलचाल की भाषा का दुर्लभ सर्जनात्मक समन्वय देखने को मिलता है। कथ्य की आवश्यकता के अनुरूप कोमलकान्त पदावली युक्त समास शैली और छोटे-छोटे सरल वाक्यों से युक्त प्रसाद शैली का प्रयोग बहुत प्रभावी है।"[33] महत्त्वपूर्ण यह है कि "बाण की अत्यन्त कृत्रिम और आलंकारिक गद्य शैली के बदले आधुनिक आदर्श के अनुरूप गद्य के सहारे ही लेखक बराबर बाण की याद दिलाते रहने में सफल हुआ है। स्वयं बाण, अपने सारे पांडित्य प्रदर्शन के रहते हुए भी भावानुरूप परिवर्तनक्षम तथा लयपूर्ण गद्य लिख सकते थे। कई-कई पृष्ठों तक फैले हुए वाक्यों के बदले जब दो-दो, चार-चार शब्दों के लघु, सरल वाक्य आने लगते हैं और कुछ दूर बाद पहले का क्रम चल निकलता है तो पाठक इस शैलीगत विस्तार और संकोच की लय में बह चलता है। गद्य की यह लयपूर्णता, द्विवेदीजी की शैली की बाण प्रेरित विशेषता है।"[34] चूँकि

कथा बाणभट्ट के माध्यम से कही गई है, अतः "प्राचीनता के उपयुक्त वातावरण की सृष्टि के लिए द्विवेदीजी ने जिन अप्रचलित शब्दों का प्रयोग किया है वे बड़ी सावधानी के साथ हिन्दी की प्रकृति के अनुकूल वाक्यों में पिरोये गए हैं। यह बहुत कठिन कार्य है और बहुधा साधारणतः सफल लेखक भी इसका निर्वाह नहीं कर पाते। यों भी, गवेषणा और अध्यापन जैसे निर्जीव कामों में लगे रहने पर भी, द्विवेदीजी स्पन्दनशील गद्य लिखते हैं और उनकी यह सामान्य विशेषता तो आत्मकथा में ही है।"[35] प्रत्यक्षतः तो उपन्यास में हर्षकालीन भारत को चित्रित किया गया है "लेकिन तब भी और उसके बावजूद क्या बाणभट्ट हर्षकालीन बाणभट्ट हैं? या वह वहाँ रहकर भी राज्याश्रय और रचनाकार की अपनी अस्मिता को सुरक्षित रखने के समकालीन संघर्ष से जूझता हुआ आजादी के पहले और आजादी के बाद प्रलोभनों के जाल में भटकता, पीड़ित, पराजित और समझौते करता हुआ भी ठेठ आज का साहित्यकार या कलाकार मात्र!"[36] बाणभट्ट आज का आधुनिक कलाकार है क्योंकि वह "अतीत से इन सभी विवशताओं और मक्कार समझौतों को खींचकर लाता है और उनका बौद्धिकीकरण करते हुए अपनी लानत-मलामत भी उतनी ही करता है। बाणभट्ट आज के बुद्धिजीवी का सबसे जीवन्त, ज्वलन्त और परम दयनीय उदाहरण है।"[37]

अतः बाणभट्ट के रूप में हम एक ऐसे भारतीय आत्मा का रूपक पाते हैं जिसमें परम्परा और आधुनिकता की स्पष्ट विभाजन रेखा का लोप दिखाई देता है। इसके विपरीत इसमें संस्कृति और सभ्यता की निरन्तरता और समग्रता का दर्शन होता है– वह एक इकाई न होकर अखंडित प्रवाह की गत्यात्मकता का सूचक है। भारतीय मानवता का यह रूपक अपनी अभिव्यक्ति के लिए फॉर्म की तलाश में यूरोप न जाकर अपनी जड़ों में जाता है और वह प्राचीन फॉर्म को ज्यों का त्यों स्वीकार न करके आधुनिक जरूरतों के हिसाब से उसे एक नवीन फॉर्म में पुनःसृजित करता है। इस कारण " 'बाणभट्ट की आत्मकथा' प्राविधिक दृष्टि से भी ('मैला आँचल' से पहले का भी) सबसे सशक्त उपन्यास है।"[38] और महत्त्वपूर्ण यह है कि फॉर्म की मौलिकता "बिल्कुल ही मौलिक न होने की प्रतिज्ञा के साथ...शुरू होती है।...उपन्यास की पूरी कथा ही इस प्रतिज्ञा के साथ शुरू होती है कि उसकी पांडुलिपि, वह भी अधूरी, किसी और से प्राप्त हुई थी और वह भी ज्यों का त्यों छापी जा रही है।"[39] मौलिक होने की अस्विकारोक्ति के बावजूद " 'बाणभट्ट की कथा' लिखी जाती है। अपनी अप्रतिम मौलिकता में! हर क्षण भाषा, वर्णनात्मकता और फुटनोट्स के उद्धरणों द्वारा इतिहास को पारदर्शी करती हुई, बलिक उसका पुनःसृजन करती हुई, अतिक्रमण करती हुई।"[40] परम्परा और आधुनिकता के मिलन के संश्लिष्ट बिन्दु पर "बाणभट्ट मनुष्य के रूप में हर क्षण 'क्षुद्र' और 'महान' होता रहता है। यह संकुचन तथा विस्तार

उपन्यास में निरन्तर चलता रहता है। यह शैली अपनी सम्भावनाओं को निःशेष करती हुई भी अपने लिए अतिरंजना द्वारा व्यापक सौन्दर्य रचती तथा उसका अतिक्रमण कर जाती है।''[41] चूँकि कथा वर्तमान मानव की है अतः '' 'बाणभट्ट की आत्मकथा' अपूर्ण है और उपसंहार में द्विवेदीजी स्वयं कहते हैं कि यह कथा अपूर्ण है। उपन्यास भी यही संकेत देता है कि उसे शाप है कि उसकी प्रत्येक रचना अपूर्ण ही रहेगी। यह एक औपन्यासिक कौशल भी और अपूर्णता का अपना दर्शन भी तथा रचनाकार को एक निरन्तर अभिशाप भी।''[42] रोचक यह है कि रचना की अपूर्णता में ही रचना का अर्थ और विधागत मौलिकता का संकेत विद्यमान है। वस्तुतः जीवनी ही पूर्ण हो सकती है—आत्मकथा की विधा अपूर्ण रहने के लिए अभिशप्त है। वस्तुतः 'बाणभट्ट की आत्मकथा' एक आत्मकथा है पर द्विवेदीजी के इस प्रयोग का विशेष महत्त्व यह है कि उन्होंने अपनी आत्मकथा के लिए 'शेखर' जैसे कल्पित पात्र को न चुनकर 'बाणभट्ट' जैसे ऐतिहासिक पात्र को चुना है। शिल्प के स्तर पर 'शेखर : एक जीवनी' ''जीवनी है और एक हद तक आत्मकथा भी है, किन्तु लेखक का जोर है कि उसे आत्मकथा न माना जाए और इसके लिए वह प्रमाणस्वरूप टी.एस. इलयिट के निर्वैक्तिकता के सिद्धान्त का हवाला देता है।''[43] अज्ञेय ने आत्मकथा के लिए जीवनी की विधा का उपयोग किया है पर विधागत विभ्रम उत्पन्न करने की उनकी कोशिश अन्ततः असफल सिद्ध हुई है, क्योंकि पाठकों ने 'शेखर की जीवनी' को अज्ञेय की आत्मकथा के रूप में पढ़ा है। जबकि हजारीप्रसाद द्विवेदी अज्ञेय के ''विपरीत 'बाणभट्ट की आत्मकथा' में इस बात पर जोर देते हैं कि इसे 'आत्मकथा' ही माना जाए और इसकी अर्धलिखित प्रति उन्हें एक विदेशी महिला से प्राप्त हुई। स्पष्टतः यह एक 'शिल्प-युक्ति' (डिवाइस) है जिसे द्विवेदीजी ने हिन्दी उपन्यास में एक नए औपन्यासिक 'रूप' (फॉर्म) या 'संरचना' बनाकर प्रस्तुत किया है।''[44] द्विवेदीजी ने यह प्रयोग जान-बूझकर और सायास किया है क्योंकि ''उन्हें यह भी पता है कि पाठक इसे एक 'युक्ति' ही समझेंगे और उसे एक मौलिक कृति के रूप में ही पढ़ेंगे। किन्तु इसके पीछे एक मन्तव्य तथा अभिप्राय यह भी है कि उपन्यास को इतनी प्रामाणिकता तथा जीवन्तता के साथ प्रस्तुत किया जाए कि पाठक इस भ्रम की विश्वसनीयता में बिंधा रहे मानो वह सचमुच एक ऐतिहासिक दस्तावेज पढ़ रहा हो। 'बाणभट्ट की आत्मकथा' की पहली सफलता तथा विशेषता इसी भ्रम की विश्वसनीयता की सृष्टि है। यह द्विवेदीजी की रचनात्मक क्षमता का परिचायक भी है। भाषा तथा परिवेश की इस निर्मिति के कारण 'बाणभट्ट की आत्मकथा' एक अद्वितीय कृति बन गई है। द्विवेदीजी की रचनात्मक कल्पनाशीलता तथा एक युग की भाषा पर उनका ऐसा अबाध अधिकार विस्मित कर देनेवाला है। रचनाकार एक मायावी संसार रचकर किस

तरह मानो किसी 'टाइम मशीन' द्वारा पाठक को एक-दूसरे युग में ट्रांसपोर्ट कर सकता है, इस क्षमता का कोई दूसरा उदाहरण हिन्दी में नहीं प्राप्त होता।''[45] और कहना न होगा कि यह 'ट्रांसपोर्ट' केवल युग के सन्दर्भ में नहीं हुआ है बल्कि द्विवेदीजी ने अपने को बाणभट्ट में 'ट्रांसपोर्ट' कर दिया है। साहित्य में परकाया प्रवेश का यह अद्वितीय और सम्भवतः सर्वाधिक सफल उदाहरण है। साहित्यिक कलात्मक ''आत्मकथा में लेखक को किस रूप में तथा किस हद तक उपस्थित रहना चाहिए—यह कहकर द्विवेदी जी मानो 'शेखर' की तथाकथित निर्वैयक्तिकता का उत्तर (और उदाहरण भी) प्रस्तुत कर रहे हैं। 'शेखर' में अज्ञेय अपनी अनेक युक्तियों के बावजूद आत्मकथात्मक तथ्यों तथा विवरणों को प्रच्छन्न नहीं रख पाए हैं, किन्तु द्विवेदीजी को आत्मकथात्मक तथ्यों तथा उनकी पृष्ठभूमि को प्रच्छन्न रखकर रचना को समान्तर करने में अद्भुत सफलता मिली है। 'उपन्यास' को बाणभट्ट की आत्मकथा कहने तथा उसकी पृष्ठभूमि को ऐतिहासिक बनाने के पीछे यह मकसद भी रहा है। लेखक ने अपने 'व्यक्ति' को एक अन्य 'व्यक्ति' में इस तरह अन्तर्भुक्त कर दिया है कि पाठक उस व्यक्ति को ही '' 'भोक्ता' मानकर चले और उसमें लेखक का भोक्ता कितना है, उसका तनिक भी आभास उसे न हो।''[46] इसीलिए इस रचना को आत्मकथा, जीवनी या ऐतिहासिक उपन्यास मानने की जरूरत नहीं है क्योंकि इसमें ''समकालीन को इतिहास में और इतिहास को समकालीन में इस तरह अभ्यन्तरित तथा रूपान्तरित कर दिया गया है कि हम एक साथ दोनों स्तरों पर उनका साक्षात्कार करते हैं। यह उसकी दूसरी अनोखी सफलता है। इसका अभिप्राय यह भी है कि द्विवेदीजी यह भी व्यक्त करना चाहते हैं कि मनुष्य के मूलभूत सरोकार कालबद्ध या काल-सीमित न रहकर प्रत्येक युग में पुनः-पुनः सामने आते हैं और हर बार उनका नए सिरे से साक्षात्कार और सामना करना पड़ता है। नए सिरे से उनसे जूझना पड़ता है और नए सिरे से उनका समाधान ढूँढना पड़ता है—उतनी ही द्वन्द्वात्मक प्रखरता तथा तीव्र अन्तर्द्वन्द्वों के साथ। यही शायद इतिहास या अतीत की प्रासंगिकता और उसकी निरन्तर उपस्थिति भी है।''[47] द्विवेदीजी के परम्परा बोध और आधुनिक चेतना पर लिखते हुए निर्मल वर्मा ने कहा है कि ''जिस तरह एक व्यक्ति अपनी स्मृति में दुनिया को परखता है, उसी तरह एक जाति अपनी परम्परा की आँखों से यथार्थ को छानती है...और देखने की प्रक्रिया में चुनने और आँकने का विवेक जुड़ा रहता है।...जिस तरह बहती हुई धारा अपने भीतर एक तरफ आदि स्रोत की मौलिक पवित्रता और दूसरी तरफ अपने लक्ष्य की अन्तिम परिणति—दोनों को समाहित करती है, ठीक उसी तरह एक जातीय परम्परा अतीत और भविष्य दोनों को अपनी जीवन्त धड़कन में पिरोती है।''[48] किसी जाति द्वारा ''संकट की घड़ी में अपनी परम्परा का मूल्यांकन करना एक तरह से खुद अपना मूल्यांकन करना है,

अपनी अस्मिता की जड़ों को खोजना है।''[49] और उस क्षण ''हम कौन हैं–यह एक दार्शनिक प्रश्न न रहकर खुद अपनी नियति से मुठभेड़ करने का तात्कालिक प्रश्न बन जाता है।''[50] और यह प्रश्न अनिवार्यतः उसकी संस्कृति से जुड़ा होता है और ''संस्कृति मनुष्य की आत्मचेतना का प्रदर्शन नहीं, उस सामूहिक मनीषा की उत्पत्ति है जो व्यक्ति को एक स्तर पर दूसरे व्यक्ति से और दूसरे स्तर पर विश्व से जोड़ती है।''[51] महत्त्वपूर्ण यह है कि भारतीय संस्कृति के विपरीत ''पश्चिमी संस्कृति का प्रादुर्भाव एक ऐसी खंडित चेतना में हुआ है–जहाँ मनुष्य अपने को प्रकृति, विश्व और दूसरे मनुष्य से बिल्कुल अलग पाता है और उसे अनुभव होता है कि इस अलगाव और विभाजन को महज धार्मिक आस्था या परम्परा द्वारा नहीं पाटा जा सकता है।''[52] और इस पश्चिमी मानसिकता द्वारा ''एक तरह से इतिहास बोध ही आधुनिकता का पर्याय मान लिया जाता है। मध्यकालीन संस्कृति में धर्म का जो केन्द्रीय स्थान था उसने धीरे-धीरे पीछे हटते हुए अपनी जगह इतिहास को समर्पित कर दी है। मनुष्य प्रकृति के परिवेश में नहीं, इतिहास के सन्दर्भ में जीता है–इस सन्दर्भ में हर घटना पिछली घटना से नई है, जो अब हो रहा है, वह पहले कभी नहीं हुआ।''[53] जबकि भारतीय ''मनीषियों के लिए–वे समय को विकास के रूप में नहीं 'चक्र' के रूप में देखते थे, जहाँ हर घटना गुजरी हुई घटना की याद दिलाती है–स्मृति, जिसकी परतें जमती हुई परम्परा को जन्म देती हैं।''[54] उनके लिए ''भविष्य किसी काल्पनिक यूटोपिया में स्थिर नहीं है, वह वास्तव में मनुष्य के उन अवशेषों में रहता है, जिसे हर व्यक्ति अपनी मृत्यु के बाद छोड़ जाता है...उसकी स्मृति और स्वप्न। हम जिसे मानवता का भविष्य कहते हैं, वह इतिहास में जीनेवाले व्यक्ति का अतीत है जो उसकी मृत्यु के बाद भी बचा रहता है–जिससे परम्परा बनती है और हम इस अद्‌भुत निष्कर्ष पर पहुँचते हैं कि भविष्य का बोध हमें कहीं आनेवाले समय में नहीं, पीछे गुजर जानेवाले अतीत में उपलब्ध होता है।''[59] और आधुनिक पश्चिमी विचारों से आतंकित व्यक्ति के विपरीत हजारीप्रसाद द्विवेदी ने ''इतिहास का बोध प्रकृति के नैसर्गिक लय से प्राप्त किया था–पश्चिम के इतिहास आतंक से नहीं। इसलिए वह व्यक्ति की मृत्यु को झरा हुआ पत्ता मानते थे जो खुद मिट्टी में मिल नए वृक्ष में अंकुरित होता है, क्या पत्ते का भविष्य वृक्ष नहीं है जो स्वयं पत्ते की मरी हुई स्मृति से विकसित हुआ है।...स्मृति की यह विशेषता है कि वह अपने पीछे कोई पदचिह्न नहीं छोड़ जाती...वह स्वयं पदचिह्न बन जाती है, परम्परा का मतलब इन पदचिह्नों पर चलकर उस वर्तमान को परिभाषित करना है जहाँ मनुष्य आज जीवित है। हम चलते पीछे की तरफ हैं किन्तु पहुँचते वहाँ हैं जहाँ हम इस क्षण में हैं। परम्परा इस अर्थ में विगत की खोज नहीं, विगत के भविष्य का अन्वेषण है।''[56] महत्त्वपूर्ण उपलब्धि यह है कि द्विवेदीजी का ''अतीत का बोध अतीत के प्रति

सम्मोहन या नॉस्टाल्जिया से बिल्कुल भिन्न है। विगत के प्रति सम्मोहन उसी समय उत्पन्न होता है जब हम परम्परा से विगलित हो जाते हैं। नॉस्टाल्जिया हमेशा उन चीजों से होता है जो हमसे टूटकर दूर छिटक गई हों, स्मृति में हम उसे खोजते हैं जो हमारे भीतर पहले से ही मौजूद है। परम्परा का रिश्ता स्मृति से है, नॉस्टाल्जिया से नहीं।''[57] और 'बाणभट्ट की आत्मकथा' परम्परा और उसकी अखंडित स्मृति के माध्यम से स्व को परिभाषित करने का एक सफल उदात्त प्रयास है। स्पष्टतः ''बाणभट्ट...का परिवेश यद्यपि मध्यकालीन है किन्तु अपनी प्रच्छन्न रचनात्मकता में यह अत्यन्त समकालीन उपन्यास है।''[58] सत्ता (तानाशाही या लोकतान्त्रिक) और कलाकार का जटिल सम्बन्ध अत्यन्त प्राचीन है। ''आधुनिक काल में लोकतान्त्रिक व्यवस्था के उदय के साथ तथा विश्व स्तर पर 'वाम' तथा 'दक्षिण' के विभाजन और शीतयुद्ध के परिणामस्वरूप साहित्य तथा सांस्कृतिक स्तर पर यह सबसे ज्वलंत प्रश्न बन गया है। यही नहीं यह कलाकार की स्वतन्त्रता की कसौटी भी माना जाने लगा है। स्वतन्त्र-चेता रचनाकारों ने प्रायः अपने को 'स्टेट' तथा चर्च के विरुद्ध पाया है। पश्चिम में भी यह संघर्ष और द्वन्द्व सुकरात तथा गैलीलियो के जमाने से चला आ रहा है। भारत में स्वतन्त्रता संघर्ष के सन्दर्भ में तो यह प्रश्न महत्त्वपूर्ण था ही, स्वतन्त्रता के बाद तो यह कलाकार की 'इंटीग्रिटी' का निकष भी बन गया है : कलाकार को किस हद तक राज्याश्रय चाहिए, चाहिए भी या नहीं? इस प्रकार का कोई प्रश्रय क्या कलाकार की स्वतन्त्रता ही नहीं बल्कि क्या उसकी रचना की गुणवत्ता पर भी कोई प्रभाव डालता है? इन सभी प्रश्नों पर आज प्रायः अघोषित रूप से ही एक व्यापक जनमत बन गया है कि शायद ऐसा होता है और जिसकी चरम परिणति 'कमीसंड' या प्रायोजित कला के रूप में सामने आती है। प्रत्यक्ष या परोक्ष रूप से सत्ता का पक्षधर होना भी पूरे 'सच' का गला घोंटना है।''[59] कलाकार और सत्ता के सम्बन्ध में ''बाणभट्ट सबसे पहला उपन्यास है जो इन प्रश्नों को बेहद तीखे, प्रखर तथा जटिल रूप में प्रस्तुत तथा विश्लेषित करता है। वह इनके विडम्बनात्मक तथा एक हद तक 'त्रासद' स्वरूप को भी पूरी रचनात्मक सघनता के साथ प्रस्तुत करता है। उसकी कथा का केन्द्रीय तथा नाभिकीय सूत्र है : 'सत्य के लिए किसी से भी नहीं डरना, राजा से भी नहीं, मंत्र से भी नहीं, लोक से भी नहीं, वेद से भी नहीं।' आर्ष वाक्य सा प्रतीत होनेवाला यह कथन अनायास ही आज कलाकार तथा कलाकर्म का घोषणा पत्र तथा 'मोटो' बन गया है।''[60] सत्य के प्रति द्विवेदीजी की इस निर्भीक आस्था को रेखांकित करते हुए निर्मल वर्मा ने कहा है कि ''जब हम 'इतिहास-बोध' के नाम पर 'सोल्ज़ेनित्शन' जैसे लेखक को देशनिकाला देते हैं तो यह ध्यान नहीं आता कि उसके साथ-साथ हम टॉलस्टॉय और दॉस्तोव्स्की की परम्परा को भी देशनिकाला दे रहे हैं। पुराने लेखकों की पुस्तकों को लाखों की संख्या

में छापकर साहित्य परम्परा का संरक्षण नहीं होता। उसका सत्य आज के लेखक की मुक्तवाणी में संरक्षित होता है–ऐसा सत्य जिसके लिए वह किसी से नहीं डरता, लोक से भी नहीं, वेद से भी नहीं, गुरु से भी नहीं (ये शब्द सोल्जेनित्शन के नहीं हजारीप्रसाद द्विवेदी के हैं)।''[61] बाणभट्ट...का यह सत्य ''क्या कला का मूल सत्य भी नहीं है? वह अपने में ठहरी हुई स्मृति को उन्मेषित कर देती है जिसे हम परम्परा कहते हैं किन्तु वह अपने भीतर समय को स्थगित भी कर लेती है जिसे हम इतिहास कहते हैं। इसलिए परम्परा और इतिहास, जिन्हें हम दो विरोधी तत्त्व मानते आए थे–एक शाश्वत, दूसरा नश्वर, कलाकार उन्हें अपनी स्वतन्त्र चेतना के बिन्दु पर एकीकृत कर लेता है–कला शाश्वत वर्तमान में जीती है। कला का यह मर्म मनुष्य जीवन का सत्य भी हो सकता है, ऐसा हजारीप्रसाद जी सोचते थे।''[62] निर्मल की दृष्टि में भारतीय संस्कृति के सन्दर्भ में हजारीप्रसाद जी की आधुनिक भारत को सबसे महत्त्वपूर्ण देन थी–''एक आधुनिक भारतीय किस दुर्गम रास्ते से अपनी खंडित चेतना का अतिक्रमण कर सकता है, अपनी जातीय स्मृति की सलवटों से उस देवता की मूर्ति निकाल सकता है, जिस पर पिछले दो सौ वर्षों से इतिहास की गर्द जमा होती गई है, जो मूर्ति भी है और आईना भी, जिसमें वह अपने से साक्षात्कार करता है। वह सही अर्थ में आधुनिक थे क्योंकि वह अतीत की सब छलनाओं और इतिहास की मरीचिकाओं से मुक्त थे–वह सही अर्थ में हिन्दू भी थे–ऐसे ब्राह्मण–जिन्होंने हिन्दुत्व की बहुविध प्रेरणाओं से मनुष्य का सत्त्व निचोड़ा था। आधुनिकता और हिन्दुत्व इन दोनों के मेल से वह प्रामाणिक अर्थ में भारतीय बने थे।''[63]

जबकि ''पश्चिम का आधुनिक साहित्य परम्परा से विच्छिन्न यथार्थ के मरुस्थल या मरीचिका पर एक लम्बा विलाप गीत है।''[64] वहीं 'बाणभट्ट की आत्मकथा' में ''मनुष्य, पशु-जीवन और प्रकृति के बीच इस तरह का कोई अलगाव या अलगाव को पाटने की पीड़ा कहीं नहीं दिखाई देती। वे बहुत सरल और आत्मीय भाव से एक-दूसरे में अन्तर्गुम्फित होते हैं।''[65]

परम्परागत कला की स्मृति करानेवाली इस रचना में ''दृष्टि और दृश्य–एक-दूसरे में इस अभिन्न ढंग से विलय हो जाते हैं कि जिस कलाकृति का जन्म होता है उसमें सहज रूप से दोनों ही समाहित होते हैं–वह दोनों की होकर भी दोनों से ऊपर उठ जाती है।''[66] दृष्टि और दृश्य का यह विलय ''आत्म से अनात्मक की ओर मुड़ना नहीं है बल्कि उस आत्म में वापस लौटना है जहाँ से हमारे 'अहम्' ने हमें निष्काषित कर दिया था।''[67] अहम् के संकुचित दायरे से मुक्त होने के कारण द्विवेदीजी ''अतीत और वर्तमान में मनुष्य को एक साथ रखते हैं, उनके मनुष्य प्रायः दोनों में एक साथ होते हैं इसीलिए वे बहुत युक्ति रचकर भी युक्ति से बाहर चले जाते हैं। उनके यहाँ दोनों अविच्छिन्न हैं। यह अविच्छिन्नता या निरन्तरता ही उनके उपन्यासों में भारतीयता की

पहचान भरती है।''[68]

प्रत्यक्षतः 'बाणभट्ट की आत्मकथा' का परिवेश मध्यकालीन भारत है ''किन्तु अपनी प्रच्छन्न रचनात्मकता में यह अत्यन्त समकालीन उपन्यास है।''[69] रचना के मध्यकालीन परिवेश में समकालीनता की गूँज आस्ट्रिया में निवास करनेवाली दीदी 'मिस कैथराइन' के पत्र से हो जाती है, जिसमें उन्होंने लिखा है, ''तुमने युद्ध के घिनौने समाचार पढ़े होंगे, लेकिन उसके असली निर्दय रूप को तुम लोगों ने नहीं देखा। देखते तो तुम लोग मेरी ही तरह मनुष्य जाति की जययात्रा के प्रति शंकालु हो जाते...मनुष्य का नहीं, मनुष्यता के वध का दृश्य था।''[70] स्पष्टतः दीदी के बहाने द्विवेदीजी ने साम्राज्यवाद, उपनिवेशवाद, नस्लवाद और इस मनोवृत्ति की अनिवार्य उपज युद्ध पर एक मार्मिक टिप्पणी की है। 'बाणभट्ट' की स्त्री सम्बन्धी दृष्टि भी समकालीन स्त्री विमर्श और उसकी दिशाओं को प्रतिबिम्बित करती है। द्विवेदीजी इस रचना में ''अनुभव कराते हैं कि सामान्यतः दुराचारिणी समझी जानेवाली स्त्रियों में एक दैविक शक्ति या दैविक तत्त्व होता है।''[71] नितान्त वैयक्तिक प्रसंगों के अग्निगर्भ से निपुणिका के शब्द फूटते हैं, ''क्या स्त्री होना मेरे सारे अनर्थों की जड़ नहीं है? तुम इस छोटे से सत्य के साथ राष्ट्र जीवन के बड़े सत्य को अविरोधी पा रहे हो? क्या बृहत्तर सत्य के नाम पर मिथ्या का तांडव नहीं चल रहा है?''[72] 'बाणभट्ट' भी समाज और राष्ट्र की इस विडम्बनापूर्ण स्थिति से क्षुब्ध और पीड़ित है। वह महसूस करता है कि ''स्त्री के दुख इतने गम्भीर होते हैं कि उसके शब्द उसका दशमांश भी नहीं बता सकते। सहानुभूति के द्वारा ही उस मर्म-वेदना का किंचित आभास पाया जा सकता है...निपुणिका में इतने गुण हैं कि वह समाज और परिवार की पूजा का पात्र हो सकती थी पर हुई नहीं।''[73] और वह इस निष्कर्ष पर पहुँचता है कि ''निश्चय ही कोई बड़ा असत्य समाज में सत्य के नाम पर घर बना बैठा है।''[74] वस्तुतः स्त्रीत्व का ''दैविक तत्त्व मानवीय तत्त्व है जिसे सामान्यतः परम्परानिबद्ध तथा संस्कृति की चेतना के भीतर से द्विवेदीजी ने इस तथाकथित 'पापजीवन' को विकृत सामाजिक व्यवस्था की देन माना है, यहाँ परम्परा समकालीन हो जाती है और संस्कृति पारदर्शी। अर्थात् अतीत में एक व्यवस्था में जितना पतन है, वर्तमान में भी उतना ही। यही 'अतीत' का 'वर्तमान' होना है। अथवा यह अजस्र स्रोत है, जहाँ वर्तमान कभी अतीत होता ही नहीं। वह गतिशील तथा परिवर्तनशील होकर भी तत्त्वतः एक और अविभाज्य है।''[75]

बाणभट्ट सत्य के लिए ''संघर्ष करता है, प्रतिरोध करता है, अपनी पूरी ताकत, क्षमता तथा गहरे अन्तर्द्वन्द्व के साथ लेकिन अन्ततः पराजित होता है। उसकी यह पराजय ही वह बेहद मार्मिक तथा मानवीय 'त्रासदी' है जिसे द्विवेदीजी ने बड़ी रचनात्मक सघनता के साथ प्रस्तुत किया है। बाणभट्ट इस संघर्ष में पराजित होता

है और जिस क्षण पराजित होता है, उसी क्षण उसकी मानो मृत्यु हो जाती है।''[76] 'बाणभट्ट' की 'जीवित मृत्यु' जहाँ एक ओर मानव जीवन की त्रासद असफलता और अपूर्णता को दुर्निवार नियति के रूप में प्रगट करती है वहीं दूसरी ओर इसमें मनुष्यता की अपराजयता के प्रति आस्था बची हुई है। द्विवेदीजी की इस रचना की ''अपूर्णता का रहस्य भी यही है, यह अपूर्णता क्यों? एक तप्त जिज्ञासा को छटपटाते हुए छोड़ देने के लिए? किन्तु शायद यह अभीष्ट नहीं है। उनके चिन्तन में काल तथा मनुष्य की धारणा भी यही है। उनका मनुष्य न तो मरता, न अन्तिम निष्कर्ष तक पहुँचता है, न रुकता है, न थकता है। ऊपरी तौर पर यह बायवी तत्त्वचिन्तन लगता है, पर उनकी दृष्टि से देखें तो उनका मनुष्य निरन्तर यात्रा पर है (बाणभट्ट इसीलिए जिप्सी की तरह है)। एक मनुष्य मरता है, अनेक मनुष्य मरते हैं। पर मनुष्य आज तक मरा कहाँ? इसी मनुष्य की असम्पूर्णता उसकी सम्पूर्णता है। यहीं अपराजेय मनुष्य भी जन्म लेता है। लेकिन यह भारतीय मनीषा के तत्त्वज्ञान का सत्व है, वह चरैवेति है। यह खत्म होने के विरुद्ध प्रतिरोध है।''[77] और 'बाणभट्ट की आत्मकथा' ''असमाप्त मनुष्यों के पोर्टेट है। वैसे भी मनुष्य को समझना या समझ पाना एक असमाप्त प्रयास के अतिरिक्त है भी क्या?''[78]

'बाणभट्ट की आत्मकथा' में मनुष्यता की शाश्वत और सार्वकालिक समस्याओं के अतिरिक्त समकालीन जटिलताओं और संघर्षों को भी देखा जा सकता है। यह ''केवल 'सत्ता' और 'कला' के सम्बन्धों पर विचार करने के लिए ही नहीं लिखी गई है : उसके सम्मुख एक विशाल मानव समाज है–विभिन्न धर्मों, संस्कारों तथा विचारधाराओं या समूह जिनकी परस्पर ईर्ष्या, द्वेष, स्वार्थपरता तथा कलह के कारण''[79] भारत भस्म हो रहा है। आत्मकथा के अन्तिम अंशों में भारत के आन्तरिक विभाजन का ध्वंस देखा जा सकता है। ''याद रखना चाहिए कि 'बाणभट्ट...' द्वितीय महायुद्ध के तत्काल बाद, भारत की स्वतन्त्रता तथा विभाजन के दौर में लिखा गया था। नेहरू के शब्दों में भारत अर्द्धरात्रि की नींद से जागकर तब एक नए युग में प्रवेश कर रहा था। द्विवेदीजी तब जन-गण-मन अधिनायक...के गायक कवि-कुलगुरु के शान्ति-निकेतन में बैठे हुए भविष्य की अशान्ति के अंकुर का आभास पाकर अचानक उद्वेलित तथा आशंकित हो उठे थे। 'बाणभट्ट की आत्मकथा' उसी उद्वेलन की देन है।''[80] बावजूद इसके यदि निर्मल वर्मा यह महसूस करते हैं कि हजारीप्रसाद जी अपनी 'किस्सागोई गप्प शैली' में 'आधुनिक जीवन' पर उपन्यास लिखने से 'झिझकते' रहे और उनकी यह शैली आज के व्यक्ति के 'विकट', 'संघर्षमय संसार के बीहड़ अन्तर्द्वन्द्वों' को अपने में समेटने में असफल है, तो निर्मल वर्मा का यह सन्देह ही सन्देहास्पद प्रतीत होता है। दरअसल 'बाणभट्ट की आत्मकथा' ''सामान्य अर्थ में ऐतिहासिक उपन्यास मात्र नहीं है। वह एक गूढ़, जटिल तथा अनेकायामी उपन्यास

है जिसका समुचित आकलन होना अभी बाकी है।''[81] रचना के अन्त में द्विवेदीजी द्वारा उपन्यास का संक्षिप्त विश्लेषण ''एक नायाब तथा अद्भुत औपन्यासिक कौशल (डिवाइस) है। स्वयं लेखक द्वारा अपनी ही कृति की समीक्षा! वस्तुतः इसमें भी एक अन्तर्निहित अभिप्राय है : एक तो यह कि द्विवेदीजी अन्त में यह स्पष्ट कर देना चाहते हैं कि यह 'बाणभट्ट की आत्मकथा' नहीं है, बल्कि स्वयं लेखक ने 'कादम्बरी', 'रत्नावली' तथा तत्कालीन अन्य कृतियों से तथ्य तथा सूचना संग्रह करके और उसकी भाषा तथा शैली को आत्मसात् कर एक मौलिक कृति की रचना की है। इसीलिए उन्होंने बाणभट्ट की अन्य कृतियों से इस 'आत्मकथा' की भिन्नता दिखलाते हुए ब्यौरेवार बताया है कि 'संग्रहित' तथा 'ग्रहीत' होने पर (बाणभट्ट...) मूलतः उनकी निज की कृति है। यह अक्षुण्ण तथा विलक्षण निजता ही 'बाणभट्ट की आत्मकथा' को हिन्दी उपन्यास में एक 'क्लासिक' का दर्जा प्रदान करती है। उनके इस औपन्यासिक कौशल को कहीं सचमुच 'ऑटोबायोग्राफी' न मान लें इसलिए, अन्त में चलते-चलते विदेशी दीदी के माध्यम से स्पष्ट कर दिया है कि 'बाणभट्ट की आत्मकथा', 'ऑटोबायोग्राफी' नहीं है। दीदी स्वयं इसे 'साहित्य में एक अभिनव प्रयोग' कहती हैं। अब यह बताने की अलग से जरूरत नहीं रह जाती कि वह 'अभिनव प्रयोग' किसने किया है।''[82]

स्पष्टतः लेखक ने अपनी आत्मकथा को 'बाणभट्ट की आत्मकथा' के रूप में प्रस्तुत किया है, और अपने चेहरे को प्रत्यक्ष होने से बचा लिया है। एक तरह से कहें तो द्विवेदीजी ने 'बाणभट्ट' का 'मुखौटा' पहनकर अपनी कहानी कही है। कलाकार ''कला-सृजन में निर्वैयक्तिक होने के लिए...'मास्क' अथवा मुखौटे का प्रयोग करता है। कहने की आवश्यकता नहीं है कि द्विवेदीजी ने इस मुखौटे की प्रविधि का प्रयोग जमकर किया है।''[83] द्विवेदीजी के इस कला उपकरण और प्रविधि पर लिखते हुए नामवर सिंह ने ऑस्कर वाइल्ड के मत का उल्लेख करते हुए कहा है कि ''मनुष्य जब स्वयं बोलता है तो अपने असली रूप में नहीं होता। उसे एक मुखौटा दे दीजिए, फिर देखिए, वह सच बोलने लगेगा। दरअसल मुखौटा इसलिए मूल्यवान है कि वह स्वयं एक कलाकृति है और कलाकृति स्वयं मनुष्य से ज्यादा अभिव्यंजक होती है। विचित्र विरोधाभास है कि जो मुखौटा चेहरा छिपाता है, वहीं भावों को ज्यादा से ज्यादा उद्घाटित करता है।''[84] अतः ''द्विवेदीजी जब अपनी कथाकृतियों में अपने आपको किसी कल्पित कथावाचक की ओट में छिपाते हैं तो प्रयोजन अपने आपके अधिक-से-अधिक उद्घाटन का ही होता है। इस एक मुखौटे के द्वारा सारी कुंठा हवा हो जाती है और सहज अभिव्यक्ति का द्वार खुल जाता है। यदि यह मुखौटा न होता तो शायद हिन्दी साहित्य 'बाणभट्ट की आत्मकथा'...की सुकुमार संवेदनावाली साहसिक प्रेम कहानियों से वंचित रह जाता।''[85] 'बाणभट्ट की आत्मकथा' में केवल 'मुखौटा'

प्रविधि का प्रयोग ही नहीं है बल्कि "द्विवेदीजी की विशिष्टता मुखौटे की प्रविधि के प्रयोग से अधिक स्वयं उस मुखौटे की नवीन परिकल्पना में है। वस्तुतः किसी कलाकार की पहचान उस मुखौटे से होती है जो एक निश्चित भूमिका अदा करने के लिए बनाता है। भूमिका की सफलता उस मुखौटे की कलात्मक प्रकृति पर निर्भर है।"[86] द्विवेदीजी की प्रविधि की सार्थकता इस बात में है कि यह प्रविधि उनकी भूमिका और कलाकार-व्यक्तित्व के अनुरूप है। हम देख सकते हैं कि "द्विवेदीजी ने अपने फक्कड़पन वाले दर्शन के अनुरूप ही मुखौटे के रूप में बराबर ऐसे चरित्र का निर्माण किया है जो स्वभाव से थोड़ा फक्कड़ हो।...'बाणभट्ट की आत्मकथा' की दीदी मिस कैथराइन भी थोड़ी सनकी हैं।"[87] द्विवेदीजी ने अपनी रचनाओं में अपने 'फक्कड़' स्वच्छन्द व्यक्तित्व के अनुरूप ही अभिव्यक्ति की शैली का विकास किया है। द्विवेदीजी की यह 'फक्कड़' शैली उपन्यास विधा में 'गल्प' के स्थान पर 'गप्प' को प्रश्रय देती है और यह 'गप्प' शैली रचनाशीलता की नई सम्भावनाओं और उपलब्धियों का सृजन करती है, "द्विवेदीजी के फक्कड़पन से इस 'गप्प' की कला का गहरा रिश्ता था और यह कहना असंगत न होगा कि साहित्य में उनकी अपनी विधा यह 'गप्प' ही थी...उनकी कथाकृतियाँ भी इसी 'गप्प' के अन्तर्गत आती हैं।"[88] उपन्यास के अन्तर्गत इस 'गप्प' विधा का कलात्मक "आविष्कार द्विवेदीजी ने ठेठ अपने लिए–अपनी विशिष्ट सर्जनात्मक अभिव्यक्ति के लिए किया था।"[89] इस 'गप्प' शैली में द्विवेदीजी का "भदेसपन भी है, कल्पनाशीलता भी, अंगद कूद भी, ढीलाढालापन भी, भाषा का सहज प्रवाह भी और बीच-बीच में उद्धरण देने का शौक भी। इसी 'बेहद्दी मैदान' में उन्हें और उनकी प्रतिभा को खुलकर खेलने का मौका मिलता था।"[90] उपन्यास के क्षेत्र में "ऐसी प्रतिभा...उपन्यास नामक सुनिश्चित विन्यासवाले कलारूप से"[91] सन्तुष्ट नहीं हो सकती थी। इस कारण उन्होंने उपन्यास विधा में "हर बड़ी प्रतिभा की तरह...अपने लिए अपनी काट का एक नया साहित्य-रूप गढ़ा है।"[92] और 'बाणभट्ट की आत्मकथा' इस प्रतिभा का सर्वोच्च प्रतिफलन तो है ही, साथ ही यह उपन्यास विधा में भारतीय फॉर्म की खोज भी है। 'बाणभट्ट की आत्मकथा' में द्विवेदीजी उपन्यास जैसी विधा के लिए 'पश्चिमी लेखक की ही तरह आत्म-सजग और तर्कशील' हैं किन्तु उन्होंने "इस विधा की सीमाओं पर एक निर्वैयक्तिक, गैर-ऐतिहासिक, मिथक सम्पन्न अँधेरी स्मृतियों"[93] को उजागर किया है। द्विवेदीजी का यह समूचा "कार्यकलाप, यह एडवेंचर किसी आलोचनात्मक, बौद्धिक योजना द्वारा नहीं, शुद्ध कल्पनाशील अनुभवों के बीच"[94] हुआ है। इस उपन्यास में 'फॉर्म का निर्माण' नहीं 'सृजन' हुआ है। यह 'इतिहास' और 'मिथक', 'समय' और 'स्मृति'–'इन दो उजले अँधेरे छोरों' के बीच भारतीय उपन्यास के फॉर्म की खोज है। यहाँ द्विवेदीजी न शुद्ध रूप से दर्शक हैं–एक विदेशी उपन्यासकार की तरह–न पूर्ण रूप से भोक्ता 'बल्कि'

एक औसत भारतीय की तरह हैं। 'बाणभट्ट की आत्मकथा' का रचनाकार "न तो इस अर्थ में एक अलगावग्रस्त (Alienated) बुर्जुआ लेखक बन पाया है जो अपनी अलग आत्मसजग वैयक्तिकता के बाहर अपने अतीत, स्मृतियों और संस्कारों से अलग रह सके, न इन संस्कारों और स्मृतियों से इतना अविच्छिन्न रूप से जुड़ा है कि बाहर के अलगाव, अपने दो सौ वर्षों के यूरोपीय अनुभव से अर्जित आत्म-चेतना की उपेक्षा कर सके। वह बाहर भी है, भीतर भी, वैयक्तिक है तो निर्वैक्तिक भी, समय से आक्रान्त है तो इतिहास का अतिक्रमण करने का मिथक-बोध भी उसमें है।"[95] 'इन दोनों पाटों के बीच अन्तर्द्वन्द्व और इतिहास की इस जातीय विडम्बना का दबाव' तीव्रता से महसूस कर सकने के कारण ही 'बाणभट्ट' का 'एडवेंचर' प्रामाणिक और अर्थपूर्ण है। 'बाणभट्ट की आत्मकथा' की दुनिया "यूरोपीय उपन्यास के अहम् केन्द्रित संसार से मुड़कर हमें एक ऐसे मन से साक्षात् कराती है, जहाँ अहम् के भयभीत आक्रामक साम्राज्य की सीमाएँ खत्म हो जाती हैं, एक ऐसे सेल्फ के दरवाजे खोलती है, जिसके भीतर व्यक्ति का मन द्वन्द्व, ईगो, सुपर-ईगो जैसे अँधेरे तहखानों में बँटा नहीं है, बल्कि जहाँ मन, आत्मा और देह एक सम्पूर्ण सृष्टि के मिनिएचर में स्वयं मनुष्य के भीतर अखंडित रूप से मौजूद हैं।"[96] हम चाहें तो इसे 'भारतीय मन की दुनिया कह सकते हैं!' किन्तु "अवश्य ही यह वह दुनिया नहीं है, जिसका चित्र हमें आज तक यूरोपीय उपन्यासों में उपलब्ध होता रहा है।"[97] साथ ही अपनी अभिव्यक्ति और संरचना के स्तर पर न तो यह आधुनिक आत्मकथा है न ही तथ्यपूर्ण जीवनी और न ही यूरोपीय फॉर्म में 'सीमित' होनेवाला उपन्यास। यह मानवता की एक उज्ज्वल किताब है,* साहित्य विधा में एक नवोन्मेष!

सन्दर्भ-सूची

1. लेखक की आस्था : निर्मल वर्मा, सं. नन्दकिशोर आचार्य, पृ. 89, वाग्देवी पॉकेट बुक्स, बीकानेर, 2001
2. वही, पृ. 89
3. वही, पृ. 90
4. वही, पृ. 90
5. वही, पृ. 94
6. वही, पृ. 88
7. वही, पृ. 93
8. वही, पृ. 92

---

* डी.एच. लॉरेंस–Novel is a bright book of Life.

9. वही, पृ. 94
10. वही, पृ. 96
11. वही, पृ. 96
12. वही, पृ. 97
13. वही, पृ. 97
14. वही, पृ. 97
15. वही, पृ. 98
16. वही, पृ. 98
17. हिन्दी उपन्यास की कहानी : डॉ. विजयमोहन सिंह, पृ. 66, जवाहर पब्लिशर्स एवं डिस्ट्रीब्यूटर्स, 2004
18. लेखक की आस्था : निर्मल वर्मा, सं. नन्दकिशोर आचार्य, पृ. 118, वाग्देवी पॉकेट बुक्स, बीकानेर, 2001
19. वही, पृ. 118
20. वही, पृ. 119
21. शान्तिनिकेतन से शिवालिक : मधुरेश, सं. डॉ. शिवप्रसाद सिंह, पृ. 233, नेशनल पब्लिशिंग हाउस, दिल्ली, 1980
22. वही, पृ. 234
23. वही, पृ. 234
24. नित्यानन्द तिवारी : अपूर्व जनगाथा पत्रिका, पृ. 9, 1983
25. वही, पृ. 10
26. वही, पृ. 11
27. हिन्दी उपन्यास का इतिहास : गोपाल राय, पृ. 188, राजकमल प्रकाशन, नई दिल्ली, 2002
28. कथा समय : विजयमोहन सिंह, पृ. 70, राधाकृष्ण प्रकाशन, 1993
29. वही, पृ. 70
30. वही, पृ. 71
31. वही, पृ. 71
32. वही, पृ. 73
33. हिन्दी उपन्यास का इतिहास : गोपाल राय, पृ. 189, राजकमल प्रकाशन, नई दिल्ली, 2002
34. शान्तिनिकेतन से शिवालिक : नलिन विलोचन शर्मा : सं. डॉ. शिवप्रसाद सिंह, पृ. 216, नेशनल पब्लिशिंग हाउस, दिल्ली, 1980
35. वही, पृ. 218
36. कथा समय : विजयमोहन सिंह, पृ. 71, राधाकृष्ण प्रकाशन, 1993
37. वही, पृ. 71
38. वही, पृ. 72
39. वही, पृ. 73
40. वही, पृ. 74

41. वही, पृ. 75
42. वही, पृ. 77
43. हिन्दी उपन्यास की कहानी : डॉ. विजयमोहन सिंह, पृ. 63, जवाहर पब्लिशर्स एवं डिस्ट्रीब्यूटर्स, 2004
44. वही, पृ. 63
45. वही, पृ. 64
46. वही, पृ.
47. वही, पृ. 65
48. पत्थर और बहता पानी : निर्मल वर्मा –सं. नन्दकिशोर आचार्य, पृ. 9, वाग्देवी पॉकेट बुक्स, बीकानेर, 2000
49. वही, पृ. 11
50. वही, पृ. 13
51. वही, पृ. 15
52. वही, पृ. 18
53. वही, पृ. 18
54. वही, पृ. 19
55. वही, पृ. 25
56. वही, पृ. 28
57. वही, पृ. 29
58. हिन्दी उपन्यास की कहानी : डॉ. विजयमोहन सिंह, पृ. 65, जवाहर पब्लिशर्स एवं डिस्ट्रीब्यूटर्स, 2004
59. वही, पृ. 65
60. वही, पृ. 65
61. पत्थर और बहता पानी : निर्मल वर्मा –सं. नन्दकिशोर आचार्य, पृ. 29, वाग्देवी पॉकेट बुक्स, बीकानेर, 2000
62. वही, पृ. 29
63. वही, पृ. 30
64. वही, पृ. 31
65. वही, पृ. 35
66. वही, पृ. 36
67. वही, पृ. 37
68. कथा समय, विजयमोहन सिंह, पृ. 75, राधाकृष्णन प्रकाशन, 1993
69. वही, पृ. 75
70. बाणभट्ट की आत्मकथा : हजारीप्रसाद द्विवेदी, पृ. 234, राजकमल प्रकाशन, पाँचवाँ संस्करण, 1995
71. कथा समय : विजयमोहन सिंह, पृ. 76, राधाकृष्ण प्रकाशन, 1993
72. बाणभट्ट की आत्मकथा : हजारीप्रसाद द्विवेदी, पृ. 149, राजकमल प्रकाशन, पाँचवाँ संस्करण, 1995

73. वही, पृ. 159
74. वही, पृ. 159
75. कथा समय : विजयमोहन सिंह, पृ. 76, राधाकृष्ण प्रकाशन, 1993
76. हिन्दी उपन्यास की कहानी : डॉ. विजयमोहन सिंह, पृ. 67, जवाहर पब्लिशर्स एवं डिस्ट्रीब्यूटर्स, 2004
77. कथा समय : विजयमोहन सिंह, पृ. 78, राधाकृष्ण प्रकाशन, 1993
78. वही, पृ. 79
79. हिन्दी उपन्यास की कहानी : डॉ. विजयमोहन सिंह, पृ. 69, जवाहर पब्लिशर्स एवं डिस्ट्रीब्यूटर्स, 2004
80. वही, पृ. 69
81. वही, पृ. 70
82. वही, पृ. 71
83. दूसरी परम्परा की खोज : नामवर सिंह, पृ. 114, राजकमल पेपरबैक्स, 1997
84. वही, पृ. 115
85. वही, पृ. 115
86. वही, पृ. 115
87. वही, पृ. 116
88. वही, पृ. 119
89. वही, पृ. 119
90. वही, पृ. 119
91. वही, पृ. 119
92. वही, पृ. 119
93. लेखक की आस्था : निर्मल वर्मा, सं. नन्दकिशोर आचार्य, पृ. 103, वाग्देवी पॉकेट बुक्स, बीकानेर 2001
94. वही, पृ. 103
95. वही, पृ. 104
96. वही, पृ. 126
97. वही, पृ. 127

उपसंहार

आत्मकथा, जीवनी और उपन्यास की तुलना करने पर स्पष्ट है कि जीवनी में तथ्यपूर्ण कच्ची सामग्री की जरूरत आत्मकथा और उपन्यास से ज्यादा महत्त्वपूर्ण है। बावजूद इसके जीवनी अन्ततः नायक द्वारा छोड़े गए चिह्नों, संकेतों और तथ्यों के आधार पर नायक की खोज की कोशिश ही है। कोशिश ''—क्योंकि...एक डिटेक्टिव को सिर्फ उन सुरागों पर ही निर्भर रहना पड़ता है जो उसके पात्र पीछे छोड़ गए हैं। वे उसे एक ऐसे यथार्थ की ओर ले जा सकते हैं जो महज मरीचिका हो सकती है।''[1] अतः जीवनीकार अपने नायक की केवल कथा कह सकता है और इस कहने में लेखक अप्रत्यक्षतः अपने जीवन का कथासार भी बता देता है।

आत्मकथा और उपन्यास के सन्दर्भ में कहा जा सकता है कि पात्र, कथावस्तु, देशकाल, वातावरण, सम्वाद, भाषा और शैली की दृष्टि से उपन्यास और आत्मकथा में बहुत दूर तक समानता देखी जा सकती है। उपन्यास की तरह आत्मकथा को भी सामाजिक, राजनीतिक, मनोवैज्ञानिक और दार्शनिक कोटियों में बाँटा जा सकता है। फिर भी आलोचकों का एक बड़ा वर्ग आत्मकथा को उपन्यास से भिन्न मानता है और कल्पना की अनिवार्य अनुपस्थिति को आत्मकथा के लिए आवश्यक शर्त मानता है। अर्थात् आत्मकथा में औपन्यासिक कला नहीं होनी चाहिए।

पर सत्य यह है कि ''आत्मकथात्मक सत्य में औपन्यासिकता अवश्यम्भावी है।''[2] क्योंकि आत्मकथाकार यह महसूस करता है कि ''कला में सत्य महत्त्वपूर्ण नहीं है बल्कि सत्य की सनसनी महत्त्वपूर्ण है।''[3] और ''कभी-कभी सच भी उपन्यास की भाँति इतना अधिक असाधारण और अजनबी होता है कि यदि उसे औपन्यासिक न बनाया जाए तो लोग विश्वास ही नहीं करेंगे।''[4] वास्तविकता यह है कि आत्मकथाकार के लिए ''अतीत एक उपन्यास है। वर्तमान एक भ्रम है, फिर जो अतीत उपन्यास बन चुका है उसमें भी सत्य ढूँढ़ा जा सकता है।''[5] और कोई भी चाहे तो एक ही जीवन की कथा को भिन्न-भिन्न रूपों में जिन्दगी भर लिख सकता है क्योंकि आत्मकथा का सत्य सापेक्षिक होता है। उपन्यासकार की भाँति आत्मकथाकार भी अपनी सामग्री को आकार, रूपविधान और नाटकीयता प्रदान कर सकता है और उसमें कल्पना के रंग

भर सकता है। हमें यह नहीं भूलना चाहिए कि विभिन्न पात्रों ने आत्मकथाकार के जीवन पर क्या प्रभाव डाला है इसको अतिरंजित करना या न करना आत्मकथाकार का काम है। स्पष्टतः ''केवल तथ्य और सपाटबयानबाजी से आत्मकथाकार अपने चरित्र को केन्द्रीय स्थान नहीं दे सकता है। दूसरे मुख्य चरित्रों के समक्ष अपने चरित्र की केन्द्रीयता को वह औपन्यासिक कला के द्वारा रक्षित करता है जो कि वास्तविक जीवन में सम्भव नहीं है।''[6] आत्मकथाकार के पास यह कौशल होता है कि अपने जीवन नाटक में भाग लेनेवाले चरित्रों को विशिष्ट चिह्न प्रदान करे और उनके चरित्र को नाटकीयता प्रदान करे। अतः दूसरे चरित्रों का निर्माण केवल उपन्यास में ही नहीं आत्मकथा में भी होता है। अपने मित्रों के हितों की चिन्ता और उनके चरित्र की सुरक्षा आत्मकथाकार को मजबूर कर सकती है कि वह आत्मकथा में उपन्यास की विधागत स्वतन्त्रता का उपयोग करे। आत्मकथाकार के निजी और सामाजिक सरोकारों ने आत्मकथा और उपन्यास को एक-दूसरे में घुला-मिला दिया है। कहा जा सकता है कि ''आत्मकथा और फिक्शन लेखक के जीवन और विश्वासों को विश्लेषित करनेवाली भिन्न-भिन्न विधाएँ नहीं हैं, वस्तुतः एक ही हैं—आपस में मिली हुई।''[7]

विधाओं के अन्तःसम्बन्ध को हिन्दी कथा साहित्य में भी देखा जा सकता है। हिन्दी कथा साहित्य में कुछ ऐसी रचनाएँ हैं जिनको किसी स्पष्ट विधा में नहीं रखा जा सकता है। इस सन्दर्भ में भारतेन्दु की अधूरी रचना 'एक कहानी : कुछ आपबीती कुछ जगबीती' जैनेन्द्र कृत 'त्यागपत्र', प्रेमचन्द कृत 'मंगलसूत्र' और अज्ञेय कृत 'शेखर : एक जीवनी' उल्लेखनीय हैं। किसी एक विधा के प्रतिमानों से इन रचनाओं के विश्लेषण से अर्थ-संकुचन की समस्या उत्पन्न होती है। ये रचनाएँ विधाओं की परस्पर निर्भरता और अन्तःसम्बन्ध की ओर प्रत्यक्ष संकेत करती हैं। इनमें से कुछ रचनाओं को एक साथ जीवनी, आत्मकथा और उपन्यास के करीब देखा जा सकता है।

यह बात सिद्ध करती है कि आत्मकथा में कल्पना और उपन्यास में तथ्य का प्रयोग सम्भव है। इस अर्थ में आत्मकथा और उपन्यास मानव जीवन की कलात्मक कथा ही हैं।

स्पष्टतः आत्मकथा में कल्पना और चित्रित तथ्य पर संस्कृति, समसामयिकता और दूसरे दबावों का प्रभाव होता है और ये सम्मिलित दबाव इन दोनों के अनुपात को प्रभावित कर सकते हैं। सच तो यह है कि ''आधुनिक उपन्यासकारों ने आत्मकथा और उपन्यास विधा के बीच भ्रमात्मक स्थिति का अपनी आत्मकथा के लिए भरपूर प्रयोग किया है।''[6] यह बात बार-बार दुहराई गई है कि ''काल्पनिक कथा की प्रत्येक महान रचना उपन्यास के रूप में वस्तुतः आत्मकथा है।''[9] यह पहचाना जा सकता है

कि साहित्यिक आत्मकथाकारों ने बारम्बार अपनी कहानियों और किताबों में जीवन की सच्ची घटनाओं को काल्पनिकता के सहारे पाठकों के सम्मुख प्रस्तुत किया है।

यह भी मानना चाहिए कि सौन्दर्योत्पादन की आकांक्षा भी आत्मकथा में कल्पना के प्रवेश को उत्प्रेरित करती है क्योंकि विशुद्ध तथ्यता के चित्रण मात्र से सौन्दर्य का सृजन नहीं हो सकता है। अतः साहित्यिक रूप से जागरूक आत्मकथाकार की रचना में कल्पना के प्रवेश की सम्भावना अनिवार्यतः निहित है। आत्मकथा एक साहित्यिक विधा है अतः आत्मकथा के लिए पहली अनिवार्य शर्त उसका साहित्यिक होना है। साहित्य के अनिवार्य एवं आन्तरिक सौन्दर्य से रहित आत्मकथा को साहित्य नहीं कहा जा सकता है। आत्मकथा की सफलता उसके साहित्यिक मूल्य से तय होती है न कि लेखकों के जीवन की घटनाओं से। अन्ततः "पाठक की रुचि क्या बताया जा रहा है से अधिक कैसे बनाया जा रहा है में होती है।"[10] यह बात जोर देकर कह रही है कि आत्मकथा साहित्य की अनिवार्य विशेषताओं से असम्बद्ध और रहित नहीं है। कल्पनाशीलता, सर्जनात्मकता, अर्थ एवं संवेदना को सम्प्रेषित करनेवाली भाषा का कलात्मक प्रयोग आत्मकथा के लिए अनिवार्य है। आलोचकों का एक वर्ग निश्चित रूप से आत्मकथा और सौन्दर्य की समस्या पर भ्रम की स्थिति में है क्योंकि वह आत्मकथा और इतिहास के बीच मौलिक एवं वास्तविक दूरी को ओझल कर देता है। इतिहास या तथ्यपूर्ण जीवनी अपरिहार्य रूप से कुछ दिए गए तथ्य की व्याख्या से गहरे रूप से सीमित है जबकि आत्मकथाकार जैसे भी हो तथ्यों के चुनाव और उसके चित्रण में ज्यादा स्वतन्त्र है। यह स्वतन्त्रता ही उसे सौन्दर्य सर्जन की सम्भावना उपलब्ध कराती है।

हम जानते हैं कि यद्यपि किसी कहानी को कहने के लिए अनन्त तरीके हैं लेकिन उनमें से किसी में भी जीवन की पूरी कहानी नहीं कही जा सकती है। साथ ही हर पाठ अपने निजी जीवन को स्वयं चित्रित करता है। हर पाठ साहित्यिक विधा की परम्परा में एक परिवर्तन है। वह लेखक के जीवन और विचारों में भी नएपन और अधूरेपन की खोज है। इसका सीधा अर्थ है कि आत्मकथा पर हर एक कोशिश एक नई कहानी बताएगी क्योंकि कहानी बताने के क्रम में और उसके परिणामस्वरूप कहानी बदल जाती है। सच तो यह है कि "आत्म या स्व के बिना कोई भी इसके बारे में लिख नहीं सकता लेकिन स्व के सन्दर्भ में वह जो कुछ भी लिखता है वह उस आत्म के सन्दर्भ में होता है जो निर्मित किया जाता है।"[11] इस प्रकार "आत्मकथा सांकेतिक रूप से साहित्य की किसी भी विधा के समान है और यह शब्द किसी विशेष प्रकार के विधात्मक लेखन में ही सीमित नहीं है।"[12]

आम पाठक को आत्मकथा से यह उम्मीद होती है कि लेखक अपने निजी जीवन के तथ्यों का सच्चाई के साथ चित्रण कर रहा है। कभी-कभी पाठक और आत्मकथाकार

के बीच यह परस्पर समझ ही आत्मकथा और 'मैं' शैली में लिखे गए उपन्यासों के बीच बुनियादी अन्तर हो सकती है। पर आत्मकथाकार 'सत्य' होने का क्या अर्थ लेता है यह एक दूसरी समस्या है। आत्मकथाकार अपने स्व के सम्बन्ध में सत्य की अलग अवधारणा रख सकता है और पाठक की अलग अपेक्षा हो सकती है। इससे भी ज्यादा यह देखा गया है कि एक समय का सत्य दूसरे समय के लिए उतना महत्त्वपूर्ण नहीं होता है। जैसा कि सन्त अंगस्टाइन के समय सत्य होने का अर्थ था—अपनी आत्मा के प्रति सत्य होना जो अनिवार्यतः ईसाईयत से जुड़ा था। जबकि रूसो के सत्य का सम्बन्ध प्रकृति के प्रति सत्य होने से है। आगे के दौर में फ्रायड ने बाह्य सत्य के स्थान पर मानसिक और अवचेतन जगत के सत्य को प्रमुख माना। इस प्रकार यह आश्चर्यजनक नहीं है कि आधुनिक समय के अनेक आत्मकथाकारों ने माना है कि आत्मा का पूर्ण इतिहास लिखना असम्भव है। मानना चाहिए कि "कोई भी अपने बारे में पूर्ण सत्य नहीं बता सकता है, क्योंकि पूर्ण सत्य लिखने में पूर्ण सत्य को जीने से ज्यादा संघर्ष है।"[13]

आत्मकथा के सन्दर्भ में याद रखना चाहिए कि स्मृतियों के पिटारे से तथ्यों का अनायास और लापरवाही से किया गया चुनाव तथ्यों को प्रभावित कर सकता है। इस चुनाव में मानसिक उद्वेग युक्त अहं भी अतीत में तथ्यों के चयन में अस्वीकार्य और अशोभनीय तथ्यों पर पर्दा डाल सकता है और लज्जाजनक तथ्य और उसकी अभिव्यक्ति की स्वतन्त्रता—दोनों परिस्थिति सापेक्ष हैं। अतः साहसिक जोखिम को आत्मकथा की अनिवार्य विशेषता नहीं माना जा सकता है।

आत्मकथा के सन्दर्भ में विभिन्न मतों से एक बात स्पष्ट है कि आत्मकथा लेखक को अपने स्व की सीमा में अपने बारे में सत्य उद्घाटित करने का एक अवसर है। पर लेखक अपने आपको ऐतिहासिक सत्यापित तथ्य के रूप में नहीं देखता है बल्कि वह स्पष्ट रूप से महसूस करता है कि उसके लिए तथ्य से ज्यादा महत्त्वपूर्ण घटनाओं से जुड़े अर्थ का है जो वह पाठक को सम्प्रेषित करना चाहता है। किसी भी स्थिति में केवल तथ्य के द्वारा एक जीवंत आत्म की पुनर्रचना नहीं की जा सकती है। यह बात इससे भी स्पष्ट है कि आत्मकथा के लिए आवश्यक स्रोत वस्तुएँ जरूरी नहीं हैं कि वे साहित्यिक मूल्य भी रखती हों। वास्तविकता यह है कि आत्मकथा में तथ्य और सौन्दर्य के बीच सन्तुलन की समस्या होती है और आत्मकथा में उद्घाटित सत्य वास्तविक यथा-तथ्यता से ज्यादा बड़ा और जटिल हो सकता है।

आत्मकथा के सन्दर्भ में यह महत्त्वपूर्ण है कि इसके लिए सबसे जरूरी और प्राथमिक कच्ची सामग्री स्मृति है और स्मृति ही आत्मकथा में सम्वेदना और भाव का प्रवाह कर उसे आत्मकथा का रूप देती है, पर 'स्मृति भयानक रूप से अविश्वसनीय है।' अधिकतर आत्मकथाकार स्मृति की इस अविश्वसनीयता के प्रति जागरूक होने

की कोशिश करते हैं फिर भी सबसे ज्यादा वे इसी पर निर्भर रहते हैं। और 'स्मृति स्वयं में एक महान कलाकार है।' वस्तुतः "घटनाओं की स्मृति अपनी और बिल्कुल अपनी स्मृति हो जाती है न कि उन वस्तुओं की स्मृति जिनको स्मरण करने की कोशिश की जाती है...यह किसी भी चीज को स्मरण करने में सबसे बड़ी समस्या है।"[14] अतः स्मृति का कोई भी काम पुरातात्त्विक पुनर्निर्माण है। इस पुनर्निर्माण का उद्‌देश्य वास्तविक घटना और भावना से भिन्न होता है। इसीलिए कुछ आत्मकथाकारों ने यह मान लिया है कि अतीत जैसा जीया है वैसा याद नहीं किया जा सकता है। वे केवल स्मृति से अपने अतीत का वर्तमान में पुनर्निर्माण करना चाहते हैं। स्मृति के इस अन्तर्विरोध से यह बात स्पष्ट है कि आत्मकथा विशुद्ध तथ्य हो ही नहीं सकती। ऐतिहासिक यथार्थ और आत्मकथा के अन्दर चित्रित यथार्थ का सम्बन्ध हमेशा सन्दिग्ध हो सकता है। इसी कारण तथ्यों के प्रति पूर्ण जागरूक रहते हुए भी कई आत्मकथाकारों ने अपनी तकनीक में उपन्यास की विशेषताओं का उपयोग किया है।

आत्मकथा में कल्पना का प्रवेश केवल लेखक के सामाजिक सरोकारों से सम्बन्धित नहीं है बल्कि वह कला की एक आवश्यक माँग भी है। आत्मकथाकार के लिए प्रमुख समस्या यह है कि एक तरफ उसे ईमानदारी के साथ आत्म के छुपे स्तरों को उजागर करना होता है। साथ ही उसी समय उसे रूप, संरचना, ध्वनि आदि साहित्यिक सौन्दर्य की कलात्मक पूर्ति का भी प्रयास करना होता है। यथार्थ और तथ्य अपने आप में कलात्मक नहीं होते हैं, उन्हें लेखक अपनी सर्जनशील कल्पना के साँचे में कच्ची सामग्री की तरह प्रयुक्त करता है। अतः साहित्यिक आत्मकथा के निर्माण में कल्पना का सक्रिय होना स्वाभाविक है। इसी कारण अधिकांश राजनीतिज्ञों, पत्रकारों, तानाशाहों की आत्मकथाएँ साहित्यिक दृष्टि से बहुत महत्त्वपूर्ण नहीं हैं। "उनका मूल्य व्यक्ति विशेष के सन्दर्भ में जानकारी और उनकी कार्यशैली और परिस्थितियों तक ही सीमित है।"[15]

सच तो यह है कि बिना किसी सायास प्रयास के आत्मकथा लेखन में अनायास ही औपन्यासिकता आने का भय रहता है, क्योंकि कभी लेखक अपने वास्तविक उद्‌देश्य, प्रेरणा और मन्तव्यों को मनोवैज्ञानिक कारणों से स्पष्ट भी नहीं कर पाता है और कभी लेखक स्वयं भी अपने उद्‌देश्यों, प्रेरणाओं और मन्तव्यों के बारे में भ्रम में होता है। यहाँ यह भी ध्यातव्य है कि लेखक जब अपने बारे में कुछ छिपाता है तब भी वह अपने बारे में कुछ बता रहा होता है क्योंकि छिपाया हुआ भी बताए हुए जितना ही महत्त्वपूर्ण होता है। लेखक का किसी महत्त्वपूर्ण को छिपाना भी लेखक के बारे में कुछ बताता है। हमें जीवनी जितनी वस्तुनिष्ठता आत्मकथा लेखन में करनी भी नहीं चाहिए। जीवनी मनोविश्लेषणात्मक हो सकती है परन्तु आत्मकथा का मनोविश्लेषणात्मक होना अत्यन्त दुष्कर है। लेखक स्वयं के बारे में ही लिखते समय

मनोविश्लेषक व मनोरोगी दोनों का काम एक साथ नहीं कर सकता है। कोई भी लेखक यह दोहरी भूमिका विभाजित व्यक्तित्व की कीमत पर ही निभा सकता है। किन्तु अपने बारे में सतर्क होकर लिखी गई आत्मकथा भी मनोविश्लेषणात्मक दृष्टिकोण से पढ़ी जा सकती है। इसी सन्दर्भ में महत्त्वपूर्ण है कि बचपन की आत्मकथा केवल उसी सत्य की कथा है जिसे आप याद कर सकते हैं। बचपन के सन्दर्भ में कोई शुद्ध सत्य नहीं है जबकि आत्मकथा में बचपन एक महत्त्वपूर्ण अंग रहा है। डी. एच. लॉरेंस ने जीवन के मध्यकाल में यह स्पष्ट रूप से कहा है कि वे इस समय दूसरा 'संस एंड लवर्स' लिखते। जबकि वे पहले मान चुके थे कि इस रचना में वे अपनी बचपन की स्मृतियों और भावनाओं को पकड़ने में सफल रहे हैं। स्पष्टतः अतीत को हू-ब-हू दोबारा से चित्रित करना असम्भव है। प्रौढ़ावस्था के विचार और उसका लिखा हुआ आख्यान अपने आप में नया जीवन प्राप्त कर लेता है अर्थात् अतीत की वस्तुनिष्ठता नष्ट हो जाती है। वस्तुतः आत्मकथा और स्मृतियों में केवल आत्म का पर्यवेक्षण ही नहीं होता है, इसमें आत्म का परिष्कार भी निहित होता है।

आलोचकों और रचनाकारों ने यह बात स्वीकार की है कि आत्मकथा में केवल तथ्य और यथार्थ की प्रस्तुति नहीं होती है बल्कि इसमें मिथकों और स्वप्नों का भी समावेश होता है और जाग्रत अवस्था में किसी व्यक्ति के लिए सपने का अर्थ करना अत्यधिक कठिन है।

गहरी वास्तविकता यह है कि स्मृति और कल्पना का कलात्मक आत्मकथात्मक लेखन में इतना घनिष्ठ सहसम्बन्ध हो गया है कि आत्मकथाकारों और पाठकों को दोनों में अन्तर पहचानना मुश्किल हो गया है। आज के बहुत से आत्मकथाकार इस मत को स्वीकार करते हैं कि उपन्यास और उपन्यास निर्माण की प्रक्रिया किसी भी जीवन के सत्य को जीने और उसको प्रस्तुत करने की कला का केन्द्रीय तत्त्व है। पूर्व के विचारकों के इस मत को ये अस्वीकार करते हैं कि कहानी सफल आत्मकथा की विरोधी है। इसके विपरीत वे कहानी को जीवन चेतना और उसके सत्य का अनिवार्य तथ्य मानते हैं जिससे भागा नहीं जा सकता है। इनके अनुसार एक कहानी 'पूर्ण यथार्थ' के बिना भी 'सम्पूर्ण सत्य' हो सकती है। इन आत्मकथाकारों ने जिस स्मृतिगत संसार की पुनर्रचना की है उसमें आत्मकथात्मक तथ्य और आख्यान की सीमाएँ टूट गई हैं। जबकि परम्परागत आलोचना दृष्टि यह मानती है कि जहाँ ऐतिहासिक आत्म की निश्चित पहचान के वस्तुनिष्ठ और सत्यापित संकेत हों वहीं आत्मकथा होगी। पर उपरोक्त विमर्श के पश्चात् हम कह सकते हैं कि सत्यापित और निश्चित संकेतों के बिना भी आत्म की रचना हो सकती है, और यह रचना अपने अन्तिम रूप में एक कलाकृति ही है।

सब कुछ के बावजूद कोई पाठ पाठक के लिए तभी महत्त्वपूर्ण होता है कि जब

वह उसके जीवन के उद्वेगों, स्मृतियों, आशाओं, फन्तासियों, इच्छाओं जैसे मनोभावों में उतर जाता है। दूसरे शब्दों में कहें तो उसे केवल 'आत्म की कथा' न कहकर 'आत्मा' की कथा कहनी होती है, और यहीं आकर आत्मकथा और उपन्यास एक हो जाते हैं।

इस शोध में आत्मकथा और उपन्यास के सम्बन्ध की जाँच प्रक्रिया में 'बाणभट्ट की आत्मकथा' को केन्द्र में रखा गया है। 'बाणभट्ट की आत्मकथा' के स्थापत्य में चरित, कथा और आत्मकथा—ये सभी तत्व आनुषंगिक रूप में कलात्मक ढंग से नियोजित हैं। 'बाणभट्ट की आत्मकथा' ऐतिहासिक पृष्ठभूमि में कही गई है और इसके कुछ पात्र ऐतिहासिक भी हैं। अतः कुछ आलोचक यथार्थ परिवेश के सफल चित्रण के कारण इसको ऐतिहासिक उपन्यास मानते हैं। इस रचना की ऐतिहासिकता की यथार्थता इस बात से स्पष्ट हो जाती है कि प्रकाशन के शुरुआती दिनों में इसको 'बाणभट्ट' की आत्मकथा के तौर पर पढ़ा गया था। द्विवेदीजी ने इस कथा में बाणभट्ट के व्यक्तित्व को मनोवैज्ञानिक की तरह पढ़ा है और उसे कलाकार के रूप में प्रस्तुत किया है। अतः द्विवेदीजी द्वारा लिखी गई आत्मकथा यदि 'बाणभट्ट की आत्मकथा' या 'जीवनी' प्रतीत होती है तो यह आकस्मिक नहीं है। द्विवेदीजी को 'बाणभट्ट' बन जाने में अद्भुत और अपूर्व सफलता मिली है। साहित्य में यह 'परकाया प्रवेश' का विलक्षण उदाहरण है। इस रचना की सफलता यह भी है कि इसमें सातवीं शताब्दी के भारत की सांस्कृतिक और सामाजिक स्थिति जीवित बिम्ब की तरह तैरती दिखाई देती हैं।

पर 'बाणभट्ट की आत्मकथा' को पढ़ते हुए देखा जा सकता है कि इसके सरोकार समसामयिक हैं और इस समसामयिकता की गूँज पूरी रचना में सुनी जा सकती है। कलाकार की स्वायत्तता और सत्ता से उसका सम्बन्ध, स्त्री-मुक्ति, साम्प्रदायिकता, नस्लवाद, साम्राज्यवाद आदि के प्रति लेखक का आत्मदर्शन इसमें अनुस्यूत है। इस अर्थ में यह समकालीन उपन्यास प्रतीत होता है।

हिन्दी साहित्य में आत्मकथा के रूप में और भी उपन्यास हैं लेकिन उनके पात्रों का सृजन लेखक की कल्पना में हुआ है। जबकि इस 'आत्मकथा' का नायक ऐतिहासिक पात्र है। यह द्विवेदीजी की मौलिकता है कि उन्होंने आत्मकथा को एक ऐतिहासिक यात्रा से सम्बद्ध किया है। इस दृष्टि से यह 'पर्सनालिटी'-'ट्रांसपोर्ट' का हिन्दी में पहला सफल कलात्मक प्रयोग है।

सही माने में 'बाणभट्ट की आत्मकथा' का उपसंहार पढ़ने पर यह भ्रम दूर हो जाता है कि यह किसकी 'आत्मकथा' है। 'हर्षचरित, 'कादम्बरी' और 'बाणभट्ट की आत्मकथा' की दृष्टि और शैली में केवल ऊपरी समानता है। आन्तरिक स्तर पर दोनों की मनोवैज्ञानिकता और दृष्टि में गहरा अन्तर है। ऐतिहासिक बाणभट्ट की आत्मकथा

की प्रेम-भावना और इस आत्मकथा की प्रेम-भावना में भी अन्तर है। ''कादम्बरी में प्रेम की अभिव्यक्ति में एक प्रकार की दृप्त भावना है।''[16] वहीं 'आत्मकथा' की कथा में ''सर्वत्र प्रेम की व्यंजना गूढ़ और अदृप्त भाव से प्रकट हुई है। ऐसा जान पड़ता है कि एक स्त्री जनोचित लज्जा सर्वत्र उस अभिव्यक्ति में बाधा दे रही है।''[17] स्पष्टतः दोनों शैलियों की यह विभिन्नता 'खटकनेवाली' है और यह खटकती भी है, क्योंकि इस 'आत्मकथा' में दो विभिन्न शैलियों को एक नाम से संयुक्त करने का सन्दिग्ध प्रयास किया गया है। अतः यह कहना न होगा कि ये दोनों शैलियाँ एक ही व्यक्ति की नहीं हैं। निस्सन्देह हजारीप्रसाद द्विवेदी ने स्वयं 'आजकल की डायरी' शैली में 'अपने में धीरे-धीरे डूबकर' 'आत्मकथा' की रचना की है। सामान्यतः 'बाणभट्ट की आत्मकथा' में ''बाणभट्ट की कहानी से लोग इतने अभिभूत हो जाते हैं कि मुखौटे के रूप में प्रयुक्त दीदी की कहानी के महत्त्व की ओर ध्यान ही नहीं जाता, जबकि स्वयं दीदी की मर्मवेदना-जनित सनकीपन की कहानी सम्पूर्ण 'उपन्यास का स्वर' निर्धारित करनेवाली है। और ध्यान से सुनें तो नेपथ्य में धीमे-धीमे अन्तर्ध्वनि के समान निरन्तर बजती रहती है।''[18]

आत्मकथा को पढ़ते हुए देखा जा सकता है कि हजारीप्रसाद द्विवेदीजी ने जिस भौगोलिक परिवेश का वर्णन किया है वह ऐतिहासिक बाणभट्ट से पूर्ण सम्बद्ध नहीं है। दूसरे शब्दों में कहें तो द्विवेदीजी ने 'बाणभट्ट' को अपनी मातृभूमि के सन्दर्भ में चित्रित किया है। 'बाणभट्ट की आत्मकथा' में वर्णित सरोवर, पर्व-त्योहार आदि की भौगोलिक स्थिति द्विवेदीजी की गृहभूमि से ही सम्बन्धित है। इसके अलावा यह भी महत्त्वपूर्ण संकेत है कि निउनिया (निपुणिका) हर्षकालीन ऐतिहासिक चरित्र नहीं है। 'आत्मकथा' में जिस तन्मयता और सहानुभूति के साथ द्विवेदीजी ने निउनिया का चित्रण किया है वह यह बतलाने के लिए काफी है कि निउनिया काल्पनिक पात्र न होकर द्विवेदीजी की समकालीन स्त्री है। यह भी कहना चाहिए कि 'आत्मकथा' में जिस गुरु की महिमा का यशोगान किया गया है, वे निश्चित रूप से शान्तिनिकेतन से सम्बद्ध रहे होंगे। कुल मिलाकर कहें तो यह द्विवेदीजी की 1945 तक की अधूरी और अपूर्ण आत्मकथा है। अर्थात् यह शान्तिनिकेतन के प्रवास तक के जीवन अनुभवों का काव्यात्मक चित्रण है।

पर यह 'आत्मकथा', 'ऑटो-बॉयोग्राफी' नहीं है क्योंकि ''बाणभट्ट की आत्मा शोण नद के प्रत्येक बालुका कण में वर्तमान है।''[19] और ''बाणभट्ट केवल भारत में ही नहीं होते। इस नरलोक से किन्नरलोक तक एक ही रागात्मक हृदय व्याप्त है।''[20] इस अर्थ में यह 'आत्मकथा' खंडित, अहम्केन्द्रित व्यक्तिवादी आत्म की पुनर्रचना नहीं है। अपनी व्यापकता में यह आत्म के बजाए सामान्य 'आत्मा' की कथा है और अपनी सार्वभौमिकता में यह 'विश्वात्मा' का भी प्रतिरूप है क्योंकि ''बाणभट्ट केवल

भारत में ही नहीं होते।"[21] इस अर्थ में यह 'आत्मकथा' एक 'कथा' ही है।

निःसन्देह 'बाणभट्ट की आत्मकथा' आत्मकथा के सौन्दर्यशास्त्र के अभिनव प्रतिमान स्थापित करती है। कल्पना और यथार्थ के परस्पर विरोधी बिन्दुओं के प्राचीन परिप्रेक्ष्य से इस 'आत्मकथा' का मूल्यांकन सम्भव नहीं है। और 'आत्मकथा' की मान्य और स्वीकृत 'विधा' के अन्दर इसको 'सीमित' भी नहीं किया जा सकता है। यह 'आत्मकथा' में एक 'अभिनव प्रयोग' है।

इस रचना की विधा का ढाँचा भारतीय संस्कृति की निजता और उसकी जरूरतों के हिसाब से नियोजित और संघटित हुआ है। 'बाणभट्ट' के रूप में हम एक ऐसे भारतीय आत्मा का रूपक पाते हैं जिसमें परम्परा और आधुनिकता की स्पष्ट विभाजन रेखा का लोप दिखाई देता है। इसके विपरीत इसमें संस्कृति और सभ्यता की निरन्तरता और समग्रता का दर्शन होता है–वह एक इकाई न होकर अखंडित प्रवाह की गत्यात्मकता का जीवन्त प्रतीक लगता है। भारतीय मानवता का यह रूपक अपनी अभिव्यक्ति के लिए फॉर्म की तलाश में यूरोप न जाकर अपनी जड़ों में जाता है और वह प्राचीन फॉर्म को ज्यों का त्यों स्वीकार न करके आधुनिक जरूरतों के हिसाब से उसे एक नवीन फॉर्म में पुनःसृजित करता है।

'बाणभट्ट की आत्मकथा' की दुनिया "यूरोपीय उपन्यास के अहम्‌केन्द्रित संसार से मुड़कर हमें एक ऐसे मन से साक्षात् कराती है, जहाँ अहम् के भयभीत आक्रामक साम्राज्य की सीमाएँ खत्म हो जाती हैं, एक ऐसे सेल्फ के दरवाजे खोलती है जिसके भीतर व्यक्ति का मन इड, ईगो, सुपर-ईगो जैसे अँधेरे तहखानों में बँटा नहीं है, बल्कि जहाँ मन, आत्मा और देह एक सम्पूर्ण सृष्टि से मिलकर स्वयं मनुष्य के भीतर अखंडित रूप से मौजूद हैं।"[22] हम चाहें तो इसे 'भारतीय मन की दुनिया कह सकते हैं।' किन्तु 'अवश्य ही यह वह दुनिया नहीं है, जिसका चित्रण हमें आज तक यूरोपीय उपन्यासों में उपलब्ध होता रहा है।' साथ ही अपनी अभिव्यक्ति और संरचना के स्तर पर न तो यह आधुनिक आत्मकथा है न ही तथ्यपूर्ण जीवनी और न ही यूरोपीय फॉर्म में 'सीमित' होनेवाला उपन्यास। यह मानवता की एक उज्ज्वल किताब है,* साहित्य विधा में एक नवोन्मेष!

सन्दर्भ-सूची

1. लेखक की आस्था : निर्मल वर्मा, पृ. 147, वाग्देवी पॉकेट बुक्स, बीकानेर, 2001
2. मैनहुड : माइकल लेरिस, पृ. 117, केप, 1968
3. इट इज मी ओ लार्ड : इ. कोपार्ड, पृ. 216, फेबर एंड फेबर, लंदन 1976

* डी.एच. लॉरेंस–Novel is a bright book of Life.

4. रॉ मैटेरियल : एलन सीलोटोई, पृ. 21, डब्ल्यू. एच. ल. 1972
5. वही, पृ. 69
6. दि इनर आई ब्रिटिश लिटररी ऑटोबायोग्राफी ऑफ दि टवेंटींथ सेंचुरी : ब्रायन फिने, पृ. 71, फेबर एंड फेबर, 1985
7. रॉ मैटेरियल : एलन सीलोटोई, पृ. 23, डब्ल्यू. एच.ल. 1972
8. दि इनर आई ब्रिटिश लिटररी ऑटोबायोग्राफी ऑफ दि टवेंथींथ सेंचुरी : ब्रायन फिने, पृ. 66, फेबर एंड फेबर, 1985
9. जनरल II : फ्रैंकोस मौरिक, पृ. 138, पेरिस, 1937
10. दि इनर आई ब्रिटिश लिटररी ऑटोबायोग्राफी ऑफ दि टवेंटींथ सेंचुरी : ब्रायन फिने, पृ. 12, फेबर एंड फेबर, 1985
11. दि फॉर्म्स ऑफ ऑटोबायोग्राफी : विलियम सी. स्पेंगमान, पृ. 168, येल यूनिवर्सिटी प्रेस, 1980
12. वही, पृ. 180
13. दि समिंग अप : समरसैट मौगम, पृ. 10, पैन बुक. 1976
14. ऑटोबायोग्राफी : जी.के. केसटेर्टन, पृ. 35, हचीसन, 1936
15. दि इनर आई ब्रिटिश लिटररी ऑटोबायोग्राफी ऑफ दि टवेंटींथ सेंचुरी : ब्रायन फिने, पृ. 65, फेबर एंड फेबर, 1985
16. बाणभट्ट की आत्मकथा : हजारीप्रसाद द्विवेदी, पृ.232, राजकमल प्रकाशन, पाँचवाँ संस्करण, 1990
17. वही, पृ. 233
18. दूसरी परम्परा की खोज : नामवर सिंह, पृ. 116, राजकमल प्रकाशन, 1997
19. बाणभट्ट की आत्मकथा : हजारीप्रसाद द्विवेदी, पृ. 234, राजकमल प्रकाशन, पाँचवाँ संस्करण, 1990
20. वही, पृ. 234
21. वही,
22. लेखक की आस्था : निर्मल वर्मा, सं. नन्दकिशोर आचार्य, पृ. 103, वाग्देवी पॉकेट बुक्स, बीकानेर, 2001

सहायक ग्रन्थ सूची

प्राथमिक स्रोत

1. हजारीप्रसाद द्विवेदी : बाणभट्ट की आत्मकथा, राजकमल प्रकाशन, नई दिल्ली, 1997
2. भारतेन्दु हरिश्चन्द्र ग्रन्थावली : सं. ब्रजरत्नदास, का.न. प्र. वाराणसी, 1982
3. अज्ञेय : शेखर एक जीवनी (दो भाग) : नेशनल पब्लिशिंग हाउस, दरियागंज, दिल्ली, 1984
4. प्रेमचन्द : मंगलसूत्र (प्रेमचंद का अप्राप्य साहित्य, सं. कमलकिशोर गोयनका, भारतीय ज्ञानपीठ प्रकाशन, दिल्ली, 1988
5. बाणभट्ट : हर्षचरित, सत्यभामाबाई पडुंराग प्रकाशन, मुम्बई, संवत् 1946
   कादम्बरी, सत्यभामाबाई पडुंराग प्रकाशन, मुम्बई, संवत् 1948

   संस्कृत में कथा और आख्यिका से सम्बन्धित आधार ग्रन्थ :
   भामह : काव्यालंकार, चौखम्भा संस्कृत संस्थान, वाराणसी, 1982
   दंडी : काव्यादर्श, चौखम्भा संस्कृत संस्थान, वाराणसी, 1985
   रुद्रट : काव्यालंकार, चौखम्भा संस्कृत संस्थान, वाराणसी, 1981

(क) हिन्दी आत्मकथाएँ

1. अली, आबिद : मज़दूर से मिनिस्टर, विधा प्रकाशन, 61/15 रामजस रोड, करोल बाग, नई दिल्ली, 1968
2. उग्र, पांडेय बेचन शर्मा : अपनी ख़बर, राजकमल प्रकाशन, दिल्ली, प्र. सं. 1960
3. उपाध्याय, देवराज : बचपन के दो दिन, मंगल प्रकाशन, जयपुर, प्र. सं. 1959
4. गोविन्ददास, सेठ : आत्म निरीक्षण, पहला भाग (प्रयत्न), भारतीय विश्व प्रकाशन, फव्वारा, दिल्ली, 1957
5. वही, दूसरा भाग (प्राप्त्याशा), 1958
6. वही, आत्मनिरीक्षण, तीसरी भाग (नियापित), 1958
7. गुलाबराय, मेरी असफलताएँ, साहित्य रत्न भंडार, आगरा, 1946
8. जैन, बनारसीदास, अर्धकथानक (सं. माता प्रसाद गुप्त), प्रयाग विश्वविधालय, हिन्दी परिषद, प्रयाग, प्र. सं. 1943

9. देसाई, मोरारजी, मेरा जीवन वृतांत, नवजीवन प्रकाशन, अहमदाबाद-14, प्रथम संस्करण 1974
10. द्विवेदी, शान्तिप्रिय : परिव्राजक की प्रजा, इंडियन प्रेस लि., इलाहाबाद, प्रथम संस्करण 1952
11. पंत, सुमित्रानन्दन : साठ वर्ष : एक रेखांकन, राजकमल प्रकाशन, दिल्ली, 1960
12. प्रसाद, राजेन्द्र : आत्मकथा, सस्ता साहित्य मंडल, नई दिल्ली, प्रथम संस्करण 1947
13. बिस्मिल, राजेन्द्र प्रसाद : आत्मकथा, सम्पादक बनारसीदास चतुर्वेदी, आत्माराम एंड संस, दिल्ली-110006, 1957
14. बख्शी, पी.पी. : मेरी आत्मकथा, इंडियन प्रेस, प्रा.लि., इलाहाबाद, 1941
15. यशपाल : सिंहावलोकन (3 भाग), विप्लव कार्यालय, लखनऊ, प्र. सं. 1951, द्वि सं. 1952, तृतीय संस्करण 1953
16. शास्त्री, चतुरसेन : मेरी आत्मकहानी, चतुरसेन साहित्य समिति, ज्ञानधाम, शाहदरा, दिल्ली-110032, मार्च 1963
17. सांकृत्यायन राहुल, मेरी जीवनयात्रा-1, आधुनिक पुस्तक भवन, 30-31, कलाकार स्ट्रीट कलकत्ता-7, 1950
18. वही, भाग-2, किताब महल, इलाहाबाद, 1950
19. वही, भाग-3, राजकमल प्रकाशन, दिल्ली, 1967
20. वही, भाग-4, राजकमल प्रकाशन, दिल्ली, 1967
21. वही, भाग-5, राजकमल प्रकाशन, दिल्ली, 1967
22. हरि वियोगी : मेरा जीवन प्रवाह, सस्ता साहित्य मंडल, नई दिल्ली, 1948

हिन्दीतर अन्य भारतीय भाषाओं की आत्मकथाएँ

1. केलर, हेलेन : मेरी जीवन कहानी, वीरा एंड कं. पब्लिशर्स लि. मुम्बई, 1955
2. गांधी, मोहनदास : सत्य के प्रयोग (अनु. महावीर प्रसाद पोद्दार), सस्ता साहित्य मंडल, दिल्ली, 1960
3. चुग़ताई, इस्मत : कागजी है पैरहन, राजकमल प्रकाशन प्रा.लि., नई दिल्ली-02, प्रथम संस्करण 1998
4. ठाकुर, रवीन्द्रनाथ : (अनु. हजारीप्रसाद द्विवेदी), विश्वभारती ग्रन्थागार, 1916
5. प्रीतम, अमृता : रसीदी टिकट, पराग प्रकाशन, दिल्ली, 1977
6. बाबर : बाबरनामा, मूल तुर्की भाषा से मि. लेईडेन और विलियम अर्सकिन के अंग्रेजी अनुवाद का हिन्दी रूपान्तर, रूपान्तरकार केशव कुमार ठाकुर, आदर्श हिन्दी पुस्तकालय, 492, मालवीय नगर, इलाहाबाद
7. मलीहाबादी, जोश : यादों की बारात, (अनु. हंसराज रहबर), राजपाल एंड संस, दिल्ली, 1972
8. वाडेकर, हंसा : अभिनेत्री की आपबीती, राजपाल एंड संस, दिल्ली, 1972

BIBLIOGRAPHY

1. Armstrong, Isobel (ed) New Feminist discourses, London : Routledge, 1992.
2. Barthes, Ronald Barthes. Trans. Richard Howard, London MacMillian, 1977.
3. Barthes, Ronald. 'The death of the author' In Image, music, text, Ed and trans. Stephen Health, London : Fontana, 1977.
4. Beaujour, Michel. 'poetics of the literary self-portrait', trans. Yara Milos. New York, 1991.
5. Beresford, J. D. 'writing aloud', Collins. London, 1928.
6. Bruss, 'Autobiographical Acts', The changing situation of a literary genre, John Hopkins. Univ-press, 1976.
7. Bulter, Lord Richard, 'The difficult art of autobiography', Oxford Press, 1968.
8. Chesterton, G.K. 'Autobiography', Hutchison, London, 1936.
9. Cockshut, A.O.J. 'The art of autobiography in 19th and 20th century England', Yale University Press, London, 1984.
10. Coppard, .A.E. "its me lord!', Methuen, 1957.
11. Currie, Gregory, 'The nature of fiction', Cambridge university press, 1990.
12. Eakin, Paul John, 'Fictions in Autobiography', Princeton university press, new jersey, 1985.
13. Ebner, dean, 'Autobiography in seventeenth century England' : Theology and the self, The Hague, Mouton, 1971.
14. Edinger, Edward, 'Ego and Archetype' Harmondsworth, Penguin books, 1973.
15. Finney, Brian, 'The Inner I British literary autobiography of the twentieth century', London faber and faber, 1985.
16. Forster, E.M. 'Aspects of the novel', Harmondsworth, Middlesex penguin books, 1962.
17. Freud, Sigmand, 'Letters of Sigmand Freud', ed Ernst Freud, Hogarth Press, 1961.
18. Grosskurth, Phyllis, 'where was Rousseau? Approachesa to Victorian autobiography', ed George P. Landow. Athens, Ohio, Ohio university press, 1979.
19. Homberger, Eric and Charmley, John (eds). 'The trouble face of biography.' London, Macmillan, 1988.
20. Isherwood, Christopher, 'Christopher and his kind', New York Farrar-Straus, 1976.
21. James, Alive, 'unreliable memoirs', cape, 1980.
22. Johnson, Pamela Hansford, 'important to me' New York Seribner's 1974.
23. Jung, C.G. 'Memories, Dreams, Reflections', Collins/Fontana, 1967.

24. Kermode, Frank. 'The sense of an Ending', New York, Oxford University Press, 1967.
25. Lehman, John, 'The whispering gallery', Longmans green, 1955.
26. Leiris, Michel, 'Manhood', trans. Richard Howard, cape, 1968.
27. Lewis, Wyndham, 'Rude assignment', Hutchison, 1950.
28. Maugham, Somerset, 'The summing up', London, pan books, 1976.
29. Maurois, Andre., 'Aspects of biography', trans. S.C. Roberts, Cambridge University Press, 1929.
30. Maxwell, William, 'so long see you tomorrow', New York, Knof, 1985.
31. Mccarthy, Marry, 'Memories of a catholic girlhood', New York, Harcourt, 1957.
32. Misch, George, 'A History of autobiography in antiquity', trans. E.W. Picks, Routledge and Kogan paul. 1950.
33. Moore, George, 'Hail and farewell' Ave, Salve, vale. Ed. Richard cave. Colin Smythe. London, 1976.
34. Morris, J.N., 'versions of the self', New York, Basic books, 1966.
35. Olney, James, 'Metaphors of self; The meaning of autobiography', Princeton university Press, 1972.
36. Orwell, George, 'collected eassay, journalism and letters', ed. S. Orwell and I. Angus, Vol. 3, Secerk of Warburg, 1968.
37. Pascal, Roy, 'Design and truth in autobiography', Yale University Press, London, 1980.
38. Rockwell, Joan, 'Fact in fiction', Routledge and Kegan APaul, London, 1974.
39. Rusell, Bertrand, 'Autobiography', George Allen and Unwin, 1970.
40. Sartre, Jean-Paul; 'Life/situation : Essays written and spoken', translated paul Auster and Lydia davis, New York, Panthoon, 1977.
41. Shaw, Bernard, 'sixteen self sketches', constable, London, 1949.l
42. Sillitoe, Alan, 'Raw material', W.H. Allen, London, 1972.
43. Spengmann, Willam. C., 'The forms of autobiography', Yale University Press, London, 1980.
44. Sturrock, John, 'The language of autobiography', Cambridge university press, 1993.
45. The collected works of C.G. Jung, Para London 1953.
46. The letters of D. H. Lawrence, ed. G.T. Zytaruk and J.T. Boulton Cambridge 1981.
47. Woolf, Virgina, 'collected essays' vol. IV, Hogarth press, 1960.

●●●